AF384317

ESSAIS CRITIQUES

SUR

LA CONSTITUTION DE 1848.

ESSAIS

CRITIQUES, HISTORIQUES, POLITIQUES ET PHILOSOPHIQUES

SUR LA

CONSTITUTION DE 1848

ET SUR LES PÉRILS DE L'ORDRE SOCIAL.

DÉDIÉS A NOS REPRÉSENTANTS.

Par M. De TARDY,

Ancien Inspecteur général des prisons de la Seine.

FÉVRIER 1849.

NANTES,

Imprimerie L. GUÉRAUD, rue Basse-du-Chateau, 6.

—

1849.

AVERTISSEMENT.

———

Le lecteur ne doit pas chercher en cet ouvrage un ordre méthodique, puisque je suis obligé de suivre celui qui m'est tracé par la série des articles de l'œuvre que je critique, dont la rangée est arbitraire de sa nature. Il doit s'attendre : 1° à bien des digressions (j'en ai fait de longues, qui m'ont paru propres à corroborer mon ingrat sujet) ; 2° à bien des redites en diverses formes ou en mêmes termes (je ne les retrancherai pas, persuadé que des vérités aussi capitales, étant méconnues, ne sauraient être trop répétées) ; 3° enfin à beaucoup d'incorrections, que je n'ai pas le temps de faire disparaître. Seul, loin de chez moi, et sans mes livres en ce moment, ne tirant aucun secours que de mon propre fonds et de ma mémoire, il pourra bien m'échapper quelque erreur ; et j'ai hâte d'émettre mes opinions, si je veux qu'elles soient utiles. Les événements se pressent avec une telle rapidité, que les meilleurs redressements ont bientôt perdu leur opportunité, étouffés sous de nouveaux accidents non moins graves. Au surplus, les matières que j'aborde et mon peu de capacité ne me permettent point d'aspirer à l'honneur d'une œuvre classique. Je n'ai d'autre ambition que celle de combattre un mal affreux, à mon avis, et d'en dire sans détour la vérité comme je la sens. Dans l'immense désordre où nous sommes, il importe peu de bien dire : les beaux diseurs purs et simples fourmillent ; mais il importe, au premier chef, de faire entendre la voix sévère de la vérité, qui peut se passer de fard. Malgré ma faiblesse, je l'entreprends, quels que soient la masse et les cris des coupables intérêts contraires, que nul homme libre et dévoué à sa patrie n'est obligé de respecter. J'écris donc à la hâte, sauf à corriger et poursuivre plus tard, si mes faibles essais sont goûtés. Dans ce cas, ce sera l'affaire d'une seconde édition ; et je m'en occuperai en y ajoutant une seconde partie, s'il y a lieu.

CONSTITUTION DE 1848.

—

PRÉAMBULE.

—

Texte : « En présence de Dieu. »

Ulysse ne s'attendait guère
A figurer en cette affaire.

Franchement, ce début a paru beaucoup plus captieux que solennel et sincère. Messieurs de la nouvelle fabrique constituante, permettez qu'on vous le dise. Ici, comme dans tout ce qui va suivre, souffrez la vérité qui ressortira de la discussion; j'en appellerai au fond même de vos propres consciences. En tout cas, pardonnez à la sincérité d'un solitaire désintéressé comme désabusé de tout, qui ne vous veut assurément aucun mal. Si je blâme votre faiblesse et vos écarts, je ne méconnais pas les services que vous avez rendus à l'ordre. Je sais qu'il est juste de faire la part des entraînements du temps présent, et des dévorantes nécessités plus ou moins mal appréciées qu'il engendre. Je n'appartiens plus, soyez-en sûrs, à aucun parti exclusif, depuis qu'après une longue et triste expérience je me suis convaincu qu'ils sont tous incurables dans leur instabilité de vues et de moyens, dans leur incohérence de conduite et d'idées inconciliables; et qu'il n'en est pas un d'eux qui n'ait un jour beaucoup de torts ou de fautes plus ou moins condamnables à se reprocher, si toutefois nous revoyons jamais le règne de la raison, du bon sens et de l'équité, hélas! si loin de nous en apparence, que nous semblons en être séparés par des abîmes infinis. En attendant, chers concitoyens, qui que vous soyez, croyez-le bien, il n'est aucun de vous plus disposé que moi, de cœur et d'âme, à se dévouer, le cas échéant, pour contribuer à guérir les plaies de notre trop infortunée patrie; de cette patrie naguère encore la plus illustre des temps modernes, et présentement si près de la ruine la plus honteuse, si nous ne nous hâtons de la relever d'ensemble avec toutes nos forces éparses. Voilà toute ma préface. Pour arriver plus vite à mon but, je la place en interpolation au milieu de ce premier article. Poursuivons.

Je dis, Messieurs nos honorables constituants, que les quatre premiers mots qui ouvrent prétentieusement votre œuvre, n'ont qu'une couleur religieuse fort incertaine. Après ce qui s'ensuit immédiatement, cette pompe disparate ne semble plus qu'un bégaiement qui n'en impose pas du tout. On y voit bien votre but, celui de capter la confiance de 35 millions de catholiques que nous sommes, en comptant les mauvais, qui n'entendent pas pour cela avoir abjuré, et qui s'y refuseraient même fort sagement, si on l'exigeait d'eux.

Il serait très louable et très-utile sans doute de débuter par une édification sérieuse ; car il n'est que trop prouvé que nous périssons par une irréligion systématique. Malheureusement, l'effet que vous avez voulu produire est manqué dès le premier article qui suit.

C'est bien pire dans la série de vos autres aphorismes de démocratie sociale, dont bon nombre sont véritablement étranges, après 60 ans des plus terribles expériences. Il y a des multitudes de raisonneurs qui ne croient pas plus à votre foi religieuse qu'à votre foi politique législatée ; du moins à l'égard de quelques-uns de vous, en considérant leurs discours et leurs œuvres. Ces 35 millions de catholiques qui vous ont donné leur mandat, en grande partie sous la pression de la terreur, seraient-ils des indiscrets à désirer savoir quelle est la foi que vous professez ? Il semble qu'ils y auraient un certain intérêt. Or, on doute que ce grand nom de Dieu, que vous invoquez en passant, comme par acquit, soit la pure source de vos inspirations. On doute également que l'ineffable souverain maître de toutes choses accorde longue vie à une œuvre encore plus informe, encore plus téméraire que ses funestes devancières, sur lesquelles vous l'avez calquée, avec une addition de principes outrés, qui recèlent dans leurs flancs une multitude d'impossibilités, de conflits, de tempêtes et de mauvaises passions anciennes, compliquées des nouvelles dont nous sommes infestés. Ainsi, dès vos premiers mots, vous n'êtes pas pris au sérieux. Puisque vous avez senti la convenance d'une invocation religieuse, que ne débutiez-vous tout bonnement par l'antique, par l'immuable formule chrétienne, qui nous survivra à tous, quoi qu'on fasse ? *In nomine Patri*, etc. Cela n'eût pas eu la couleur du progrès ; mais c'eût été de bon goût, et beaucoup plus persuasif.

Dans la haute mission où vous êtes, vous n'entendez pas sans doute copier le grand Monsieur de Robespierre, lequel, monté un instant beaucoup au-dessus de la puissance royale qu'il avait renversée, daigna nous rendre et octroyer, de sa grâce, l'existence de l'Être suprême, qu'il avait d'abord, dans sa sagesse, supprimé sous le nom de Dieu, mal sonnant à son oreille délicate. L'excellent homme ! N'oubliez pas que ce réformateur-là se dit aussi notre représentant, et vous savez le reste.

Passons.

TEXTE. « Et au nom du peuple français, l'Assemblée natio-
» nale proclame. » Halte-là ! Cela vous plaît à dire. Nous avez-
vous consultés ? Tout à l'heure nous verrons bien. Certes, il
ne fut jamais de mandat plus contesté que celui-ci, qu'on vous
reproche de toutes parts de vous être arrogé en le dépassant, en
dépit des vrais intérêts, et, qui pis est, des sentiments intimes
des mandants.

« ARTICLE PREMIER.

» La France s'est constituée en République. » S'est constituée ! Quoi ! c'est devant la France et devant l'Europe que vous
osez articuler une fiction de date si récente ! Je ne sache pas
qu'on s'en soit permis une aussi forte en matière de législation
et d'histoire contemporaine. De bonne foi, à qui prétendez-
vous en faire accroire ? Qui est-ce qui n'est pas en état de vous
démentir sur les conséquences que vous tirez du fait qui s'est
passé sur un seul point de la France ; je veux dire dans quelques rues de Paris, aux 24 et 25 Février ? Permettez donc,
Messieurs, et rétablissons, s'il vous plaît, le plus succincte-
ment que je pourrai, des faits dont la mémoire est encore toute
chaude, des faits qui viennent d'avoir lieu à la face du monde,
et sont parvenus à bouleverser aussi nos voisins. Voyons en remontant un peu plus haut.

En 1830, une classe nombreuse et puissante par son instruction et ses biens, jalouse d'une prospérité dont elle aurait
bien voulu être l'auteur, et fort extraordinaire après tant de
désastres, — si ce bien ne s'expliquait pas par le fécond principe
de la légitimité et du pouvoir héréditaire ; — une classe impatiente de saisir exclusivement un pouvoir alors enviable en de
telles conditions, je veux dire la bourgeoisie, agite le bas
peuple de quelques quartiers de Paris, et, avec ces auxiliaires,
on chasse la branche aînée des Bourbons, endormie dans sa
confiance en ses bienfaits, en ses bonnes intentions et son bon
droit. Immédiatement après, on se trouve dans le plus grand
embarras d'une victoire à peine disputée, et que l'on n'avait
pas crue si facile. On s'aperçut avec anxiété du péril où l'on
s'était jeté. On reconnut qu'en renversant du trône cette légitimité, à laquelle on avait fait pendant quinze ans une guerre
si aveugle, on avait ébranlé toutes les autres légitimités dans
les familles, et qu'on avait réellement arraché la clef de la voûte
sociale. On se convainquit que l'antique tradition du pouvoir
héréditaire était la principale égide, la meilleure garantie et la
propriété même de toutes les classes honnêtes indistinctement,
depuis la première jusqu'à la dernière. On confessa naïvement
la mauvaise comédie qu'on avait jouée pendant quinze ans.
« *Habemus confitentes reos.* » Quelques-uns, pressés par leurs
regrets de la part qu'ils y avaient prise, et des plus considé-
rables, allèrent jusqu'à en demander noblement pardon à Dieu et

1 *

aux hommes ; notamment l'honorable et populaire M. Laffitte, qui ne cessa de le faire publiquement jusqu'à la tribune. On se hâta donc de boucher l'immense lacune que l'on venait de faire si imprudemment. On se trouva heureux d'avoir sous la main la branche cadette, dont on fit la quasi-légitimité. Mais les doctrinaires du temps lui imposèrent des conditions si dures, que, pour mon compte, j'ai été surpris qu'elle ait duré si longtemps.

A la place de la Charte octroyée, la dynastie d'Orléans subit la Charte mutilée et bâclée ; on la crut bien sage, et on s'imagina régner, gouverner et exploiter indéfiniment la France, sous cette raison, et à l'exclusion de tous les autres partis. Ainsi le voulurent, ainsi le décrétèrent, *de plano*, de leur souveraine autorité, les 221, quoique très-constitutionnellement dissous par le roi légitime, et par conséquent sans mandat, et radicalement incapables d'exercer, sans usurpation flagrante, un si exorbitant pouvoir. Le tout fut opéré au nom de la nation consternée, sans daigner la consulter ; exactement comme vous venez de faire, Messieurs, avec votre amalgame démocratico-socialiste, qui doit nous régir pour le moment ; en attendant mieux, ou peut-être pis, je le crains fort.

Vous savez tous les résultats de la Charte bâclée. La bourgeoisie et son roi élu s'étaient usés dans leur toute-puissance. Tous les ressorts du crédit, des impôts et des travaux publics avaient été beaucoup trop tendus. Par suite, le nombre et les salaires des ouvriers beaucoup trop accrus avaient fait déserter les anciennes professions utiles ; et ce sont ces masses, à la fin déclassées par défaut d'emploi suffisant, qu'on a jetées ainsi dans l'émeute, et qui sont encore un si terrible embarras à pourvoir. On s'imaginait faussement qu'en augmentant outre mesure la masse des intérêts artificiels, on affermissait la solidité et la sécurité de l'ordre nouveau, et ç'a été tout le contraire. Il a suffi d'un coup de vent pour renverser tous ces intérêts-là les uns par-dessus les autres, comme des capucins de cartes. Pour chasser la débonnaire Restauration, on avait étourdiment rallumé le feu des révolutions, qui, sous l'envie de quelques centaines d'ambitieux de haut et de bas étage, tendait à s'éteindre. A cette fin, on avait imaginé une foule de prétextes, tels que : fraudes électorales, abus d'influences religieuses, etc., la plupart controuvés ou envenimés ; et, chose bien piquante, à peine parvenus au pouvoir, les mêmes hommes se mirent à pratiquer en grand, sur toute la surface du pays, des corruptions sans exemple et des malversations de tout genre ! Les choses ont été jusqu'à l'authenticité de la constatation devant les tribunaux, avec un scandale inouï. Pour comble, un crime atroce, digne d'un échappé des bagnes, l'affaire Praslin, le procès du ministre Teste et quelques autres moins retentissants surgirent du sein des hautes classes, pour aider à la démoralisation des inférieures. On ne parlait que de la corruption des hauts lieux. Il n'en fallait pas plus pour accélérer une nouvelle révolte populaire, préparée d'ailleurs depuis longtemps. Celle de 1830 fut amenée par de faux griefs et de traîtreuses manœuvres, calculées exprès pour acculer la couronne ; mais on ne saurait s'empêcher de convenir que celle de Février ne fut pas dépourvue de motifs, en appliquant la peine du talion à son aînée. Je ne fais point non plus difficulté de dire qu'après les torts de la première, la seconde eût pu se faire accepter sans trop d'obstacles, si ses théories n'avaient pas dépassé en extravagances celles mêmes de 93, et si les hérétiques politiques qui se sont mis à sa tête, ne l'avaient pas, en quelques mois, diffamée par leurs actes sans excuses. Mais est-ce la France qui a fait ces deux révolutions, véritables coups de main qui ont passé comme deux surprises ? Non certainement ; elle n'a fait que les subir et en souffrir, sans qu'on lui en ait accordé ni l'initiative ni le *veto*.

Disons donc catégoriquement qui les a faites. Celle de 1830, par une portion de la bourgeoisie, les 221 en tête, et ayant soulevé une partie des ouvriers de Paris. Celle de 1848, par une fraction de ce même peuple, travaillé sourdement par d'intrigants sectaires, sous la conduite d'une commission de onze dictateurs, qui se trouvèrent là tout exprès, s'offrirent, se nommèrent eux-mêmes, et se firent accepter, on ne sait comment. Attendu le rôle qu'ils ont joué et qu'ils s'efforcent de ressaisir encore, il peut être utile de les esquisser en passant, tels qu'ils nous ont apparu par leurs actes et leurs discours, et tels que je les entends juger généralement en France. Il m'est aisé de le faire sans aucune passion contre leurs personnes. Je n'en connais pas un. Je n'attaque que leurs œuvres et leurs paroles, dont beaucoup, à la vérité, me paraissent fort au delà du répréhensible. Du reste, j'en puis dire comme Tacite de Galba, Othon et Vitellius : « *Nec beneficio, nec injuria cogniti.* »

Le premier qui se présente à mon esprit, et le plus célèbre, est ce poète-romancier, sonore, harmonieux, d'une faconde admirable qui n'appartient qu'à lui, mais pauvre d'invention et d'intérêt pathétique dans ses sujets ; vide d'idées usuelles, et cependant rempli d'outrecuidance dans les matières économiques et politiques, où il n'a jamais brillé que par des vues excentriques, et par une impraticabilité absolue dans la conduite normale des affaires prosaïques de ce monde ; et, de plus, tellement versatile, tellement convaincu d'absence de toute conviction arrêtée, que, par ses variations diamétrales, il ne peut éviter désormais d'être couché en tête du dictionnaire des girouettes. Je ne sais pas si c'est là du génie ; mais je crois que de pareils esprits ne sont sûrs pour personne dans les grandes crises.

2° Un savant géomètre qui lit bien dans les cieux, du moins

autant qu'il est possible à un ciron armé de lunettes ; mais qui n'y voit pas si avant dans les perturbations de la pauvre humanité, s'agitant sur ce petit globe terraquée. On lui reproche certain népotisme qu'on l'accuse de n'avoir pas négligé.

3° Trois avocats, dont le principal mérite, si mérite il y a, est dans leur habitude et leur spécialité d'opposition ; ces quatre-ci, peu amants de l'anarchie, bientôt fatigués d'elle, quand ils y sont accouplés, et fort inconstants aussi dans leurs amours ; du reste, hommes probes, ce dit-on, à ces choses près.

4° Un autre avocat beaucoup moins retenu que les précédents, notoirement criblé de dettes, la bourse vide, et le cœur plein des passions dont il fait parade ; véritable casse-cou politique, prompt à se jeter à la tête des tourbes de l'anarchie, quelles que soient leurs couleurs ; coryphée en permanence pour le désordre : arrivé au pouvoir, ne reculant devant aucun moyen de gaspillage et de subversion ; lançant sur le pays des meutes affamées d'agents les plus violents, les plus ignorants et les plus tarés, afin d'essayer la terreur ; désorganisant tout en quelques semaines ; puis, décrétant du haut de son trône proconsulaire que « *le vieil ordre social avait péri tout entier ;* » et, pour mieux persuader sa mission destructive, et la chose même, s'alliant à une Messaline politique pour rédiger avec plus de virulence les bulletins et les placards incendiaires dont il fait couvrir les murs de nos villes indignées.

5° Un tout petit écrivain famélique, d'un talent secondaire, bouffi du succès de ses œuvres de circonstance contre la bourgeoisie, affamé des jouissances du sybarite ; embryon furieux contre la société, pour avoir commis l'irrémissible crime de ne l'y avoir pas fait naître prince ; révolté d'y être venu tout nu, dans une humble condition, et d'y avoir, dit-il, beaucoup pâti ; sans daigner songer que ce malheur est arrivé, avant lui, à beaucoup de grands hommes, qui ont su se créer eux-mêmes une meilleure destinée ; résolu de réparer promptement le temps perdu, et de bien jouir de celui qui s'enfuit ; osant, en Tamerlan, déclarer haine et guerre à mort à cette *infâme* civilisation de trente siècles, qu'il se charge de refaire, *dût-il y périr ;* et, pour avancer la chose, trônant, en attendant, dans les palais des rois et leurs voitures ; se restaurant à leur table, veuve de ses maîtres ; enflammant les brutales passions de la rue par des discours d'un cynisme anti-social inconcevable ; abusant ensuite de ce désordre inouï pour bouleverser le sens des masses, ruiner tour à tour toutes nos industries, toutes les classes ouvrières, patrons et ouvriers, les uns par la pression de la terreur ; les autres en les excitant méchamment aux appétits les plus effrénés ; imposant à ceux-là des salaires outrés, et, avec la plus amère dérision, réduisant pour ceux-ci en même temps les heures et les conditions de l'ouvrage ; les conviant ainsi à la paresse, en incendiant leur imagination par de sauvages promesses impossibles à satisfaire, quand on y confondrait toutes les forces de la société. Le tout prêché impunément ! que dis-je ? le tout mis officiellement en pratique sous la rubrique plus que bouffonne d'*Organisation du Travail !* Stupide et barbare invention, dont tant de malheureux, trop tard désabusés, subissent aujourd'hui les lamentables conséquences, au grand chagrin des sincères amis du peuple, et avec d'énormes préjudices pour l'Etat.

6° Un colosse très-bien taillé, du moins en ampleur palpable, pour faire un chef de conspirateurs agissants; chargé de toute la police, et distribuant des armes aux gens sans aveu, aux repris de justice et aux cavernes à complots.

7° Un ancien pion de collége, peu propre à cet état, qu'il quitta pour l'industrie qui mène à tout de nos jours, c'est-à-dire la boutique de journalisme de coterie ou de parti : après s'y être exercé dans des joutes contre le pouvoir, qu'il ne pouvait guère espérer de conquérir alors, il y parvient tout à coup, et droit au sommet; il occupe successivement les premiers postes de la Capitale et de l'Etat; il trône aussi lui, non pas sur des masses égarées, fi donc ! il trône sur les élus, quoique fort mélangés, du suffrage universel privé de sa libre action : cela n'irait pas trop mal, s'il pouvait oublier entièrement son ancienne férule et ses liaisons de coterie; si la caque, en un mot, ne sentait pas toujours un peu le hareng : en somme, peu méchant, et fort amadoué, pour un ancien aboyeur contre les puissances dont il n'avait pas encore fait partie; bon viveur et bon sultan, ce dit-on, dans toutes ses nouvelles façons de vivre; s'en trouvant à merveille, et point du tout fâché d'être qualifié de marquis par la presse satirique.

8° Un simple ouvrier mécanicien, peut-être jadis honnête, heureux et tranquille, expiant aujourd'hui, dans une détention fort passable, son élévation et ses attentats éphémères. Je renonce à esquisser les autres, qui ont joué un rôle moins dessiné et moins important.

Voilà donc les onze personnes qui, sans la consulter, ont osé mettre la France en pleine république démocratique et sociale ! Voilà le noyau de souverains intrus qui, profitant de la torpeur momentanée de la garde nationale de Paris, fort en regret depuis, se sont mis à la tête de quelques milliers d'ouvriers des faubourgs Saint-Antoine et Saint-Marceau, dix, vingt, cinquante, cent mille, si vous voulez; la plupart ignorant l'état de la question, ne l'agitant même pas; n'agissant que sur le mot d'ordre, *réforme;* incapables de prévoir les conséquences de ce qu'on allait faire en leur nom, contre leurs propres intérêts. Et ces onze Messieurs, sans autre mandat, et sans plus de cérémonie, se sont permis, en un tour de main, d'*instituer* la république (c'est leur expression); d'abolir une monarchie de plus de quinze siècles et de 36 millions d'âmes ; de bouleverser la magistrature inamovible et les administrations ; d'en peupler leurs créatures, plus ou moins honteuses ; d'abroger des lois fondamentales ; de gaspiller nos finances ; d'en supprimer les sources les plus sûres ; de ruiner à la fois, en grande partie par leurs œuvres, le crédit, le commerce, les métiers, les arts libéraux et les arts nécessaires, les petites comme les grandes fortunes ; de dégrader notre antique dignité au dehors, en menaçant nos voisins, en pleine paix avec eux, par des entreprises ourdies sous main, odieusement, contre le droit des gens, etc., etc. Voilà ce qu'on ose appeler, encore aujourd'hui, le vœu, la volonté de la nation ! Mais, si c'était un gracieux effet de votre part, daignez donc, une bonne fois, consulter là-dessus les dix millions de voix de Jacques Bonhomme ayant droit de se faire librement entendre ; posez nettement devant lui les questions qui le ruinent et l'irritent, parce que vous les avez résolues sans lui, et au rebours de ses intérêts et de ses sentiments. Alors, vous apprendrez, Messieurs de la Montagne, à quel point vous en avez imposé à Dieu, au monde et à vous-mêmes ; si tant est que vous n'ayez pas la conscience intime d'un si sanglant mensonge. Il est permis d'en douter, à voir votre ténacité à vous cramponner à votre œuvre, à éluder ou éloigner le jugement qui vous attend, et à vos vaines mesures pour l'enchaîner par des entraves. Il y faudra venir, bon gré, mal gré ; et plus la contrainte et la mystification auront été longues, plus la réaction, comme vous l'appelez, sera immodérée et immodérable. Cela n'est que trop ordinaire. Ou bien c'est l'anarchie qui l'emportera, et renversera tout dans un temps assez court, et vous-mêmes bientôt après, soyez-en certains.

Encore un coup, est-ce la France qui a commis, en quelques mois, tant de folies et de monstruosités qui la ruinent et la déshonorent ? Est-ce là cette grande, cette formidable France, homogène de religion, de mœurs et de langage ; enviée pour cela des peuples étrangers : cette France qui, si tous les partis honnêtes, insensément divisés, venaient à s'embrasser, pulvériserait de son seul souffle tous les énergumènes, les sophistes, les impies, les sectaires, et toute cette horde de flibustiers avides qui la troublent sans pitié. J'en appelle à tous les départements sans exception, j'en appelle aux trois quarts de Paris même, qui ont eu le grave tort de laisser faire, par surprise ou autrement.

Vous me direz peut-être : « Mais les départements ont aussi laissé faire, et ne se sont pas opposés. » Cela est vrai. Mais les départements, par leur situation, ne sont pas en état d'arrêter dès le principe les révoltes du peuple de Paris ; cela demande plus de temps : ils ont été stupéfiés d'abord de l'audace du nouveau coup de main ; et, dans leur surprise, ils n'ont pu en calculer les suites. Ils l'ont subi, dans la crainte de nous jeter dans les horreurs d'une immense guerre civile; mais ils ont été bien loin d'y applaudir, ils ont donné en juin un échantillon éclatant de l'esprit qui les anime, en marchant sur la Capitale, agitée de nouveau par les meneurs de Février: et ils se plaignent universellement des stériles et dangereuses façons avec lesquelles vous avez usé de leur victoire; ils s'en plaignent très-hautement, ne sachant qu'en penser. Oui, les provinces ont été surprises aussi, et un moment terrifiées avant d'avoir eu le temps de se reconnaître et de s'entendre. J'ajouterai même, sans peine, qu'elles étaient depuis longtemps travaillées par un grave mécontentement des abus éclos du dernier règne; mais elles ne songeaient pas à autre chose qu'à en obtenir une réforme pacifique et légale. Vive la réforme! a été le premier cri des mécontents, le seul but exprimé dans les banquets qui ont amené la catastrophe, si fort au delà de ce qu'on voulait, même parmi les plus ardents, contre les justes griefs. Il en fut ainsi en 1830, où la révolte n'éclata qu'aux cris de vive la Charte! Mais, comme aux conspirateurs de métier il s'adjoint toujours, quand ils réussissent, une multitude d'intrigants et d'ambitieux qui cherchent leur part au gâteau, et auxquels l'appétit ne manque jamais de croître en mangeant, aux deux époques on s'est également moqué, après la victoire, du prétexte primordial; et l'on s'est hâté de l'oublier, pour prendre droit de tout culbuter, dans l'ivresse d'un succès inespéré. « Quand on prend du galon, on n'en saurait trop prendre. » Proverbe, à ce qu'il paraît, aussi suivi en révolutions qu'en escroquerie. L'un et l'autre événement ont été préparés par des ripailles soi-disant libérales, en 1830, aux vendanges de Bourgogne, etc.; en 1848, au Chalet, à Mâcon, à Marseille et autres lieux, sous la présidence du chantre Lamartine. Tous ne désiraient, dans leur for intérieur, que le pouvoir et les honneurs dans leurs mains, et de bons dîners sur leurs tables, uniquement pour le plus grand avantage du peuple: gardez-vous d'en douter, car tel est leur texte favori. Leur dessein n'était pas de nous lancer dans cette éternelle lutte intestine avec laquelle nous avons le bonheur de vivre et patauger incessamment dans le ruisseau des rues, forcés, jeunes et vieux, de jouer au soldat tout de bon, et de tenir armée la moitié de la population, pour contenir l'autre. Non, ces dignes hommes d'Etat connaissent trop bien les lois d'Epicure, pour avoir eu l'intention de nous amener à telle extrémité. Je leur rends cette justice. Ils ont été tout simplement débordés par leurs instruments, dans leurs voies et moyens. En 1830, il suffisait de six mille hommes de garde royale pour faire dans Paris une police parfaite et inaperçue. Chaque citoyen pouvait, en toute sécurité, vaquer à ses affaires, sans perte de temps. Aujourd'hui, nous avons l'obligation civique de perdre un bon quart de l'année à manœuvrer et patrouiller de nuit et de jour, sous peine de meurtres, incendies, pillages;

si bien que chaque jour d'émeute et de débauche nous coûte des millions de déficit en produits industriels et le reste.

Le Français est bien de tous les peuples celui qui sait le moins le prix du temps, et qui en perd ou gaspille le plus par les institutions qu'il se donne. Nous faisons devant nos décemvirs, et par leur ordre, à l'Arc-de-l'Étoile, une belle fête de la Fraternité, avec 200 mille baïonnettes et 900 mille francs de dépense; et quelques semaines après, ces mêmes frères s'entr'égorgent dans les rues. Je l'aurais parié. Quant aux ripailles, il paraît que le veau froid, le porc aux choux et le Bourgogne sont toujours un excellent moyen de réformer le monde. Cette imitation de 1830 fait fureur à présent, avec encore plus d'entrain, de violence et d'audace dans les appétits. Pantagruel et Gargantua sont pygmées, en comparaison. Les belles noces de Gamaches que tout cela nous promet! Demandez aux citoyens Ledru-Rollin, Proudhon, Pierre Leroux et leurs comparses. Ces grands hommes connaissent si bien l'estomac humain! Il est si commode de réformer, déclamer et législater assis *inter pocula*, sans contradicteurs; au contraire, triomphant au milieu d'acclamateurs bien repus, et peu habitués à une telle plénitude. Aussi les *toasts* s'exhalent-ils du fond des entrailles, avec une éloquence toute ventriloque. Mais gare aussi le débordement, pour les metteurs en scène; car on leur crie en sortant, avec ou sans leur agrément : Vive la guillotine! vive l'enfer! Et cette aimable musique est chantée et vociférée en plein air par des milliers de voix! Si les souffleurs de ces opéras-là n'y voient qu'une plaisanterie, ils pourront bien s'en trouver à la fin aussi mal que ceux contre qui ils la dirigent. Je le leur soutiens; car je ne saurais les croire assez scélérats pour vouloir en leur âme la réalisation de ces horribles menaces, puisque nous voyons même les accusés de Bourges en repousser la solidarité. C'est pourquoi il ne me convient pas de rien dire de ceux-ci qui puisse aggraver leur sort, tant qu'ils seront aux prises avec la justice. On ne démoralise pas ainsi tout un peuple impunément. Quand ces meneurs parviendraient à le contenir dans les paroxysmes de la rage, l'accès passé, son entendement restera dépravé. Les malheureux demeureront comme un instrument à vent faussé et mis au rebut, ils ne résonneront plus qu'à faux.

Si tout cela est une situation normale, je ne m'y connais pas; car j'avoue que si nous y sommes condamnés pour la vie, nous sommes, à mon avis, de grands fous de ne pas courir en ligne droite au seul moyen de sortir d'une si horrible galère, et de n'y plus retomber. Au reste, dans tout cet écrit je ne m'adresse pas seulement aux défenseurs de la société; mais tout autant à la conscience des sapeurs, et je les adjure de réfléchir aux conséquences de l'œuvre qu'ils ont entamée, dont ils ne seront bientôt plus les maîtres. Il est déjà visible que l'abîme qu'ils ont ouvert les engloutira eux-mêmes. Je leur parle sans haine; et je leur déclare même ici que si j'en avais la puissance, j'aimerais cent fois mieux ramener leur esprit et leur cœur au giron de l'ordre que d'avoir à remplir le triste devoir de réprimer leurs trop funestes écarts.

Autre parallèle entre les deux suicides qui nous ont perdus. Celui de 1830 fut dû en grande partie à la mauvaise conduite de cette fraction de royalistes qu'on appela justement la Défection. Elle fit, sans contredit, un mal affreux, irréparable, à la Restauration. La gauche seule était encore trop faible pour escalader le pouvoir. La Défection, qui n'aspirait aussi qu'à ce même pouvoir, croyant y arriver plus tôt, en vint à offrir son appoint à l'ennemi commun, et à lui prêter son concours, tête baissée, aux deux Chambres, dans les colléges électoraux et partout. Le but de celle-ci n'était pas non plus de renverser la branche aînée; bien loin de là. Tous ses membres étaient d'anciens serviteurs éprouvés; on les appelait même les ultra-royalistes. Leur but était tout simplement de renverser le ministère de Villèle, le seul bon que nous ayons eu depuis Colbert, et de se mettre à sa place. Ils trouvaient que ce ministre, illustre par sa probité, sa rare capacité et ses étonnants succès, tenait trop longtemps son poste sans les y adjoindre; qu'il accordait trop aux idées libérales de l'époque; qu'il ne marchait point assez dans les voies de l'ancienne tradition, etc. Et bientôt ces mêmes récriminateurs se lancèrent dans les voies ultra-libérales, qui sont bien au moins aussi absolues que le bon plaisir des rois. Tant est vrai le vieil axiome que « les deux extrêmes se touchent. » A quoi il faut ajouter que les transfuges cherchaient aussi, en vrais étourdis, une vaine popularité, s'imaginant que la malheureuse branche aînée était assez enracinée pour en payer les frais sans chute. O popularité! malheur à ceux qui te sacrifient leur conscience! Y a-t-il au monde un fantôme plus fugitif? Cependant aujourd'hui tous y courent, petits et grands, depuis le moindre des élus jusqu'à la papauté, forcée bientôt ensuite à fuir de ses Etats, après avoir aspiré un instant, à pleins poumons, cette fumée qui montait vers elle de tous les points de l'Italie. Ce fut M. de Lalot, ultra-légitimiste des plus ardents, qui imagina la ridicule qualification de *ministère déplorable*, appliquée aux meilleurs hommes de la monarchie. On n'a point oublié quelle fut la fortune de cet injuste quolibet dans les rangs de la gauche, et le parti qu'en tira le vénérable ecclésiastique de *Lady Morgan*, qui prenait le vieux L'Abbey de Pompière pour un prêtre. Mais quand les coalisés en vinrent au partage du butin, après la victoire, il y eut force mécomptes. Ce fut une vraie répétition de la fable de Bertrand et Raton. La gauche, se voyant vent en poupe, se fit une part léonine, se moqua de ses candides auxiliaires, et marcha seule en avant, sans obstacles sérieux. Alors l'extrême droite se répentit amèrement; mais fort stérilement. Or, je le demande, en 1848, le parti dont M. Odilon Barrot était le chef, n'a-t-il pas joué le même rôle, commis les mêmes fautes et subi le même sort que la Défection légitimiste, dont il avait été l'adversaire, puis le mystificateur ? On ne voulait point non plus renverser la dynastie d'Orléans; mais seulement le ministère Guizot, et se mettre à sa place. Vous savez tous ce qui en est arrivé au delà de ce que l'on voulait.

Il est bien aisé de faire de la démagogie et de la déchaîner; mais il ne faut pas croire que pour s'être mis longtemps à sa tête on la dirigera ensuite à son gré. Tous les partis révolutionnaires qui nous ont dévastés, témoignent assez leur impuissance à se conduire et à s'arrêter où ils voudraient. Cependant, cette expérience ne les corrige point. Nous les voyons tous se lancer dans les mêmes errements, les mêmes témérités et les mêmes périls. Peu inventifs, ils semblent se copier servilement les uns les autres. Toute leur imaginative actuelle consiste à outrer le programme et l'argot de 93. Et dans une utopie quelconque ce sera toujours chose facile d'en forcer les déductions et les conséquences jusqu'à l'impossible et à l'absurde.

En 93, on se rua sur la noblesse et le clergé, qui étaient riches alors; on exerça sur eux de très-grandes confiscations et de très-grandes barbaries : mais on n'attaqua pas le principe de la propriété. On se borna à ôter à Pierre, qu'on prenait pour ennemi, pour donner héréditairement à Paul, qu'on prenait pour ami et compère. On monta la guillotine dans les grandes villes et dans les départements, dont beaucoup furent exempts; on voulut bien reconnaître un Dieu, tel quel, pour ne pas révolter la conscience innée de tous les peuples de la terre. Aujourd'hui, sans le moindre empêchement ni des lois ni de l'autorité (remarquez-le bien, car c'est là le plus grave), on se rue sans exception sur toutes les classes qui possèdent, et l'on excite à leur courir sus tous les prolétaires. On prêche publiquement que la propriété est un vol; que le temps est arrivé de l'abolir, ainsi que toute hiérarchie sociale, jusqu'à la plus infime, jugée jusqu'ici la plus nécessaire, telle qu'entre patron et ouvrier, maître et valet. On détrône Dieu en termes encore plus formels, et avec une sauvagerie qui ne s'était point vue; on s'écrie, on imprime que ce n'est qu'un être méchant, un bourreau des consciences, un tyran impuissant, imposteur et cruel; qu'il n'a jamais été que le fléau de l'humanité; qu'il faut l'extirper du cœur des hommes, même des malheureux dont il est le suprême refuge!!! On parle de monter la guillotine en permanence en chaque chef-lieu de département et de canton; on fait crier dans de vastes orgies et en plein soleil : A bas le ciel! Vive la mort! Vive l'enfer! Haine et vengeance aux riches! Vive la guillotine! Vive la potence et la lanterne! Puis le *Ça ira*, puis la *Carmagnole*, puis des hymnes infernales, puis des chants de cannibales, puis de hideux emblèmes portés dans de hideux cortéges, etc., etc. Je n'exagère rien; ces horreurs ne sont que trop publiques. Je reste même fort au-dessous de la peinture complète de ces dégoûtants tableaux; et encore je prie Dieu, eu égard à ma bonne intention et à la triste mission que je me propose, de me pardonner la répétition d'aussi horribles blasphèmes, émanés visiblement des soupiraux de l'enfer. Je ne crois pas qu'il se soit vu sous le ciel rien de plus atrocement et de plus stupidement barbare. Et nous avons vu des magistrats assister à ces infâmes saturnales! Et le pouvoir central ne les a pas sur-le-champ renversés de leur siége! Et l'on s'étonne de l'effet réactif produit dans les provinces par tant et de si énormes scandales!

Prenons-y garde toutefois; malgré les salutaires réactions du bon sens, ces manifestations sont un danger formidable. Ne nous fions pas trop aux impossibilités apparentes ni aux faibles garanties qui nous restent; vous les avez, Messieurs, intentionnellement ou non, terriblement énervées. Ces symptômes m'ont tout l'air de peloter en attendant partie, comme l'on dit vulgairement. Je sais bien que parmi les honnêtes gens il ne manque pas de ces esprits apathiques et superbes qui ne regardent qu'en pitié ces énormités, et s'en inquiètent peu, tant qu'on les laissera manger, digérer et dormir sans trop de trouble. Mais les populations qui en souffrent, beaucoup plus sages et prévoyantes que nos gouvernants, en sont justement épouvantées; et rien n'est plus sinistre, en effet. Il est évident que ce sont là les préludes de la dissolution la plus triviale, la plus dégradante et en même temps la plus complète qui se soit encore vue dans les annales des nations éteintes. Les amateurs de parallèles nous comparent aux Grecs du Bas-Empire; nous sommes descendus beaucoup plus bas. Ceux-là, du moins, ne niaient pas Dieu, la morale et l'autre vie; au contraire, ils disputaient sur les questions qui s'y rattachaient, afin de les mieux comprendre et s'y conformer. A force de les violenter et vouloir les démontrer géométriquement, ils finirent par les rendre ridicules et insolubles. Pendant qu'ils se battaient follement pour et contre la grâce concomitante, efficiente ou insuffisante, et une foule de difficultés théologiques, qu'ils eussent dû abandonner à leurs prêtres, les barbares arrivaient à leurs portes, après avoir envahi leurs provinces.

Pour nous, nous sommes agités dans une sphère beaucoup moins savante et moins élevée; nos vues sont toutes terrestres et purement animales. Nous renions l'autre vie; et, à force de ne songer qu'à l'amélioration désordonnée de celle-ci, à force de la tourmenter en ce sens, nous sommes parvenus à n'en faire qu'un véritable enfer anticipé, aux yeux de tout sage en état d'apprécier notre condition présente. Notre entendement s'est rempli d'un galimathias métaphysico-constitutionnel, lardé d'anarchie et d'impuissance, qui n'appartient qu'à notre école. De toute cette logomachie hétéroclite nous nous sommes fait des règles on ne saurait plus variables ni plus élastiques, suivant la manie du jour. Cette instabilité nous a imposé des devoirs qui nous oppriment et nous conduisent tantôt à hue, tantôt à dia; souvent l'un et l'autre à la fois. Notre raison, notre ancien bon sens et bonheur, se sont éteints sous ce ramas de funestes épreuves, aussi changeantes que des décorations de théâtre, aussi houleuses que les flots de la mer en courroux. Nos regards égarés ne peuvent plus fixer la vérité toute nue, dès qu'elle s'élève au-dessus du terre-à-terre. Plus de nobles pensées, plus de noblesse en rien; bassesse et en même temps orgueil et révolte partout. Toutes nos idées spéculatives n'ont trait qu'à la matière, et n'ont pas d'autre but. Donc notre scolastique est fort inférieure à celle des anciens, et notre condition aussi; car les barbares sont dans notre propre sein, ce qui est infiniment plus dissolvant. Remarquez que l'anarchie, dans sa minorité encore infime, grâce à Dieu, se vante d'avoir sur vous l'avantage de l'énergie et de l'ensemble dans sa traîtreuse action; et c'est par là qu'elle en impose le plus aux populations. Ajoutez-y l'impunité que vous lui accordez, le beau jeu que vous lui faites en lui permettant d'attaquer à son aise, et de se retirer sans péril, selon la chance; en n'opposant que des armes courtoises à un ennemi qui attaque la torche et le poignard à la main, et qui, en cas de victoire, menace de tout exterminer avec la pique ou la hache du bourreau. Là est tout le secret de sa force; et ce n'en est pas un, car heureusement il n'en fait pas mystère. D'où il est permis d'inférer, ou qu'il vous regarde comme ses complices, ou qu'il compte sur votre faiblesse. Moi, qui connais à fond ses voies, son esprit et ses mœurs, je puis vous affirmer que quand le grand jour du salut sera venu, si toutefois il doit venir, car j'en doute, il n'y aura qu'à lui opposer terreur contre terreur, et vous verrez tous ces Titans, dont vos seules complaisances ont fait des géants de désordre, retourner vite à leur ancien néant, devant les populations irritées d'être encore une fois victimes de tant d'extravagances morales et matérielles. Je ne doute point, Messieurs, que si, plus conséquents que vous ne paraissez l'être à l'esprit de votre mandat, vous devanciez tant soit peu l'aurore de ce jour inévitable, vous nous épargneriez bien des pertes et des malheurs, qu'il nous faudra peut-être encore traverser avant d'y arriver, si nous ne périssons pas tout à fait.

Je demande pardon à mon lecteur d'une si longue digression; elle n'est point étrangère à mon sujet, et coïncide avec mon but. Je m'en permettrai bien d'autres, à l'occasion.

Reprenons notre texte : « La France s'est constituée en répu-» blique. » Nous venons de voir comment. « En adoptant cette » forme de gouvernement, elle s'est proposé pour but »— même fiction et même réplique —« de marcher plus librement

» dans la voie du progrès et de la civilisation , d'assurer une
» répartition de plus en plus équitable des charges et des avan-
» tages de la société, d'augmenter l'aisance de chacun par
» la réduction graduée des dépenses publiques et des impôts,
» et de faire parvenir tous les citoyens, sans nouvelle commo-
» tion, par l'action successive et constante des institutions et
» des lois, à un degré toujours plus élevé de moralité, de
» bien-être et de lumières. » Ouf ! arrêtons-nous là ; je n'en
puis plus ! En voilà du progrès socialiste indéfini ! Trouvez-
m'en de plus complet et de plus séduisant. C'est un Eldorado,
un vrai paradis sur terre ! Nous allons tous devenir des demi-
dieux. J'en nage dans la joie, l'espérance et la foi ! Qui a jamais vu tant d'amorçantes annonces dans un programme ?
Quel est le grand utopiste qui a rédigé celui-ci ? Mais gare la
levée du rideau ! gare les sifflets ! La pièce et les acteurs suf-
firont-ils à les conjurer ? La mise en scène est fort soignée , la
perspective est superbe dans son lointain ; le libretto est étudié ,
et, pour la prétention à l'effet, rien, absolument rien n'y est
omis. Vadius et Trissotin législateurs n'eussent pas mieux dit.
Il est impossible que la confiance, le crédit, les affaires, ne
renaissent pas d'un irrésistible bond devant tant de douces
choses, devant cette vraie terre promise. On y remarque bien ,
il est vrai, l'oubli d'un assez sage précepte d'un autre législateur d'assez bon goût pour l'époque :

    « Que le début soit simple et n'ait rien d'affecté.
    » N'allez pas, dès d'abord, sur Pégase monté,
    » Crier à vos lecteurs, d'une voix de tonnerre :
    » Je chante le vainqueur des vainqueurs de la terre !
    » Que produira l'auteur, après tous ces grands cris ?
    » La montagne en travail enfante une souris. »

Nous verrons bien ! J'ai grand peur, hélas ! que notre Montagne, à nous, qui a tant participé à la rédaction de notre
nouvel évangile politique, n'enfante, pendant un certain temps,
des monstres bien autrement malfaisants. Elle ne cache pas sa
grossesse ; et sa fécondité en dégâts et en déceptions est aussi
connue que celle des produits de la mère Gigogne, à laquelle
elle ressemble beaucoup sous ce rapport. Certes, si elle n'est
pas contente d'un libellé qui la mène si visiblement à ses fins
avec un peu de temps, c'est qu'elle est aussi par trop impatiente de
vouloir sauter tous les degrés d'un seul bond. L'imprudente ! elle
ne voit pas que l'échelle est encore trop longue, et qu'elle se briserait certainement à vouloir la franchir d'un seul saut. Qu'elle
attende donc ses renforts dans le plan d'enseignement qu'elle
nous prépare, et dont nous parlerons en son lieu.

    D'après la rédaction, il semble que la civilisation et le pro-
grès avaient été, chez nous, enchaînés avant et depuis le
grand siècle de Louis XIV ; qu'ils sont incompatibles avec la

monarchie, et qu'hier encore, sous Louis-Philippe, nous étions hors d'état d'inventer et de progresser. Cette induction, qui saute aux yeux, est au moins étrange. Examinons-la un peu. Je ne sais pas ce que la démocratie sociale va produire de grand et digne des respects de la postérité : je m'en doute bien ; mais il convient de n'établir notre comparaison qu'entre le présent et le passé. Nous ne manquons pas, il est vrai, de bons hommes de guerre. Le courage est notre vertu principale et de naissance. Nous avons du Cavaignac et beaucoup de bons généraux meilleurs que lui, qui se sont formés sous l'Empire, lequel était aussi une forte monarchie. Mais nous avons eu du Duguesclin, du Lahire, du Bayard, du Turenne, du Condé, du Villars et mille autres brillants capitaines sans peur et sans reproche, que l'on peut admirer dans notre histoire. Nous avons un corps d'ingénieurs civils et militaires, hommes de science et de calcul, j'en tombe d'accord, qui dépassent toujours leurs crédits, et n'en ont jamais assez pour achever des ouvrages la plupart sans durée et sans utilité bien reconnue ; mais nous avons eu un Vauban qui a couvert les frontières de France de citadelles imprenables et indestructibles, sur des plans d'une économie merveilleuse. Nous avons du Pagès, du Goudchaux, du Trouvé-Chauvel, en abondance ; mais nous avons eu du Suger, du Sully, du Colbert, et tout près de nous du Villèle, qui répara les malheurs de deux invasions de Pandours, adoucit les principales spoliations de 93, solda jusqu'aux créances véreuses de l'Empire, réduisit le budget à 900 millions ; fit les campagnes d'Espagne, de Morée et de Navarin ; prépara celle d'Alger ; et, par sa sagesse et sa probité, fonda le crédit dont nous avons vécu depuis, en ne cessant de l'altérer. Voilà pour les hommes de guerre et d'Etat. Dans la magistrature, nous avons de l'Auguste Portalis, du Flandin, du Laissac et beaucoup de pareils ; mais nous avons eu du Harlay, du de Thou, du Talon, du Montesquieu, du d'Aguesseau, du Molé, etc. Dans la haute police, qui assure la paix des citoyens, nous avons du Caussidière, dont on sait les œuvres ; du Gervais de Caen, dont on sait l'esprit : mais nous avons eu du Sartines, qui faisait arrêter les malfaiteurs et les conspirateurs jusque dans les capitales étrangères. En religion, en morale, en philanthropie, en fraternité, en bienfaiteurs de l'humanité, nous avons du Lamennais, du Châtel, de l'Auzou, du père Bazar, du père Enfantin, du Cabet, du Proudhon, du Pierre Leroux, du Considérant et *tutti quanti :* mais nous avons eu du Vincent de Paule, du Bossuet, du Huet, du Massillon, du Bourdaloue, etc., etc., qui couvrirent le pays d'asiles contre toutes les misères, qui charmèrent, polirent et adoucirent le monde, en lui démontrant les vérités éternelles avec une éloquence toute divine. En philosophie, nous avons du Cousin, du Lherminier, du Jules Simon, etc. ; mais nous avons eu du

Descartes, du Malebranche, du Pascal et autres grandes intelligences. Dans les lettres, pour la gloire du beau sexe d'abord, nous avons du Georges Sand, de la Niboyet, et autres clubistes et bas-bleus que je n'ai pas le bonheur de connaître ; mais nous avons eu du Sévigné, du Deffant, du Maintenon. Nous avons du Victor Hugo, du Lamartine, du Scribe, auxquels je ne conteste certainement pas le talent, qui a su s'enrichir avec ses succès ; nous avons aussi une multitude innombrable d'auteurs à leur suite, où l'esprit fourmille, j'en conviens encore : mais nous avons eu du Corneille, du Racine, du Molière, du Boileau et autres grands écrivains qu'il serait trop long de nommer ; nous avons eu cette réunion Procope de génies du premier ordre, où l'on pouvait les aborder sans apprêt ; ils vivaient, parlaient simplement, naturellement, ne s'occupant exclusivement que de leur immortel apostolat, le bon goût et la gloire des lettres. Ils ne s'absorbaient pas, comme leurs imitateurs, dans les biens et les jouissances de cette vie ; ils étaient plus philosophes ; et c'est pourquoi ils nous ont laissé des ouvrages si parfaits, qu'on ne peut plus égaler. Dans les arts plastiques, dits libéraux, nous avons de fort dignes émules des Lebrun, des Mignard, des Goujon, des Pigal, des Coysevaux, qui n'étaient jamais en peine de placer leurs chefs-d'œuvre, commandés et recherchés d'avance. Mais, en ce temps de démocratie égalitaire, qui est-ce qui pourra désormais payer convenablement les vrais talents que nous possédons ? Poésie, beaux-arts, grandes entreprises, inspirations du génie, noble amour de la gloire, tout est mort parmi nous ! Et comment y pourraient-ils renaître avec la lèpre sociale qui nous ronge, et qui a déjà fait tant de ruines ? Leurs plus beaux produits ne seraient qu'un danger de plus. Qui ne sait que le socialisme injecté avec l'enseignement dans la classe prolétaire, est essentiellement iconoclaste et incendiaire ? Allez voir aux Tuileries, au ci-devant Palais-Royal, à Neuilly, à Surennes et autres lieux. C'est bien assez d'avoir à défendre sa famille, en la blottissant sous un humble toit, pour ne porter aucun ombrage, sans orner sa demeure des œuvres du génie, pour y attirer les vandales.

Nous ne sommes plus sous la monarchie de Louis XIV, ni même sous celle de Louis XVI. Nous l'avons abjurée avec toute notre histoire devant l'Europe jalouse, pour passer glorieusement sous celle des Ledru, des Louis Blanc et des Proudhon. La France ne s'appartient plus, entendez-vous ! Son présent et son avenir appartiennent au socialisme, à ce qu'il prétend ; et déjà il le fait écrire dans nos lois. Aidé des partis rouge et cramoisi, il fera (et Dieu aboli ne peut plus s'y opposer) table rase de plus de 30 siècles de civilisation et de travaux ; il en plongera l'histoire dans le Léthé, et la Création ne datera plus que de son ère. Il ne songe à rien moins que cela. Ne croyez pas que je badine ; il n'y a pas de quoi, avec les 3 ou

400 mille sicaires dont il se vante. Regardez à ses discours et à ses actes, et vous verrez si je n'en traduis pas la substance. De ses missionnaires il en pleut, il en grêle, il en pullule, avec toute licence de la police et des lois. Force est dans la nature que chaque arbre porte son fruit. Ceux qui attendent des figues avec des greffes de ronces et d'épines, sont des fous à lier.

Il faut en convenir, le socialisme n'est pas le seul coupable de tout ce grand désordre. Il n'a que trop été réchauffé sous le dernier règne, par cette foule de romanciers, de feuilletonistes, de dramaturges en prose et en vers qui sapaient à la fois la religion et la société, et qui ne laissaient debout aucun respect divin ni humain. Que sont devenus aujourd'hui ces écrivains débraillés qui s'efforçaient, parmi ce peuple le plus civilisé des mondes possibles, de rendre classiques le langage et les mœurs des bagnes? Plusieurs auraient montré un vrai talent s'ils l'avaient appliqué à un plus noble usage. On ne les lit plus, on ne les achète plus; leurs ouvrages sont déjà dépassés, méprisés, ou tout au moins surannés. Après avoir vécu en sybarites avec un argent trop facilement mal gagné, la mine est épuisée; ils souffrent comme les autres. On les dit bien changés. Tant mieux! les convertis qui cherchent de bonne foi à réparer le mal qu'ils ont fait, font plus de sensation que ceux qui ont eu le bonheur de ne faire que le bien toute leur vie. Nous en avons d'éclatants exemples; et c'est à tous les bons esprits à les encourager, en leur ouvrant leurs rangs cordialement.

On ferait un gros et piquant volume si l'on voulait épuiser les quelques parallèles que je viens d'esquisser. Où voyez-vous donc, Messieurs, que vous nous avez mis dans le chemin de la *moralité, des lumières et du bien-être, à un degré toujours plus élevé?* Je vois bien dans votre rédaction que ça va de plus fort en plus fort, tout comme chez Nicolette; mais la prospérité croissante, je ne la vois pas, ni les apparences pour l'avenir, je vous l'avoue humblement; et j'entends tout le monde, sans aucune exception, m'étourdir les oreilles en m'en disant autant. Il faut croire que nos yeux et nos lunettes sont mauvais, ou que nous sommes mal ou trop loin placés pour bien voir. Hélas! Messieurs, j'ai bien peur que vous nous fassiez aller trop longtemps les pieds en l'air, la tête en bas; il en résultera que nous ne pourrons plus marcher par aucun bout.

Je ne vous ai rien dit de la grande découverte de la vapeur appliquée à l'art nautique et à la mécanique des métiers et des chemins de fer. Cela conclurait encore plus contre notre régime actuel; car tout cela a fleuri sous la monarchie, et est tombé en pleine décadence sous la démocratie. Montrez-nous donc où sont les avantages de la dernière transformation. En moins d'un an, elle a opéré d'immenses ruines, fait répandre fratricidement un sang généreux, menacé chaque jour d'en faire couler plus encore, épuisé nos finances, et nous n'apercevons partout que l'impossibilité d'entreprendre désormais rien de grand. C'est tout au plus si nous suffisons aux nécessités urgentes, et bientôt nous ne le pourrons plus. C'est bien aisé de décréter la morale, la paix et le bien-être avec le progrès ; mais la réalité, ce n'est pas avec des phrases officielles toutes seules qu'on l'opère. Cela n'a guère plus de valeur que des formules de lettres, ou des souhaits de bonne année. *Sunt verba et voces.* Il faut tout autre chose. Le progrès ! la manie du jour ! le progrès indéfini ! grand mot à la mode qui couvre tant de perfidies, tant de mystifications, tant de désastres et de tempêtes, et pourtant qui dupe encore tant de niais, qui s'en font les échos, au profit des habiles ! oh ! oui, oui, le progrès est grand et très-grand, je le reconnais ; mais en toutes sortes de maux. Dans le bien, je le nie. Dans les sciences naturelles, j'accorde sans difficulté que le progrès continu est rationnel et possible, parce que nous ne connaîtrons jamais toutes les propriétés de la matière ; mais dans la science de la morale et du gouvernement, qui ne peuvent se séparer sans les plus graves désordres, et qui n'ont absolument trait qu'à notre espèce, rien n'est plus borné que cette sphère. Sitôt que l'on sort de ces cercles tracés par l'expérience des temps passés, parcourus et bien connus, l'on s'égare dans les espaces du chaos ; et ce n'est pas sans avoir essuyé les plus terribles perturbations que l'on revient au vrai milieu, lorsqu'on ne s'est pas perdu tout à fait, ce qui n'est pas rare. Comparée à l'infini, l'humanité tout entière, depuis Adam jusqu'à ce jour, n'est qu'une monade tourbillonnant sur elle-même. Ce sont de bien pauvres philosophes et de bien mauvais métaphysiciens que ceux qui prétendent sérieusement, depuis un certain temps, appliquer à nos intérêts et à nos modes sociaux la théorie de l'infini. C'est tout simplement une énorme absurdité. Je sens bien qu'il faut la pardonner au plus grand nombre, qui ne l'admettent que dans leur profonde ignorance ; mais je dis hautement que ceux qui s'en servent pour agiter et tenir le monde dans une perpétuelle turbulence, sont des méchants funestes, qu'il importe de réprimer au plutôt, si l'on ne veut se laisser lancer dans les abîmes.

Nous voici évidemment hors des points les plus extrêmes de l'orbite social ; une coalition de sectes impies nous en pousse au loin de plus en plus, afin, si elle le peut, de nous interdire le retour. On peut craindre leurs poignards ; mais non pas leurs raisons : ils n'en ont point d'autres que celles que nous connaissons de reste. Eh bien, dans cette position, quelle que puisse être la fureur de leurs échos, on peut leur dire sans détour que le seul progrès véritable qui puisse sauver la société, est de reculer vite en arrière, et de se fixer dans les cercles éprouvés. Besoin n'est pas d'être un grand sorcier pour prédire à coup sûr à quelle anarchie nous courons, si nous persistons à nous laisser traîner dans les voies de l'abîme. Quand nous serons loin du port, c'est en vain que nous voudrons nous arrêter; l'implacable destin nous criera, comme l'aigle de Meaux : « Marche, marche toujours ! »

Vous nous promettez, honorables représentants, « d'assurer » une répartition de plus en plus équitable des charges et des » avantages de la société. » Il paraît que tout a été inique jusqu'ici. Vous ferez bien d'effacer les iniquités, s'il y en a. Pour mon compte, je n'y verrais pas de mal. Mais il y a trop de Louis Blanc là-dessous; on y aperçoit trop son bout d'oreille. C'est bien là son langage. J'ai bien peur qu'il ne nous faille traduire par : « Assurer une répartition de plus en plus lourde et géné- » rale des charges de la société, et en détruire les avantages. » Cela n'est déjà pas mal avancé. Continuons. « D'augmenter » l'aisance de chacun par la réduction graduée des dépenses » publiques et des impôts. » A merveille! Nous allons depuis l'épingle jusqu'au canon, dans nos armes contre les vieux abus! Cependant c'est vous engager beaucoup; et vous conviendrez que l'hyperbole est un peu forte, en présence de l'impôt des 45 centimes, et de tous ceux plus ou moins vexatoires et d'odieuse justice distributive que l'on a déjà présentés et que l'on projette; et des dépenses non justifiées du Gouvernement provisoire; et de ses comptes non rendus; et de vos ateliers dits nationaux, véritable armée organisée par l'anarchie; et de vos dépenses et dettes croissantes; et de ceci et de cela, dont je vous fais grâce, ne voyant pas tout le dessous de vos cartes. Craignons donc qu'il ne faille encore traduire ce passage par : « Augmenter la gêne de chacun par l'accroissement gradué des » dépenses publiques et des impôts. » Il y a plus, sur la pente du genre de progrès où nous sommes, je vous défie de faire autrement; je vous le dis avec douleur, bon gré, mal gré, vous y êtes fatalement entraînés par les nécessités cruelles que vous vous êtes laissé imposer, ou que vous vous êtes créées vous-mêmes. J'en appelle à tout le monde, et à un avenir trop certain et trop prochain; j'en appelle au Jonh Bull français. Qu'en dis-tu, Jacques Bonhomme, toi qui paies si largement, tant en pertes qu'en monnaie, les expériences effrénées que l'on ne cesse de faire contre tes intérêts, en dépit de toi, ou en t'en cachant le sens, ce qui n'est guère différent, es-tu content? Non. Oh! je l'avais bien compris à tes six millions de voix proclamant un défenseur contre les vampires : jusque-là ils s'étaient appliqués, sans péril pour eux, c'est-à-dire légalement, à te donner des fers, et à assurer toute licence à leurs nombreux séides, afin de t'opprimer plus à leur aise, et verser tout doucement tes poches dans les leurs. Ils ne l'ont point caché, leurs malversations ont été jusqu'au cynisme; à la bonne heure?

Tu sais enfin parfaitement à qui tu as affaire. Mais ta grande voix du 10 décembre, pourtant si claire, ils ont feint de ne point l'entendre; et ils l'ont en grande partie escamotée, les cyniques jongleurs! Partout, à la tribune, dans leurs journaux et leurs clubs, ils ont feint de prendre le change sur ton suffrage réprobateur. Ils ont violenté par leurs menaces et leurs intrigues la saine partie de tes élus; et ils l'ont fait avec les plus ignobles manifestations, sans la moindre honte. Aujourd'hui que ton indignation se fait entendre plus fortement de toutes parts, par tous tes organes naturels, convaincus que tu veux enfin impérieusement les expulser, comme tes plus funestes ennemis, et que tu demandes que pas un d'eux ne rentre au timon de tes affaires, où ils n'ont que trop exploité, sais-tu comment ils appellent ta légitime demande? Ils l'appellent de la criaillerie! Ils voudraient résister à tes volontés en se perpétuant eux-mêmes; mais ils ne l'oseront pas, parce qu'ils ne le pourront pas. Après t'avoir reconnu pour le seul souverain, quand ils se croyaient audacieusement tes maîtres absolus et à toujours, ils te renient maintenant, en voyant leur erreur, et voudraient encore t'asservir. Dès que tu auras prononcé énergiquement ton dernier mot, ils rentreront dans l'ombre avec leurs satellites, la plupart leurs victimes désabusées. Alors tu pourras songer à réparer leurs ravages; et non, tant qu'ils seront là. On dit qu'ils manœuvrent en ce moment pour chasser des ministres modérés et se mettre à leur place, pour tâcher de se rendre maîtres des élections prochaines. On dit qu'ils se proposent d'envoyer encore dans les départements les stipendiés de la Montagne, comme l'a fait Ledru-Rollin, pour pressionner ou fausser ton suffrage. Dans ce cas, je n'hésite point à te le conseiller, mets-les vigoureusement à la porte, partout où ils se présenteront. Jacques Bonhomme, entends ma voix; c'est un véritable ami qui te parle ici. Je déplore vivement tes maux, et j'y ai toujours pris une forte part. Tu connais maintenant tes forces : ton salut est dans tes mains; et si tu achèves de périr, n'en accuse plus que toi-même.

Lève-toi donc comme un seul homme aux prochaines élections. Qu'aucun homme taré ne parvienne plus au timon de tes affaires; que tous tes élus soient des hommes estimés, moraux, probes, désintéressés et énergiques. Tu en trouveras de beaucoup de valeur qui ont été éprouvés sous les trois derniers règnes. Tu en trouveras aussi dans les jeunes talents; il en est qui viennent de se révéler d'une façon bien honorable. Que tous aient assez de capacité pour apprécier à fond ces systèmes pervers qui sont devenus l'empêchement à tout retour au bien et la cause permanente de tous les désordres imaginables. Car, il ne faut pas se le dissimuler, tout absurdes qu'elles sont, les anarchistes de toute couleur se serviront longtemps encore de ces utopies pour se faire des instruments aveugles des malheureux qu'elles auront faits. Jusqu'à ce qu'elles soient entièrement décriées, comme elles le méritent, elles serviront de prétexte et joueront un rôle dangereux dans tous nos troubles civils. Je reviens au texte.

Vous nous promettez, honorables représentants, de nous sauvegarder de nouvelles commotions. L'intention est bien louable ; il n'y manque que la vraisemblance. Louis XVIII aussi lui, et dans de bien meilleurs termes, se flatta de fermer l'abîme des révolutions ; et c'est précisément sa Charte de 1814 qui l'a rouvert en France, puis dans le reste de l'Europe. Il introduisit dans sa machine gouvernementale des rouages et des ressorts qui en rompront toujours l'équilibre dès qu'ils se tendront. Louis XVIII en a été bien récompensé. Vous savez où en sont à présent toutes les branches de la maison de Bourbon, cette antique race royale, jadis notre amour, notre orgueil, notre propriété la plus féconde en gloire et en vrais progrès ; race que tous nos voisins, et particulièrement les maisons de Hanovre, de Hapsbourg et de Romanof, beaucoup moins anciennes, enviaient. Elle a fait place au socialisme et à la Montagne.

Vous dites, Messieurs : « Sans nouvelles commotions, par l'action successive et constante des institutions et des lois. » Croyez-vous que c'est à coups de constitutions, de lois et de décrets, et dans une émission constante, qu'on fait fleurir un peuple, et qu'on le rend sage, heureux et content, quand il s'est tant de fois noyé dans ce courant ? Depuis 89, nous avons fait, modifié et renversé tour à tour huit ou dix constitutions, toutes plus parfaites et plus éternelles les unes que les autres, selon leurs auteurs. A l'appui et en conséquence de ces immortels monuments, nous avons fabriqué plus de soixante mille lois ou décrets, soit à toujours, soit de circonstance. Un grand nombre se contredisent et s'entr'abrogent plus ou moins virtuellement. Les plus savants juristes ne savent plus auxquels entendre ; le plus vaste cerveau n'en saurait seulement pas contenir les titres et les dates : il y a en outre mille volumes de commentaires, gloses et interprétations diverses ; nous en sommes submergés. Tout le corps de nos anciennes lois et coutumes ne serait qu'un appendice, en comparaison. Le fatras de la nouvelle chicane s'élève comme une montagne au-dessus de l'ancienne. Sous ce rapport, je reconnais que notre progrès est incontestable, et que nous sommes très-habiles à en faire en ce genre. Passe encore si le prix de revient ne coûtait pas à Jacques Bonhomme cent fois plus cher que le profit qu'il en tire. Certes, si *l'action successive et constante des institutions et des lois* y faisait, nous devrions être le peuple le plus moral et le plus heureux de la terre. Vous savez ce qu'il en est. On se l'imagine du moins : car nous voici en voie de confectionner une soixantaine de milliers d'autres lois tout aussi parfaites et nécessaires, à ce qu'on dira ; à moins que la savante utopie socialiste ne parvienne à simplifier considérablement la chose, en abolissant la famille et la propriété. Alors il ne sera pas besoin de tant de lois. Nos Solons ne nous en donneront qu'une, celle du plus fort, sans égard à tous les droits acquis, de possession ancienne ou récente. Alors chacun, tenant à sa chacunière, naturellement voudra la défendre : on s'entre-jugulera bien et beau ; et si l'on est vaincu et expulsé de son avoir, on ira en attaquer à son tour un autre plus faible que soi. Au plus fort la poche ! Il n'y aura plus d'autres procès ; nous les viderons nous-mêmes : ce sera fort agréable. C'est alors que nous marcherons tous les jours au progrès sans fin, selon eux. Je le crois ; car cela irait jusqu'à l'extinction de la dernière famille. Telle serait la fin forcée de ce qu'on appelle le communisme.

Pour masquer les petits inconvénients que l'on y aperçoit tout d'abord, il en est de plus mitigés en apparence ; mais qui sont du même sang, et nous mènent au même but, sans être plus logiques ni plus possibles. Ceux-ci veulent d'abord abolir l'argent, comme Lycurgue, sauf à le réintégrer dans sa valeur quand ils l'auront tout pompé par cet ingénieux moyen. Ils mettraient à la place leur papier et leurs associations de banques solidaires ; celles-ci inépuisables tant que les hommes feront des guenilles. Ils appellent cela mettre le travail en harmonie avec le capital. Puis ils prétendent nous associer tous, de gré ou de force, en nous parquant, les uns, comme des troupeaux d'animaux dans la plaine ; les autres, dans je ne sais quels phalanstères, où ils nous mèneraient bestialement, comme des moines trappistes dans leur couvent. C'est apparemment dans les cloîtres qu'ils ont puisé leur idée, moins les austérités, moins la religion et ses fins dernières. Je ne sais pas ce qu'ils feraient des villes : je pense qu'il faudra toutes les raser, comme entièrement en désaccord avec le nouvel ordre. C'est ce qu'on appelle le socialisme ; et il est bien au moins aussi impertinent que le communisme, son digne frère pur sang. Ce n'était pas la peine de chasser de chez nous les moines et les jésuites ; car ils ont réalisé infiniment mieux que cela au Paraguay. Encore l'ont-ils fait sur une terre vierge, où tout était à créer et rien à abattre. Voilà donc où nous en sommes arrivés après un déluge de lois révolutionnaires. Pour Dieu ! Messieurs, grâce de tant de lois ; mais donnez-nous-en sur des principes certains, sages et justes, et ne les confiez qu'en des mains fermes et pures. Dans la mécanique, plus les rouages sont simples, plus les mouvements sont faciles et durables. Ne vous figurez donc pas qu'en législatant sans cesse, et ajoutant à cet incommensurable amas de lois, constitutions, décrets et ordonnances qui nous accable, c'est faire progresser l'ordre social. Au contraire, c'est précisément ce qui le fait reculer, ce qui l'appauvrit, ce qui le couvre de ténèbres, ce qui donne beau jeu pour le mettre en question aux anarchistes de toutes les couleurs. Je le répète, les conditions et les formes de la vie sociale sont renfermées dans un cercle fort borné, dont on ne sort point impunément. Tout le surplus n'est qu'un accessoire, qui devrait s'arrêter aux mesures de police locale. Si en cela, comme en le reste, vous croyez à la perfectibilité humaine indéfinie, j'ai le guignon de ne pas m'entendre du tout avec vous. Quant aux progrès des sciences naturelles et des arts qui en dépendent, je l'ai déjà dit, le champ est immense, jusqu'à un certain point pourtant, et il n'est pas près d'être parcouru.

Mais c'est une question très-controversée et très-controversable que celle de savoir si ce progrès, poussé trop loin, nous mène au vrai bonheur. L'histoire est pleine de grandes et désastreuses solutions contraires. Inventons des télescopes plus puissants que ceux usités jusqu'à ce jour, et nous découvrirons sans doute dans l'immensité de l'espace des astres nouveaux pour nous; et peut-être d'autres lois que celles que nous croyons avoir devinées, dans les sublimes mouvements de ce prodigieux mécanisme des cieux. Imaginons des verres encore plus grossissants que nos microscopes, et nous découvrirons mieux le merveilleux organisme des êtres de la nature animale et de la nature végétale; nous pénétrerons plus avant aussi dans le règne minéral, le premier créé des trois, et point de doute que nos idées ne s'en accrussent. Nous pouvons comprimer les fluides, les gaz et la vapeur, nous en approprier la force expansive, comme en ces derniers temps, au grand dommage des intérêts du travail humain, quoi qu'on nous en dise. Est-ce un progrès heureux pour le plus grand nombre? C'est encore une question. Déjà l'orgueil de ces titaniques découvertes est considérablement rabattu. Elles ont subitement ruiné les hautes puissances financières, qui seules en ont d'abord profité, et qui seules en effet en pouvaient prendre l'entreprise. Et combien d'industries rivales, combien de malheureux ouvriers, jadis fructueusement occupés, que cette terrible concurrence a écrasés ou déplacés! Et où sont donc les si grands avantages pour tous les peuples considérés dans leur ensemble, et en supposant qu'ils fussent tous avancés au même point dans l'emploi de ces nouvelles forces motrices? Est-ce que tout n'est pas relatif? Mais cette égalité en cette affaire ne devait pas exister. Il est tout simple que les Etats-Unis, avec huit ou dix fois notre territoire, et l'Angleterre, avec le commerce du monde, devaient être plus avancés que nous en chemins de fer, en marine et mécaniques à vapeur. Et nous avons eu grand tort, à mon avis, de les imiter, et de ne pas nous restreindre à nos besoins, subordonnés à nos facultés. Nous avons été jusqu'à l'excès, en ceci comme en tant d'autres choses.

J'ai dit que le mot progrès, tel qu'on l'entend aujourd'hui parmi nous, était rempli de perfidies et de déceptions; j'y ajoute qu'il est une des causes principales de tous nos maux. C'est en France, sous la Restauration, que le fanatisme pour ce mot, devenu magique pour les conspirations et leurs dupes, a pris naissance, en même temps que la voiture omnibus ; et l'un et l'autre y ont fait passablement leur chemin. En France, aujourd'hui, tout excès, toute tendance à l'excès, en quoi que ce soit, passe pour un progrès continu ; et c'est à qui se glorifie d'être dans ce prétendu mouvement ascendant. Je rencontre partout des multitudes d'imbéciles et d'ignorants, qui se disent et se croient bonnement dans le progrès continu ; je rencontre bien aussi des traîtres qui savent mieux ce qu'ils font en le criant par-dessus les toits. Si on leur demande en quoi ils sont en progrès, ils restent court, comme un âne devant une borne, ou bien ils vous répondent par quelques grosses bêtises. Je dis, moi, que tout excès est un recul, et non point un progrès : dans le mal, oui ; dans le bien, non, de par tous les diables. De toutes les vexations morales que j'éprouve, je l'avoue, ou plutôt je le crie, la pire est de voir ma nation prendre pour le progrès toutes les causes de sa honteuse décadence, et encore s'en vanter. Du reste, je m'attends bien que, de tout ce que j'écris en ce livre, la guerre que je fais, en toute occasion, au faux progrès est ce qui me fera le plus houspiller par la classe outrecuidante des demi-lettrés et des demi-savants. Je suis bien sûr d'être traité d'éteignoir et de capucin, pour le moins. Je m'en contenterai bien de leur part, s'ils ne vont pas plus loin ; et je leur dirai comme Sosie :

> « .... Pour des injures,
> » Dis-m'en tant que tu voudras ;
> » Ce sont légères blessures,
> » Et je ne m'en fâche pas. »

Je dis donc que le mot progrès est devenu chez nous synonyme du mot excès ; et j'ajoute que dans la tête de ses nombreux fanatiques, il ne signifie rien autre chose qu'instabilité, malaise et changement perpétuel ; un mieux ennemi du bien ; et chez les démolisseurs, une rubrique pour couvrir leurs desseins, et un moyen pour agiter et pour détruire ce qui est.

Je reviens aux progrès industriels. On dit : Nous produisons plus vite et à meilleur marché pour les fabricants. Cela est vrai ; mais, dans ces inventions nouvelles qui dépendaient de l'Etat, était-il d'une bonne politique de tant favoriser les bénéfices d'un petit nombre, au préjudice des masses, dans un temps comme celui où nous sommes ? Vous avez vu comment ces masses ont pris ce progrès, quand elles se sont ruées sur ces ouvrages, qui blessent leurs intérêts, on n'en peut disconvenir. En second lieu, avant ces machines, nous produisions déjà beaucoup trop, puisque nous étions encombrés. N'ayant pas seulement le quart des débouchés qu'il nous faudrait, nous n'avions nul besoin de singer l'Angleterre ; et c'est une faute qui nous coûte cher : c'est elle qui a obéré nos finances, et qui nous a mis sur les bras cette multitude d'ouvriers dont nous ne saurons longtemps que faire : danger permanent, qui ne nous permet pas de désarmer. Voyez comme tout s'enchaîne dans les faux progrès ! Ceux qui voient une plus grande somme de bien-être, pour notre insatiable espèce, dans cet abus que l'homme trop civilisé fait de ses facultés, tantôt en raffinant, tantôt en outrant, sont des esprits superficiels, que le mérite de la nouveauté éblouit, et préoccupe trop pour qu'ils songent le moins du monde à pénétrer au fond des choses; ils ressemblent aux enfants, que l'on charme un moment avec des joujoux. Nous pouvons torturer la matière, la forcer à revêtir les formes les plus bizarres; nous la violentons même par des agrégations qui semblent lui répugner. Nous ne faisons pas autre chose depuis quarante ou cinquante siècles. Mais remarquez bien que nous ne sortons pas de l'étroite sphère de nos caprices, et des besoins résultant de notre organisation, et de notre destination en ce monde-ci. Nous ne concevons rien au delà. Je ne doute point que si nous pouvions pérégriner dans ces grands globes qui peuplent l'espace, nous y verrions des organisations et des arts si différents des nôtres, qu'il nous est impossible d'en concevoir seulement l'idée. Et ils ne conviendraient pas plus à notre nature que notre régime ne convient à celui d'un hanneton. Que de choses nous faisons avec effort dans nos arts, qui ne sont guère plus sages ni mieux appropriées ! Qu'importe à mon bonheur en cette vie de quelques instants si fugitifs, que je me meuve dans un char à deux ou à quatre roues, que je dorme dans un lit à l'ange ou à tombeau, que je mange sur une table à pieds ou à patin, que je me prélasse en soie et velours ou en laine, que je m'enjolive en diamants ou en strass, que j'encombre ma demeure d'oripeaux et de colifichets qui ont épuisé les conceptions des faiseurs, après leur avoir fait déserter les arts nécessaires ? Je ne vois en tout cela aucun progrès réel; si ce n'est à multiplier chez moi d'insatiables besoins factices, renaissant sans cesse les uns des autres; à enflammer mes désirs de m'enrichir, afin d'y satisfaire, et en définitive à m'amollir, à me blaser et m'appauvrir considérablement.

Tel est le sort de l'homme et en général des peuples qui s'éloignent trop de la nature. Certes ce ne sont pas là des progrès, du moins dans le sens de la sagesse et du bonheur. Voilà pour le côté matériel. Quant aux sciences purement spéculatives, ainsi que je l'ai déjà dit, notre champ est beaucoup plus limité; et tellement, que nous n'y semons plus guère que des erreurs et des folies. En religion, en morale et en science des fins dernières de l'homme, tout est dit depuis longtemps. Tout ce que nous en détournons, travestissons ou renions, n'enfante plus que des misères, des troubles civils et des crimes affreux. Les détestables sophistes, qui abusent des circonstances politiques pour agiter impunément les peuples, avec des brandons si faciles à lancer, ne sont-ils pas la preuve vivante aussi bien que la cause de l'horrible gangrène qui nous ronge? L'un s'attaque très-sérieusement, de haute lutte, aux seules bases possibles d'une civilisation quelconque. Il prétend la faire rétrograder jusqu'à Adam, pour la remanier à sa guise. Il déclare la propriété être un vol; et il l'abolit sans façon, de sa suprême autorité, sans s'inquiéter des conséquences, ou plutôt en en calculant bien l'effet dans l'esprit de ceux qui ne possèdent pas. Il n'a point inventé ce système, bafoué dans la plus haute antiquité, où il ne fut présenté que scolastiquement, et enterré avec une immense risée. Mais ils s'est figuré en passer pour l'inventeur en le propageant au nom du progrès, comme tout simple et très-praticable. Mais ne voilà-t-il pas qu'après avoir fait sa table rase d'un trait de plume, Dieu y restait pour le gêner! Ce n'est rien! Vain obstacle! Ne craignez pas, frères et amis, cela n'embarrasse nullement votre maître. Nul ne fut jamais plus expéditif : il abolit Dieu lui-même. Ainsi vous voilà bien affranchis de toute entrave à vos appétits, je l'espère; et je vous défie d'y trouver ailleurs une liberté plus complète. Il me semble que de ce seul bond vous voici au point le plus extrême du progrès. Cela est bien aisé à dire, penserez-vous; il n'y a point de génie à cela. D'autres l'ont fait avant lui, et les païens et quelques chrétiens s'en sont mal trouvés. Oui; mais aucun enfant d'Adam n'avait encore poussé à ce point, et si directement, l'insulte, l'outrage et l'extravagante audace du malheureux déicide dont je parle. Sous ce rapport, il est le plus complet réformateur de l'univers; et il a très-certainement remporté la triple palme du blasphème, du plus radical athéisme, et de tous les genres d'impiété morale et civile.

D'autres, plus anodins, et non moins insensés, nous présentent leur orviétan sous l'hypocrisie grossière d'une formule qui serait bien bouffonne, si elle n'était pas une impiété trop scandaleuse. C'est ainsi qu'ils font avaler la dose à quelques imbéciles, dont la tête et le cœur sont déjà infectés. Suivant eux, Jésus-Christ est le premier sans-culotte, le plus déterminé socialiste-communiste de ce monde terrestre, le grand maître niveleur des rangs et des fortunes, etc., etc. Pardonnez-moi, Seigneur, si dans ces pénibles nécessités de discussion, qui révoltent à la fois mon âme et mon cœur, je redis ces ignobles infamies. Le délire et la démence extraient quelques mots de vos plus touchants préceptes, adressés à vos fidèles, pour en faire une profane application, aussi atroce que hors de propos; et l'on fait en même temps abstraction de tout le cadre. Mais, mon Dieu, ici ma tâche est bien facile. Vous avez mis vous-même l'invincible réfutation à la portée des plus simples. Il n'y a qu'à leur réciter votre décalogue, dont rien ne saurait effacer la divine empreinte du Maître éternel. Là sont résumés, aussi clairement que la lumière du soleil, tous les devoirs envers Dieu, oi et le prochain. Quant à la hiérarchie sociale, le précepte :

« Rendez à César ce qui appartient à César », n'est pas moins péremptoire. Ce serait l'affaiblir que de vouloir y ajouter.

En se plaçant sur un terrain solide, il n'est pas malaisé de réduire à néant la logique de tous ces malheureux sophistes, et de leur démontrer à eux-mêmes leur prodigieux égarement. Ils ne séduisent que des méchants et des ignorants demi-instruits, ces derniers encore plus faciles à mettre en œuvre que les sots purs et simples. Et comme cette espèce abonde en ce temps de progrès et d'enseignement forcé, on ne saurait trop opposer d'antidotes de la vérité aux poisons du mensonge. Ce qui n'est pas moins déplorable, c'est que les chefs bien connus de ces bandes noires, au beau milieu du dix-neuvième siècle, ce siècle prétendu des lumières par excellence, aient trouvé assez de suffrages pour s'élever au pouvoir et nous donner des lois. La postérité y pourra-t-elle bien croire? Ah! elle n'en doutera point, si l'œuvre que nous examinons parvient jusqu'à elle. Etranges progrès que ceux que nous faisons maintenant! C'était bien la peine d'avoir eu un Aristote, un Platon, un Socrate, un Leibnitz, un Descartes, un Mallebranche, un Pascal, et ce sage Locke, qui a profité des brillantes erreurs de ces divins génies pour nous mettre sur la voie de vérités fort importantes, longtemps cherchées et longtemps plongées dans les ténèbres! C'était bien la peine d'avoir eu, tout près de nous, ce grand siècle qui a tant illustré la France! C'était bien la peine que le Créateur, dans sa toute-puissante libéralité, ait accordé à de faibles atomes comme nous la faculté de nous élever jusqu'à sa connaissance, pour l'adorer, et de nous élancer, par la pensée, à des distances incommensurables dans l'espace et la durée; qu'il ait permis à Galilée, à Képler, au grand Newton, et autres illustres inspirés de son souffle, de donner au genre humain quelques notions des sublimes lois par lesquelles se meuvent sans cesse, dans une majestueuse simplicité, tous ces grands corps que nous apercevons dans la profondeur des cieux! Par-dessus tout, c'était bien la peine que Dieu ait daigné nous envoyer son Messie pour nous enseigner notre destination véritable, et une morale sur laquelle l'enfer ne prévaudra jamais en dernier lieu! C'est après ces flots de lumières, et malgré leur secours, que nous nous absorbons dans les luttes du galimathias le plus absurde, et que nous nous laissons traîner dans un abîme de barbarie et d'erreurs! et c'est, plongés dans ce déluge inconcevable, que nous osons, avec orgueil, nous vanter d'un progrès continu, en méprisant ceux de nos pères! Qu'est-ce que nous y avons donc ajouté de considérable? Ils étaient sages et modestes, au milieu même de leurs plus brillantes découvertes. Plus ils pénétraient au fond des choses, plus ils étaient convaincus de notre petitesse et de notre ignorance. Que sais-je? s'écriaient les plus grands esprits, près desquels nous sommes si fort inférieurs en tout.

Ils disaient que la somme de toutes les connaissances humaines n'était guère plus que zéro, en raison des vérités cachées dont tous nos efforts ne lèveraient probablement jamais le voile; parce que, dans les décrets de Dieu, il ne nous était pas utile de les connaître. Et nous, qui devons aux travaux et à la sagacité de ces grands hommes tout ce que nous savons dans les hautes sciences, nous qui ne pouvons seulement plus nous gouverner nous-mêmes, et qui épuisons toutes nos forces dans des théories subversives, nous nous croyons des dieux! Nous sommes pires que les païens, qui en ont toujours reconnu au-dessus d'eux. Nous sommes bien fiers de quelques découvertes de pur lucre; nous allons comme l'hirondelle, nous faisons vingt lieues à l'heure: mais quand nous triplerions encore la vitesse, en serons-nous plus heureux? Et oublions-nous que nous voyageons sur un grain de sable, qui nous emporte avec lui dans l'espace, où il fait plus de 200 millions de lieues par an? C'est grande folie de nous attribuer une importance que nous n'avons pas, et de méconnaître les lois et les conditions de notre existence. Si nous réfléchissions mieux à l'exiguïté et au peu de durée de notre organisation, nous trouverions que notre auteur a été prodigue envers nous, si nous ne nous obstinions à gâter ses bienfaits par la turbulence et l'instabilité de nos institutions. Il nous a créés rois de ce grain de sable que nous habitons. Il nous a permis de plonger nos regards dans les cieux, et de mesurer les distances et les mouvements des astres les plus rapprochés de nous. Cette connaissance, assez récente, nous était devenue nécessaire pour mieux fureter tous les coins de notre planète, et nous y répandre; attendu la multiplication de notre espèce, qui n'est pas près de l'avoir remplie. N'est-ce pas assez pour des mortels? N'est-ce pas assez pour nos intérêts matériels? Quant aux suprêmes intérêts de notre fin dernière, la religion ne nous enseigne-t-elle pas tout ce qu'il faut? Et quel est le fou, quel est le téméraire qui prétend nous apprendre mieux et davantage? Quelle est l'âme perdue qui suivra cet insensé? Il y en a, je le sais, et beaucoup trop; mais qu'est-ce que cela prouve? Rien, que le mal social qui nous dévore. Et ils portent avec eux tous les stigmates de la perversité la plus manifeste.

Quant aux vérités métaphysiques, il y a grande apparence que nos pères ont été jusqu'aux bornes les plus reculées de ce que nous en pouvons savoir en cette vie. Ce sont là nos colonnes d'Hercule; nous ne les dépasserons jamais, quels que soient nos efforts. Quand des esprits d'élite, et de la plus haute volée, qui sont l'honneur du genre humain; quand des génies comme Descartes, Leibnitz, Mallebranche, Pascal, Locke et quelques autres ont employé toute leur vie et leur sagacité à tenter de les franchir; quand, après les plus longues, les plus tenaces, les plus pénétrantes recherches, ils ont tous fini par reconnaître que Dieu avait borné nos trop curieux et téméraires regards comme par un mur d'airain ; et que non-seulement il nous serait éternellement impossible de le franchir, mais que cela nous serait probablement nuisible ; nous pouvons bien désespérer d'aller plus loin que ces rares esprits. Tous ceux qui l'ont voulu tenter depuis, sont restés fort en deçà de ces grands hommes, et n'ont fait qu'embrouiller la matière, en la semant des plus dangereuses erreurs ; et c'est ainsi qu'ils nous ont conduit graduellement au doute, à l'incrédulité, au matérialisme et à la déplorable situation où nous sommes. Les premiers, qui sont nos maîtres, et que nous sommes si loin d'égaler, ont été sages et ingénieux jusque dans leurs erreurs, dont beaucoup nous ont mis sur la voie de la vérité. Le plus profond d'eux tous, le sage Locke, a bien dit dans son Essai sur l'entendement humain : « *Il nous sera peut-être éternellement impossible de savoir si Dieu n'a pas pu donner à la matière la faculté de penser.* » Et c'est ce qui fit mettre son livre à l'index, à Rome et en Espagne.

Mais c'est géométriquement et démonstrativement parlant qu'il l'entendait. Et encore n'a-t-il émis sa proposition que sous la forme dubitative la plus humble, et en passant. De tous les philosophes dignes de ce nom, Locke a été, à mon sens, le plus sagace disséqueur de notre entendement et de la pensée, ou, si l'on veut, de la nature et de l'origine de nos idées. Nul, avant lui, n'y avait pénétré aussi profondément ; et nul, depuis lui, n'y a apporté de lumières nouvelles susceptibles de porter la conviction. Car Condillac, qui n'a fait que le suivre, en le mettant plus en ordre, n'était qu'un grand méthodiste ; et il a eu le tort, apparemment pour s'approprier le système, de forcer un peu les déductions et les conséquences de son auteur, dont il eût été probablement désavoué s'il eût vécu à la même date. Locke, dans tout le cours de son capital ouvrage, le réformateur des vieilles erreurs spéculatives, le fondateur de la philosophie rationnelle la plus vraisemblable, le plus intelligible enfin des psycologues profanes ; Locke, dans toute la suite de sa vie, jusqu'aux approches de sa fin, a toujours respecté les mystères et les traditions de la vraie religion révélée ; a toujours cru fermement en Dieu, comme la plus démontrée de toutes les vérités qui brillent à nos yeux ; a toujours eu une grande espérance en l'immoralité de l'âme, et, par une conséquence nécessaire, dans la justice des récompenses et des peines résultantes de notre conduite en ce séjour-ci ; a toujours vécu en parfait et religieux homme de bien, et est mort en excellent chrétien, avec le calme d'une entière confiance dans notre suprême auteur. Locke n'a certainement point cru que la matière pensait. Elle ne saurait seulement pas, quand elle est toute seule, avoir le sentiment des modifications que nous lui faisons subir en la tourmentant pour nos besoins et nos caprices, *quando mens agitat molem.* Qui est-ce qui pourrait croire que la terre, les planètes, les comètes et les autres astres qui nous sont inconnus, savent seulement ce qu'ils font dans leurs mouvements de rotation sur leurs axes, et orbiculaires autour de leur foyer de forces centrales ? Comment s'imaginer que l'harmonie et la constance de ces admirables lois dureraient un seul jour, si elles n'étaient décrétées et maintenues par le prodigieux pouvoir de l'Eternel ? Notre faiblesse et en même temps notre orgueil sont tels, que nous nions tout ce qui est au delà de notre portée. Parce que nous ne concevons pas l'essence de Dieu, la substance de notre âme, ni les lois de son union avec le corps et de sa puissance sur la matière, nous avons des sophistes qui osent nier le tout effrontément. Ils sont comme un aveugle de naissance, ou un individu qui aurait toujours vécu dans une nuit obscure, et qui nierait hardiment qu'il y ait un soleil. Il y a eu quelques anciens qui, ne pouvant concevoir l'infini, ont imaginé que le firmament était une voûte de cristal solide, au delà de laquelle il n'y avait plus d'espace. Pour que le progrès de nos idées allât fort au delà de la somme actuelle, dont nous avons le tort de ne pas nous contenter, il faudrait qu'il eût plu à Dieu de nous doter d'un ou plusieurs sens de plus. Il ne l'a pas jugé à propos. Nous en pouvons conclure, avec la plus entière certitude, que cela eût été contraire au rôle qu'il nous a départi dans la grande chaîne des êtres, et par conséquent à sa sagesse ; que cela même nous eût été funeste, par son désaccord avec tout ce qui nous environne.

Toute notre connaissance en idées ultra-mortelles n'ont absolument aucun point d'appui que celui de la vraie religion. Toutes nos recherches en dehors et en mépris d'elle, ressemblent à la figure d'un cercle, dont les deux points extrêmes se touchent. Quand on a parcouru tous les points intermédiaires, on est revenu à celui d'où l'on était parti; pour recommencer, si l'on s'y entête, le même chemin circulaire, sans pouvoir en sortir. C'est en vain que l'idée la plus hardie s'efforce de s'en échapper par des tangentes audacieuses, pour y marcher ensuite en ligne droite à l'infini; encore une fois, cela nous est interdit, tout comme aux planètes de sortir de leurs orbites. Dans les corps sensibles même nous ne saurons jamais exactement ce que nous entendons par le mot *substance, substratum ;* ce que c'est, par exemple, que la plus petite molécule de matière, eussions-nous des verres un million de fois plus grossissants que les nôtres. Nous ne saurons jamais non plus ce que c'est que l'infini. Nous n'en concevons visiblement que la plus imparfaite idée. L'espace et la durée, ou, si l'on aime mieux, ce que nous appelons vulgairement l'immensité, l'éternité, sont comme une ligne droite, dont les deux extrémités n'ont point de fin. Prenez des myriades de siècles, des trillions de lieues, ajoutez-y tant que votre pensée en pourra contenir, élevez vos chiffres à la plus haute puissance possible à vos calculs, appliquez en idée votre total sur la ligne dont il s'agit, et vous n'en aurez couvert qu'un point imperceptible relativement à l'infini. Pascal a dit que le monde est une sphère dont le centre est partout, et la circonférence nulle part. Il ne pouvait mieux dire en peu de mots. Il y a plus : ce torrent de siècles où nous nous agitons un instant, cette terre que nous habitons, ce soleil qui nous échauffe et nous éclaire, tous ces astres que nous apercevons dans ce merveilleux firmament, tous ceux que nous pourrions imaginer au delà, tout, oui tout cela pourrait être supprimé, anéanti par la main du Tout-Puissant, sans qu'il en résultât un vide sensible dans ces deux incompréhensibles océans de la durée et de l'espace.

Faisons donc un salutaire retour sur nous-mêmes, et proportionnons notre orgueil et nos entreprises à notre extrême faiblesse. Obéissons consciencieusement à ce pouvoir que nous sentons invinciblement en nous, à cet être simple inétendu que nous ne pouvons expliquer, qui pense et fait mouvoir notre corps *ad libitum;* c'est bien évidemment une émanation divine, qui ne saurait nous tromper : mais expulsons tous ces détestables sophistes qui ne cherchent ouvertement qu'à nous jeter hors de toutes les voies de la vérité, de la justice et de la raison même de toutes choses. Ne voyez-vous pas que leurs utopies ne contiennent que des impiétés, aussi bien politiques que religieuses, et des violences, du sang et des ruines? Ne voyez-vous pas que si vous les laissez faire, après qu'ils auront tout détruit, ils se feront assommer sur place par les propres mains des malheureux égarés dont ils auront causé la misère, et que s'ils y survivaient, ils s'entre-déchireraient eux-mêmes? Je le leur prédirais bien à coup sûr.

Je demande pardon à mon lecteur si je m'arrête autant aux questions philosophiques et religieuses. La source de tous nos maux présents étant évidemment l'irréligion, le matérialisme des esprits, l'égoïsme le plus ambitieux dans tous les cœurs, et l'orgueil d'une prétendue perfectibilité indéfinie, poussée jusqu'au fanatisme, je crois que les armes que j'emploie, en les pressant un peu, sont les plus sûres contre de vrais pirates, qui n'ont réellement aucun système sérieux et praticable, qui ne nient les droits de la société, dont ils jouissent autant et plus que nous, que pour s'arroger celui de lui courir sus, jusqu'à ce qu'ils en soient les maîtres; sans quoi, ils lui déclarent une guerre à mort. C'est bien en vain que vous prétendrez contenir de pareils forbans dans le cercle de votre phébus constitutionnel. Au pathos de l'anarchie mitigée et progressive, ils vous opposeront le pathos de l'anarchie radicale et sans remise ; et ils se montreront dialecticiens plus conséquents que vous. Quand vous leur concédez en principe certaines maximes plus ou moins grossières et dangereuses, ils vous demanderont, très-logiquement, de quel droit vous vous permettez d'en limiter ou retarder les conséquences ; et ils vous battront sur ce terrain mouvant. De cette façon, la lutte ne saurait manquer de finir par une horrible catastrophe, pire que les précédentes. En attendant, vous laisserez la France barboter dans ce bourbier, à moins que, lassée d'un tel sort, elle n'y mette ordre elle-même. Mais les esprits sages sentent bien que le mouvement imprimé dans un vaste corps, dont les parties sont si éloignées les unes des autres, pourrait avoir des inconvénients, et qu'il vaudrait beaucoup mieux qu'il vînt de la tête, si elle était assez bien organisée pour cela. Retournons à notre texte.

Dans votre exposition en forme de programme, où vous nous promettez une progression illimitée, *successive et constante, à un degré toujours plus élevé de moralité, de lumières et de bien-être,* vous avez mis avec raison, Messieurs, la moralité au premier rang. C'est fort bien, cela. Mais voyons maintenant comment certains acolytes que vous avez le malheur de posséder à vos côtés, et qui vous ont dicté une forte partie de votre œuvre ; voyons, dis-je, comment ils ont accompli ou interprété cette magnifique promesse, et s'ils nous en ont au moins mis dans la voie pour l'avenir. Ici il est nécessaire que nous entrions dans un détail purement historique.

Une révolte de quelques milliers d'ouvriers de Paris a lieu en février 1848. Elle se fait en réparation de la corruption électorale et parlementaire, et au seul nom de la réforme de ces abus. Pas d'autre cri. La garde nationale, scandalisée elle-même de ces abus, laisse faire et neutralise les troupes, loyalement, comme toujours, disposées à faire leur devoir. Voilà la révolte érigée en révolution. A peine est-elle triomphante, que les onze Messieurs (dont nous avons déjà parlé) se proposent et préposent à la tête de la multitude, et s'en font admettre, grâce à leur affectation de puritanisme contre tous les genres de corruption. Aussitôt, ces nouveaux décemvirs, dont la souveraineté, très-contestable, ne pouvait être tout au plus que provisoire, s'arrogent le pouvoir dictatorial le plus absolu. Ils brisent tout ce qui leur déplaît, hommes et choses, charte, lois et coutumes, corps constitués et classes sociales. Ils font une Saint-Barthélemy des fonctionnaires ; ils peuplent les emplois rétribués de leurs parents, de leurs amis, de leurs séides, d'instruments ignorants, honteux et dangereux, jusqu'à des repris de justice ; et ils leur recommandent la violence. En un tour de main ils ravagent nos finances ; et plus de 160 millions, alors disponibles, ont disparu en allocations et en détournements insensés, qui ne sont pas encore tous connus, puisqu'on n'a pu obtenir les comptes de ces incorruptibles puritains. Ils ruinent à la fois le crédit public et le privé, le commerce, l'industrie et le travail national, sous le prétexte de l'organiser (la plus amère dérision que l'on ait jamais vue), et au fond, bien démontré surabondamment, pour

se créer une armée de subversion à leurs ordres, composée de
120 mille soldats ouvriers, déclassés, jetés sur le pavé de Paris,
précisément par et pour le machiavélisme très-connu de leurs
perfides mesures.

Il faudrait la plume d'un Tacite pour bien peindre toute la
cynique histoire au milieu de laquelle je me sens, en vérité, ahuri,
tant elle est incroyable. « Le vrai peut quelquefois n'être pas
vraisemblable. » Donc cette armée des Louis Blanc et des Ledru-
Rollin, puisqu'il faut les appeler par leurs noms, a été soldée
par tous les contribuables de France : et vous savez ce qu'elle fit
bientôt après dans les rues de la Capitale ; à Rouen, à Lyon,
à Marseille, à Limoges et ailleurs, où elle tuait ceux qui payaient
les frais de sa solde. Ces onze Messieurs, dont le plus grand
tort de quelques-uns a été de laisser faire, après avoir eu dévoré
les capitaux de l'Etat, ruiné aussi ceux des particuliers, pro-
longent cette situation tant qu'ils peuvent. Enfin, ne voyant
plus de moyen de la reculer sans danger pour eux-mêmes, ils
se décident à consulter la nation, qu'ils espèrent dominer en
essayant la terreur. C'est dans ce sens qu'ils lâchent dans toutes
les directions leurs limiers et leurs agents scandaleux ; qu'ils
leur prodiguent l'argent du Trésor ; qu'ils distribuent les emplois
et les grâces à leurs créatures, au rang desquelles on compte des
condamnés au criminel et au correctionnel ; qu'ils mettent en
liberté les sauvages condamnés de Buzançais, et quelques
autres des bagnes, qu'ils jugeaient utiles à leurs desseins ;
qu'ils proclament dans leurs bulletins, circulaires et placards
officiels, *que l'ordre social avait péri tout entier,* et que pour le
reconstituer il ne fallait envoyer *que des prolétaires illettrés :*
moyen ingénieux du citoyen Carnot pour nous donner sans
opposition une Constitution entièrement socialiste. C'est dans ce
sens qu'ils organisent partout des clubs violents, coiffés du
bonnet rouge, et qu'ils pressionnent les élections premières du
suffrage universel ; menaçant de les casser, ou de faire jeter les
élus dans la Seine, s'ils n'étaient pas conformes à leur esprit
réformateur, ainsi que cela s'est fait en 93 et 94. Impossible de
rien nier de tout cela. Nous l'avons tous vu et souffert avec une
patience sans exemple. Mais voici qui n'est pas moins fort. On
venait de renverser le pouvoir parlementaire à cause de ses corruptions ; et précisément ces mêmes puritains, parvenus au
timon des affaires, se mettent à faire cinq cent fois pis, un instant après, en sautant par-dessus la morale et les lois ! Je
m'abstiens de qualifier la chose ; mais je ne crois pas qu'on en
ait jamais vu pareille en Israël. Telle est leur entente du progrès. Il est vrai que sans ces dignes menées, nous n'aurions
pas le grand bénéfice de posséder parmi vous, Messieurs, cent
ou peut-être bien deux cents Montagnards plus ou moins tran-
chés ; ils en espéraient bien davantage, sans doute. J'ose dire,
sans trop de hardiesse, que la France, éclairée par ses désastres,

trouve, elle, qu'ils sont déjà beaucoup trop, et qu'elle se prépare à en expulser le plus qu'elle pourra ; tous même, si elle s'entend bien.

Enfin, Messieurs, vous arrivez au 4 mai. Votre premier devoir, votre premier soin aurait dû être de demander aux décemvirs compte de l'usage qu'ils avaient fait de leur pouvoir exorbitant ; et de quel droit ils s'étaient permis d'abattre tout ce qui les offusquait dans notre société, sans vous attendre. Je sais qu'ils disposaient alors d'une aveugle cohue, qu'ils avaient passionnée, et qui n'était pas sans danger pour vos personnes : d'autant plus que les chefs étant dans votre propre sein, ils vous observaient de près, et ils vous ont imposé souvent leurs volontés ; causes de la plupart de vos faiblesses. Cela ne m'empêche pas de reconnaître les services que votre majorité a rendus, et les périls qu'elle a courus. Mais vous aviez un moyen habile et naturel en arrivant, qui n'impliquait pas nécessairement l'intention de punir ; c'était de leur demander d'abord simplement le compte de leur gestion financière. Vous les perdiez infailliblement aux yeux des masses, et vous en auriez eu meilleur marché ensuite. Ils n'auraient pas eu le front de vous dominer, comme ils l'ont fait audacieusement depuis, par des menaces et des rodomontades macairiennes, afin de couvrir leurs méfaits. Il était impossible à ceux de ces onze Messieurs qui avaient le plus malversé, d'exhiber les pièces probantes et régulières de tant et de si grandes dilapidations. Leur impuissance et leur refus les eussent constitués dans un flagrant délit qui ne leur eût plus permis d'être un danger et un arrogant embarras pour vous ; car ils ne pouvaient pas prétendre s'être investis d'un pouvoir irresponsable, et avoir été plus que des rois. Vous les eussiez donc mis à leur vraie place, c'est à dire sur la sellette. Voyez ce qui est arrivé à un ex-ministre du dernier règne. La veille de sa condamnation, il niait avec la plus grande véhémence. Il daignait à peine se défendre, il eût plutôt accusé ses investigateurs. On doutait, on le plaignait ; à peine a-t-il été convaincu et condamné, que ses propres partisans n'ont plus éprouvé pour lui qu'une immense pitié. Ceux-ci ont été plus heureux. Non-seulement vous n'avez pas recherché les prévaricateurs ; non-seulement vous leur avez accordé leur bill d'indemnité ; mais vous les avez comblés, en décrétant, sans examen, *qu'ils avaient bien mérité de la patrie.* Superbe et vive amorce pour tous les flibustiers présents et futurs ! Après la capture, l'ovation ! profit et gloire tout à la fois ! Et vous appelez cela de la moralité croissante ! Il s'ensuivrait qu'il ne fait pas très-bon à faire ses orges en terrain véreux sous la monarchie ; mais que c'est très-glorieux sous la république, telle qu'elle est montée chez nous.

Il est vrai que votre dernière récompense, vrai plagiat de 93, ne tire pas à grande conséquence ; car elle a fait hausser toutes les épaules et provoqué 35 millions de sifflets. Je l'ai vue aussi, dans mon jeune âge, prodiguée en d'aussi méchantes applications; et les impétrants ne tardaient guère après d'aller en exil, en prison ou à l'échafaud, traînés par les mêmes mains qui les avaient fait monter au Capitole. C'est reçu chez nous. Depuis votre décret triomphal, quelques hommes de cœur ont bien tenté de vous ramener à ces comptes non rendus. C'était bien tard ; car les comptables ont eu tout le temps de passer des écritures et de trouver leurs compères. Malgré cela , ils ne l'ont pu faire encore; et cela fera une lacune sans exemple, dans la comptabilité générale. Il faut que le désordre de la dépense ait été bien grand. Il vous a plu, Messieurs, d'enterrer cette grave affaire dans les cartons de vos commissions, sans vous soucier de l'opinion et de l'intérêt de vos mandants. Il y a toute apparence maintenant que les rendants se moqueront de vous comme de nous, et ne rendront rien, ni compte ni trop-perçu.

Je passe l'attentat du 15 Mai, dont les coupables sont encore impunis; je passe la révolte de Juin suivant, si facilitée et si stérilement domptée. C'est à l'histoire à en faire le développement. J'ai hâte d'arriver aux fameuses listes de propositions pour les récompenses nationales. Il faut m'y arrêter un peu; car de tous les objets de la critique, celui-ci est encore le plus incroyable. Comme si nos coffres n'étaient pas vides, le pouvoir exécutif s'ingénie dans des nécessités imaginaires. Il veut des récompenses pour ses agents et ses amis, au nom et aux frais de la nation. Il forme une commission hors de l'Assemblée, présidée toutefois par un représentant, le citoyen Guinard, ancien conspirateur, en chair et en os, et je crois même ancien condamné politique. Cette commission recherche de toutes parts les protégés, les adhérents, et surtout les auteurs et fauteurs de complots contre la royauté déchue. La liste est parvenue au chiffre élevé de plus de 7000. Dans ce nombre, plus de 5000 sont déjà admis, avec les dossiers de leurs étranges titres à l'appui : lesquels sont exprimés dans les colonnes à ce destinées, au regard de chaque nom. Le reste du travail devait se continuer par les mêmes mains. Ces listes sont établies et classées par catégories de mérite; la prime est fixée en tête de chacune, ce qui règle le sort des inscrits. Les primes sont de 500 fr. et 300 fr. de rente viagère, de gratifications en argent une fois payé, d'emplois civils et militaires, enfin de décorations. En tout, cinq catégories, à ce que je crois : car je ne les ai point vues, et ne les rapporte que d'après les débats qui ont eu lieu à l'Assemblée et dans toute la presse. Pour parvenir à la liquidation de ces listes, le général Cavaignac, chef du pouvoir exécutif, avait présenté un projet de décret portant la demande d'un crédit d'un million en écus et 600 mille francs de rente; ce qui forme un capital assez rond. Ce décret (remarquez bien ceci) est précédé et accompagné d'un exposé des motifs. Il y est dit que les récompenses proposées sont fort inférieures au mérite des inscrits ; que ces services sont d'une nature que l'argent ne saurait assez payer ; qu'il en est qui ont bravé les peines, et qui en ont subi *jusque sur l'échafaud.* Le mot y est textuellement. Je cite de mémoire ; mais je garantis le sens en général. Les choses étaient en cet état. Une autre commission de révision avait été nommée dans l'Assemblée pour lui présenter ce projet, dressé sous M. Sénard, alors ministre de l'intérieur, grand ami du général Cavaignac. Cette dernière commission, toute composée de fort honorables représentants, avait pour président M. Baroche, et pour secrétaire M. Fréneau.

L'impatience des inscrits aux listes, et je ne sais quel autre motif, obligea la seconde commission à demander enfin à la première son travail ; et M. Dufaure, successeur de M. Sénard, se hâta de l'envoyer sous son cachet. Il affirma n'en avoir pris aucune connaissance ; et je le crois sans peine : un ministre qui ne faisait que d'arriver, n'a point le loisir d'examiner un aussi volumineux travail, qui était fait avant lui. Je ne connais M. Dufaure que par ses honorables antécédents, et je le mets hors de cause en cette scandaleuse affaire. Je garantirais bien qu'il est incapable d'y avoir coopéré, et que même, s'il l'eût bien connue, il l'eût répudiée avec horreur, comme il l'a dit lui-même. Il n'a eu que le tort de s'y laisser impliquer, en essayant un instant de l'excuser avec des raisons qui n'ont pas résisté à la discussion.

A peine la commission de révision est-elle nantie de ce travail scandaleux, inouï, qu'elle en est stupéfaite d'indignation. Elle mande dans son sein le ministre Dufaure. Celui-ci, partageant les sentiments de la commission, se hâte de retirer l'odieux travail, avec les motifs et le projet de décret qui l'accompagnent. Mais plus de 200 représentants en avaient pris connaissance ; et, dans leur juste indignation, ils le livrèrent à la publicité. C'était leur droit, et, qui plus est, leur devoir rigoureux. On peut dire que toute la France fut scandalisée d'une atteinte aussi grave à l'ordre moral et social. Des interpellations sérieuses, quoique modérées, sont adressées dans l'Assemblée au pouvoir exécutif. C'était bien la moindre chose. On demande que le travail entier soit déposé et conservé aux archives, comme pièces curieuses et capables de prévenir le retour d'un pareil scandale. Or, vous savez ce qu'elles contenaient, ces lamentables listes. On y voyait figurer des repris de justice, des condamnés pour toutes sortes de crimes, avec le relevé de leurs écrous à l'appui. On y voyait aussi les parents de Fieschi, la femme et les trois enfants de Pepin, les parents de Morey, la sœur de Lecomte, Alibaud, etc., etc. On y voyait des condamnés pour meurtre, pour vol, pour incendie ; pour attentat à la religion, aux mœurs, etc., etc. On y trouve des repris des deux sexes, qui avaient quelques mois, quelques semaines, quelques jours de prison ; et même une demoiselle Virginie, pour une heure de violon. Il y en a qui ont fait 10 ou 15 ans de galères. On a allégué que tous ces repris criminels et correctionnels avaient, plus ou moins, conspiré aussi dans l'ordre politique ; et que ce n'était pas à cause de leurs crimes et délits contre la société qu'ils étaient proposés pour des récompenses nationales, mais à cause de complots ou sentiments anti-monarchiques : en sorte que les propositions auraient été faites non *parce que ;* mais *quoique,* comme dirait M. Dupin. Soit. Mais voici qui est plus ébouriffant encore : Seize représentants du peuple, tous anciens condamnés ou impliqués politiques , tous élus sous la pression des commissaires du citoyen Ledru-Rollin, se trouvent en tête ou en mêle de ces étranges listes. M. Marrast, président de l'Assemblée ; M. Recurt, ministre ; M. Trélat, aussi ministre ; M. Gervais de Caen, préfet de police; M. Guinard, président de la commission dudit travail, etc., brillent dans cet amalgame. Le tout est signé et certifié par MM. Faure et Rouen, membre et secrétaire de la commission de proposition.

Voilà l'exposé véridique des faits officiellement débattus, devant l'Assemblée, la presse et le public. Je n'ai rien oublié d'important, que je sache. Voyons à présent ce que les impliqués ont répondu. D'abord, les représentants impétrants se sont récriés vivement sur leur prétendue ignorance de leur inscription sur ces listes. Ils ont bien dit que non-seulement ils ne l'avaient demandé ni su, mais qu'ils auraient refusé la pension de 500 fr. qui leur était attribuée, en pareille compagnie. Je le veux bien ; car personne ne peut prouver le contraire, l'affaire étant tombée dans l'eau, ou plutôt dans la honte. M. Guinard, entre autres, président de tout le travail, qui devait le diriger, a soutenu aussi son ignorance et sa pureté. C'est plus fort ; mais je le veux bien encore. Mais ces messieurs ne s'en sont pas tenus là : ils se sont mis tous à crier d'ensemble que cette œuvre était celle de la *réaction ;* que c'était une calomnie abominable, une infâme manœuvre de la part des représentants et des journaux qui l'avaient divulguée. Le tout à peu près à l'instar des rouges de 93, qui méprisaient assez le public pour lui soutenir que c'étaient les royalistes eux-mêmes qui faisaient égorger leurs parents et brûler leurs maisons, pour décrier la République. Les rouges de toutes les époques en sont toujours aux mêmes moyens. Tout ce qu'ils savent de politique, ils l'ont appris des bateleurs de la foire, et devant la loge de Polichinelle, où c'est toujours le cocu et le volé qui sont battus et bafoués. Quoique peu moral même là, cela peut amuser les enfants et les désœuvrés ; mais jouer les mêmes farces dans les sujets les plus graves , à la face de toute l'Europe, c'est, à coup sûr, renoncer à la réputation d'hommes sérieux et honnêtes.

Nous avons vu la répétition de cette farce amère, dans cette nouvelle phase. Et à force de clameurs, ils n'ont pas permis aux orateurs de développer l'affaire, et ils ont fini par étouffer la discussion. Doucement, Messieurs, ne crions pas si fort. En Huronie même, il est permis de parler chacun à son tour. Si vous comprimez les voix de vos adversaires dans votre enceinte, vous n'avez pas encore, Dieu merci, conquis le même pouvoir au dehors. Vos colères feintes, vos récriminations furieuses, non plus que vos déclamations révolutionnaires habituelles, ne feront prendre le change à personne. Vos caractères sont aujourd'hui sans voile. Depuis près d'un an que vous exploitez si étrangement la malheureuse France, vous avez terriblement appris aux consciences à réfléchir sur votre compte, et sur ce que l'on doit attendre de vous. La partie même du peuple que vous avez égarée, sait maintenant qu'elle vous doit sa misère. Je comprends bien qu'il vous eût été doux que ces listes scandaleuses eussent passé sans bruit dans l'ombre du mystère. Mais vouloir que la commission de révision, une foule de représentants, et toute la presse, également indignés de la chose, s'en fussent rendus complices par leur silence ; vouloir bâillonner tout le monde par vos emportements ! vous m'avouerez que cela passe toute exigence.

Il est très-fâcheux sans doute d'être mêlé, n'importe où, à des meurtriers, à des incendiaires, à des sacriléges et à des voleurs; mais à qui la faute ? Et qu'est-ce qu'il y a d'étonnant, après tout, que vous figuriez pour récompenses dans cette nomenclature ? N'êtes-vous pas dans les intentions du décret? Ne vous êtes-vous pas tous vantés d'être d'anciens conspirateurs émérites, d'anciens condamnés vieillis dans les complots contre les rois, et contre l'ordre social, que vous ne cessez d'attaquer, parce que vous n'y avez pas encore gagné un lot suffisant pour vos désirs! Vous faites maintenant les dédaigneux d'une pension de 500 fr. pour laquelle vous étiez inscrits aux fameuses listes : mais qui ne sait que vous étiez encore, il y a peu de mois, des hommes besogneux et aux expédients, pour la plupart? Vous vous êtes donc bien garnis le gousset en si peu de temps ? Pour vos captures en métal sonnant, j'ignore ce qu'il en est : mais quant à vos captures en emplois rétribués, on peut bien dire que vous n'y avez pas mal procédé; car vous avez accaparé tout ce qu'il y en avait à votre portée, à discrétion. Or, en prenant un peu par-ci, un peu par-là, on finit par se faire un pécule assez rond.

A qui donc prétendez-vous faire accroire que vous avez été portés sur ces listes à votre insu, et malgré vous? Particulièrement vous, M. Guinard, président de la commission de proposition, qui croira que vos bureaux se soient permis de vous inscrire malgré vous? je ne dis pas à votre insu; car vous ne pouvez absolument pas prétendre cause d'ignorance dans un travail qui vous était spécialement dévolu. Quel est l'imbécile à qui vous persuaderez que ce sont des réactionnaires, des henriquinquistes, des philippistes, qui se sont glissés dans vos bureaux pour y fabriquer ces listes, pour votre honte, et y porter avec vous des assassins des rois et des meurtriers vulgaires ? L'honnête M. Dufaure est bien venu généreusement pour atténuer le blâme qui remontait tout droit à son chef éphémère ; mais quand ses allégations eussent été aussi vraies qu'elles étaient fausses, elles n'eussent guère excusé. Il a dit que les listes n'étaient probablement pas un travail définitif : mais seulement préparatoire, un simple relevé des registres d'écrou : que cela semblait résulter de ce que la colonne du taux des récompenses était partout restée en blanc. Là-dessus, le président et le secrétaire de la commission, MM. Baroche et Fréneau, ont fermé la bouche au ministre, en lui répliquant péremptoirement : 1° que la preuve complète que les listes étaient tout autre chose que de simples relevés d'écrous, c'est qu'il y figurait beaucoup de personnes qui n'avaient jamais été incarcérées ; tels que la veuve et les trois enfants de Pepin, les parents de Fieschi et Morey, la sœur de Lecomte, les parents d'Alibaud et une infinité d'autres ; 2° que quant aux colonnes laissées en blanc, l'inscription des récompenses au regard des noms était devenue parfaitement inutile dans ces colonnes, et n'eût été qu'un travail superflu, du moment qu'on avait pris le parti de fixer en tête de chaque catégorie le genre et la quotité de la récompense ; 3° que ces listes étaient tellement sérieuses, qu'une partie considérable des proposés y inscrits avaient déjà reçu leurs récompenses, par anticipation à la loi projetée. Ainsi c'était bien là le travail officiel. Plus de doute, ni dénégation possible.

La majorité du général Cavaignac arrêta ce triste débat, déjà trop complet pour lui, et si compromettant. On ne voulut point entendre jusqu'au bout, et l'on passa à l'ordre du jour. Le lendemain, la commission, impatiente des récriminations du parti stigmatisé, voulut achever la démonstration par de nouveaux traits non moins caractéristiques ; mais la majorité couvrit encore son favori, et ne voulut pas seulement entendre les nouveaux faits, que voulurent en vain articuler à la tribune le président et le secrétaire de la commission. Alors ces honorables représentants n'eurent d'autre ressource que de les publier par la voie de la presse ; ce qui acheva de démasquer toute cette sale affaire et ses auteurs, qui cherchaient, par leurs violences, à détourner l'opinion publique. C'est ainsi que nous sûmes que sur 100 propositions, qui avaient été faites sur ces listes pour des grades d'officiers dans l'armée, le général Cavaignac en avait déjà nommé 33 : et les 67 autres, vivement sollicitées à court terme, ne devaient pas tarder à être brevetées. Sur ces 100 individus, pas un n'a servi ailleurs que dans des complots contre l'ordre établi. Ainsi ces monstrueuses présentations se sont faites au mépris des lois, des droits et de l'honneur de notre excellente armée, que l'on voudrait flétrir et dissoudre. Ce n'est pas un mystère, et ceci en est la preuve. Mais, ce qui est encore bien extraordinaire, peu de jours après sa chute, le général Cavaignac, craignant encore apparemment pour ses 33 promotions susdites, les a fait soumettre par le général Lamoricière, encore ministre de la guerre, à l'approbation de l'Assemblée nationale; et celle-ci les a confirmées sans difficulté !!!

Oui, Messieurs, voilà ce que vous avez fait tout récemment, sans être pressionnés cette fois par la rue ! Que faut-il donc attendre désormais chez nous des corps délibérants et des assemblées souveraines ?

Passons à la troisième phase de cette curieuse affaire; elle n'est pas la moins instructive.

L'effectif scandaleux de ces étranges listes avait révolté toute l'Assemblée nationale; moins la Montagne et les bancs socialistes, qui y trouvaient une riche curée pour cette tourbe d'hommes perdus dont ils se servent habituellement, et aux appétits desquels ils parlent sans cesse. La haute responsabilité d'un pareil travail remontait évidemment au général Cavaignac, chef du pouvoir exécutif, qui l'avait ordonné. Quelques représentants, hommes de cœur, ne pouvant contenir leur indignation, lui adressent des interpellations énergiques. Il en sent la terrible intempestivité, et le tort qu'une pareille divulgation, qu'il n'a pu reculer, va faire à sa candidature à la présidence, échafaudée depuis plusieurs mois, avec tant d'agents et de manœuvres payées par l'Etat. Il se trouble, il s'emporte, il récrimine à son tour, comme les autres impliqués; il nie avoir agi en connaissance de l'effectif; il crie, aussi lui, à la calomnie! à l'assassinat moral! puis il se vante, en gémissant, de ses malheurs, de ses grandes souffrances morales depuis qu'il est chef du pouvoir exécutif, et cependant de sa grande modération prête à lui échapper; tout cela fort bien étudié et bien joué. Il termine par cette pathétique prosopopée : « Croyez-vous que j'aie voulu accorder sciemment à des bandits, à des criminels repris de justice, des récompenses nationales? » On ne vous accuse pas, lui répondent ses nombreux amis. Il reprend, avec une émotion à la fois débordée et contenue : «Cela ne me suffit pas; ce n'est pas assez. Croyez-vous que j'aie pu vouloir accorder des récompenses à des condamnés politiques, qui auraient été en même temps condamnés pour autres crimes? » Non, non; calmez-vous, calmez-vous ! Nous ne le croyons pas, lui répond avec tendresse sa majorité enlevée. Puis on passe à un ordre du jour qui équivaut à un décret que le général Cavaignac a encore une fois bien mérité de la patrie. A merveille ! C'était bien là ce que la dictature attendait pour couvrir la farce, et en amortir l'effet. C'est pour cela qu'on avait interrompu tous les courriers par un retard de six heures, au grand préjudice de toutes les affaires, publiques et privées, afin de répandre à temps dans les provinces ce magnifique succès. C'est pour cela qu'on a fait crier et placarder, si véridiquement et avec un tact si exquis, par certains préfets et certains maires de grandes villes, que certains réactionnaires et certains journaux étaient d'infâmes calomniateurs, qui voulaient assassiner moralement le général Cavaignac, le sauveur de l'ordre : et que l'Assemblée nationale avait été unanime dans son indignation ; non pas contre les listes, gardez-vous de le penser, mais contre les représentants et les journaux indiscrets qui les avaient divulguées. C'est pour cette candidature qu'on a surchargé, pendant plus d'un mois, les malles-postes et les diligences, et une multitude d'agents, de biographies ampoulées, de manifestes extravagants, de louanges outrées en faveur d'un homme à peine connu depuis un an, et des plus équivoques de capacité et de caractère, qui veut arriver à la première charge de l'Etat ; tandis que l'on colportait en même temps les plus lâches libelles contre un rival qui n'avait, lui, pour défense et moyens d'action que les grands souvenirs attachés à son nom. C'est pour cela qu'on a joué l'autre farce de Marseille, qui nous promettait, au premier jour, en France le Pape, décidé à rester à Gaëte, et que l'on embarquait une division pour une simple promenade en mer, qui nous coûtera bien cher pour un effet manqué ; car personne ne croyait à la délivrance du Pape et de Rome par les mains de M. Cavaignac. C'est enfin dans les intérêts de sa candidature qu'on n'a presque rien fait autre chose en France pendant près de deux mois, au mépris des lois et de toutes convenances.

Toutefois, M. Cavaignac aurait tort s'il croyait que c'est l'affaire de ces listes qui l'a fait évincer. Cela eût bien été suffisant sans doute ; mais l'immense majorité de la France en avait pris la résolution auparavant. On a vu clairement en lui un homme médiocre en tout ; sans titres véritables, en fait de services ; enflé de sa subite élévation, advenue sur les ailes de l'anarchie, qui, écartant beaucoup de généraux illustres antipathiques avec elle, n'a trouvé que lui ; asservissant la majorité de l'Assemblée nationale, en lui persuadant qu'il était son sauveur, son palladium, et en même temps son humble et féal serviteur ; enfin un politique sans principe arrêté, irrésolu, incertain, et des plus douteux en ses meilleurs moments ; qui, sous prétexte de maintenir un juste milieu impossible entre la république modérée et la république rouge et socialiste, nous menait droit et rapidement à cette dernière, ainsi qu'il est bien manifestement démontré aujourd'hui par ses liaisons étroites, qui ne se cachent plus, avec ces partis, et les efforts qu'ils font ensemble pour perpétuer, en dépit de la France, une Assemblée qu'ils ont trop compromise, qu'ils voulaient violemment dissoudre en Mai et en Juin, ne la trouvant pas alors assez peuplée de leurs pareils, et qu'ils veulent maintenant garder, n'espérant plus y revenir, du moins les plus emportés, dans les assemblées futures.

Mais il est bien vrai que cette affaire des listes, après les décrets de bien mérité de la patrie rendus en faveur des hommes qui lui ont fait le plus de mal, sont les énormes faits qui ont le plus contribué à déconsidérer l'Assemblée dans l'esprit de la nation et de l'Europe entière, sans contredit, et à lui faire demander à elle-même de toutes parts la prompte cessation de son mandat si étrangement rempli, et dont la prolongation obstinée ne fait plus que multiplier chaque jour les progrès de l'anarchie, et les pertes et les dangers de la patrie. Ç'a été un vrai suicide.

Comment, Messieurs, après le travail infâme sur les récompenses dites nationales, bien constaté comme incontestablement officiel; après le projet de décret, et l'exposé des motifs, signés Cavaignac, qui vous ont été présentés officiellement aussi; bien plus, après l'octroi d'une partie considérable de ces récompenses et promotions proposées, accordées par ledit général, par anticipation, en prenant sur lui, sans attendre votre décision suprême, vous lui accordez un bill de pureté, tout en condamnant les listes! Vous lui faites même une sorte d'ovation nouvelle, et vous le recommandez plus que jamais à la France pour le grand scrutin du 10 décembre! Et, malgré la sévère, la retentissante leçon que vous y avez tous reçue, vous avez confirmé encore depuis les 33 promotions militaires dont j'ai parlé plus haut! Et vous souffrez, en cherchant à vous perpétuer le plus longtemps possible, contre les réclamations qui vous arrivent de toutes parts, que l'on prétende escamoter la volonté nationale! C'est laisser aller les choses bien loin, Messieurs. Vous vous repentirez trop tard d'avoir voulu faire du général Cavaignac votre héros, ou du moins votre paladin. À force d'engouement et de faiblesses, vous n'êtes parvenus qu'à en faire un homme qui pourrait devenir fort dangereux. Je ne le connais que par ses actes, et c'est assez pour le bien juger comme la plus grande partie du public. Pendant que je suis sur son sujet, il peut être utile que j'en dise toute ma pensée. Je ne le crois pas, moi, naturellement méchant; j'ai remarqué en lui quelques bons mouvements; mais sans fermeté et sans constance. J'attribue une bonne partie de ses fautes et de ses torts à sa camaraderie et à son détestable entourage de vieux et récents révolutionnaires, beaucoup plus roués que lui. Constamment au milieu de gens de bien, je crois qu'il n'irait pas mal. Constamment au milieu de démolisseurs, je crois qu'il irait avec eux la sape à la main. C'est le propre des hommes médiocres de se laisser dériver aux entraînements de parti et de circonstance, incapables de les dominer. Je crois donc M. Cavaignac aussi éloigné d'être un méchant par nature, que de devenir jamais un grand homme. Comme général, il est bien récent; on ne connaît encore à son écusson que quelques coups de fusil des bédouins de l'Algérie, quelques petits combats, et pas une bataille. Il doit ses derniers grades et son élévation au ministère, au Gouvernement provisoire, envers lequel il a été ingrat, ainsi que le lui a fort bien dit M. Garnier-Pagès, auquel il n'a répondu, à cet égard, que par une vraie gasconnade, qui confirmait le reproche plutôt qu'il ne le détruisait. Mais si la république rouge et socialiste avec laquelle il marche aveuglément aujourd'hui, venait à l'emporter, elle le prendra pour un de ses chefs, à cause de l'importance que vous seuls lui avez donnée; et parce qu'aucune des illustrations militaires que nous possédons encore, ne voudrait marcher avec elle. On lui pardonnera un moment sa peccadille aux deux dernières journées de juin, en faveur des deux premières; et on l'en punira quand on n'en aura plus besoin, et qu'on l'aura débordé. Je le lui prédis, le cas échéant. On lui pardonnera un moment, dis-je, parce qu'il a laissé faire les deux premiers jours de cette révolte, qu'il n'a donné franchement que lorsque les autres généraux s'en étaient à peu près rendus les maîtres, et que s'il n'y eût eu que lui pour chef et ses mesures personnelles, Paris et l'ordre social étaient bien complètement enfoncés.

En attendant les futurs contingents, qu'il me soit permis d'adresser quelques interpellations à l'honorable général. Vous dites que vous êtes étranger à ces fameuses listes de criminels proposés pour des récompenses nationales. Je crois parfaitement que vous n'avez pas coopéré à leur rédaction; vous aviez autre chose à faire. Je crois même qu'en y regardant de près, comme vous l'auriez dû, vous y auriez trouvé beaucoup d'inscriptions qui vous auraient soulevé l'âme et le cœur. Mais comment en pouvez-vous prétendre cause d'ignorance absolue, après votre projet de décret, et surtout votre exposé des motifs, où vous dites que ce travail renferme des services impayables, et qu'il en est qui ont répandu leur sang jusque sur *l'échafaud*? Encore une fois, le mot y est. Comment, usant de votre dictature provisoire, avez-vous pu, sans voir les listes, délivrer par provision une partie quelconque de leurs propositions, et notamment ces 33 brevets d'officiers à des gens sans aveu et à des repris de justice? Si vous arrivez jamais à la tête de la république, soit sous le nom de président ou de tout autre, comment, à ce compte, iront les affaires du pays et celles de sa noble armée? Certes, ce sera un beau gâchis si vous les traitez avec cette légèreté, pour ne pas dire le vrai mot. Pourquoi donc avez-vous eu l'air d'être si fort surpris et offensé d'être impliqué dans ces listes, non pas pour les avoir confectionnées, on ne vous en croit pas capable; mais d'y avoir bien certainement donné suite, soit par faiblesse, soit autrement. La chose est devenue si claire, si évidente, que vous ne pourriez plus que vous faire beaucoup de tort à vous-même en la contestant. Il a paru, du reste, depuis la chute de votre règne, que les propositions ne vous ont pas toutes fait mal au cœur, puisque vous avez pris le soin de faire confirmer par l'Assemblée vos 33 promotions susdites. Vous en direz tout ce qu'il vous plaira, vous et vos amis ; mais comptez que tout homme de sens trouvera toujours plus qu'étrange (je ménage mes termes) que sous votre gouvernement, au milieu du XIXᵉ siècle et devant le monde civilisé, vous ayez laissé faire une véritable liste civile du crime, comprenant tous les conspirateurs de l'anarchie la plus déclarée, sans songer que c'était promettre en même temps une prime assurée à tous ceux qui conspireront avec succès contre vous-même et vos successeurs. On s'étonnera toujours que, sans pitié pour nos finances ruinées, vous ayez voulu affecter un million et 600 mille francs de rente à un pareil service, et que vous l'ayez fait précéder de louanges emphatiques, véritablement fort extraordinaires. Cela n'est assurément point d'un homme politique.

Autre faute. Quelqu'un, ou je ne sais quel journal, avait réveillé les très-fâcheux souvenirs de votre régicide et terroriste père. Il eût été sage de laisser passer cette attaque ; ou, si vous vouliez absolument y répondre, d'en laisser le soin à un tiers, à un ami. Cela ne vous eût nullement compromis ni engagé. Les fautes, les crimes même, en révolution, sont tout à fait personnels. Vous n'êtes pas le seul homme de valeur qui ait eu le même malheur que vous. Cela a été bien commun depuis 60 ans. Le dernier roi lui-même a été dans votre cas ; mais il ne s'en vantait pas. Quand on est fils ou parent de grands coupables, et que, sans se laisser entraîner à leurs déplorables exemples, on se conduit avec distinction, on n'en est que plus estimable et plus estimé des esprits élevés ; car on a franchi noblement des tendances et des préjugés héréditaires que les filiations plus favorisées n'ont pas contre elles : permettez-moi cette leçon. Eh bien, vous avez été mal conseillé ou mal inspiré. Peut-être avez-vous voulu plaire à la Montagne, sans songer à l'autre rive. Peut-être vous êtes-vous cru décrié de ce dernier côté, par la méchante attaque dont je parle, et que je n'approuve pas, quand on n'y est pas forcé. Dans ce cas, vous avez eu tort, par les solides raisons que je viens d'établir. Quoi qu'il en soit, vous vous êtes emporté ; vous êtes monté à la tribune ; vous y avez commis une rodomontade qui, loin d'en imposer, a été trouvée de mauvais goût ; vous vous êtes enorgueilli de *votre illustre père*, et vous avez terminé par ces paroles hautaines : « Je suis heureux et fier d'être le fils d'un tel homme ! » Qu'en est-il résulté ? Vous avez fait sourire vos dangereux amis de la Montagne ; vous avez blessé le sentiment public ; et les malins sont allés fouiller dans la grande nécropole du *Moniteur*, où ils ont trouvé *votre illustre père* fort mal couché ; de telle sorte qu'il n'y avait pas de quoi vous en vanter : ils l'ont exhumé encore plus désagréablement pour vous qu'auparavant, si bien que vous auriez mieux fait de le laisser dormir en paix. Quelques semaines après, vous venez demander les suffrages des partis honnêtes, au grand scrutin de décembre; ils vous les ont refusés, et vous ne devez pas en être surpris. Cette dernière circonstance vous a fait aussi beaucoup de tort; et certes, elle n'est pas non plus d'un homme politique. Il s'agissait ici du salut de la France. Auriez-vous justifié son choix? Il est permis d'en douter, à vos errements actuels. Elle a été aussi malheureuse sous votre règne que sous le Gouvernement provisoire; et à deux ou trois exceptions près, qui méritaient la confiance, tous vos ministres ont été constamment pris dans votre coterie du *National*, la plus désastreuse et la plus mesquine en vues et en savoir-faire qui ait jamais dégradé notre pays. Il est aisé de la juger à ses œuvres, qui surabondent en ruineux résultats de toute sorte, et révoltent tout le monde, excepté elle; car, à l'entendre, c'est le pays qui est dans l'erreur, c'est le pays qui s'est mis dans son tort, et qui a commis un acte d'ingratitude et de coupable égarement envers elle et envers vous, dans le grand scrutin du 10 décembre. Elle espère bien ramener le pays, de gré ou de force, à elle ou à vous. En attendant, elle l'admoneste, elle l'injurie, elle lui dit son fait fort cavalièrement; puis elle lui escamote tout doucement, tant qu'elle peut, le résultat de son suffrage, en faisant la sourde oreille à ses volontés.

Qu'entend-on par la nation et ses intérêts? Est-ce que c'est autre chose désormais que les intérêts et l'esprit des hommes du *National*, et de ses alliés de la Montagne et du socialisme? C'est extravagant, c'est cynique, c'est bouffon à force d'impertinence, c'est tout ce que l'on voudra; mais ce n'en est pas moins la substance de toutes les déclamations de ces sectes, hautement vociférées chaque matin. Voilà, général, la seule nation que vous avez servie pendant votre séjour au sommet du pouvoir. C'est elle qui vous a perdu dans l'esprit de la nation véritable, 60 ou 80 fois plus nombreuse que la fausse, qui n'est que son écume et ne lui fait que du mal. Quant au seul fleuron de votre couronne militaire, l'affaire de Juin, qui vous a élevé sur le pavois, vous n'en êtes pas le vrai héros. Rien n'a été plus équivoque que votre conduite les deux premiers jours. Vous n'avez cessé d'aller et de venir à l'Assemblée derrière votre ami, le président Sénard, lui apporter des nouvelles, et vous retrancher par précaution sous cette responsabilité, en cas de défaite. Vous aviez laissé l'insurrection manœuvrer dans Paris, le traverser en divers sens par corps de 5 à 10 mille hommes, s'emparer des deux tiers de la ville et s'y barricader, sans lui opposer d'obstacles; et vous étiez la veille ministre de la guerre, et puis dictateur avec carte blanche. Vous ne savez ou n'aimez pas apparemment l'aphorisme: *principiis obsta*, aussi sage à la guerre qu'en médecine. Vous avez retenu vos troupes pendant ces deux meurtrières journées; vous avez laissé la garde nationale seule aux prises, consternée de votre inaction, criant de toutes parts contre vous à la trahison ! et n'en versant pas moins héroïquement, par torrents et avec ténacité, le sang de ses pères de famille, enlevant les barricades : ce n'est qu'alors que votre inexplicable irrésolution a cessé, et que vous vous êtes ébranlé.

On vous accuse d'avoir dit, devant beaucoup de témoins, que *c'était aux bourgeois et aux boutiquiers à défendre leurs maisons et boutiques, et que vous n'étiez pas là pour cela;* et vous ne l'avez pas démenti ! J'aimerais à en douter; car, réfléchissez-y bien vous-même, dans la charge suprême où vous aviez été placé, le propos est affreux. Rendons justice à qui elle appartient : sans la courageuse constance du général de Lamoricière, qui pendant les quatre journées n'a pas cessé un seul instant, nuit et jour, d'attaquer l'insurrection, sans quitter la tête de la garde nationale et de ses braves troupes, qu'il électrisait par son exemple; sans le vigoureux concours de nos généraux d'Afrique et autres, et notamment de MM. Changarnier, Bedeau, et ces si regrettables généraux Négrier, Duvivier, Damesme, etc., qui n'ont péri que par suite de vos lenteurs; principale cause des proportions énormes qu'avait prises l'insurrection; sans la valeur de ces dignes capitaines (ce sont eux qui ont bien mérité de la patrie), il y a tout lieu de croire que la révolte eût triomphé, et que nous aurions eu immédiatement une révolution sociale, dont on nous menace encore : c'est-à-dire, une vaste jacquerie, du moins dans Paris et sa banlieue, et par suite une guerre civile générale; car les provinces en masse sont bien décidées à ne plus subir la terreur pas plus que les Jacques du socialisme, du moins elles le disent. Votre parti ne croit peut-être pas cette assertion aussi vraie qu'elle l'est; mais, *quod avertat Deus,* vienne la terrible occurrence, et il verra s'il a aussi beau jeu qu'il se l'imagine peut-être avec vous, malgré tous les indices qui signalent l'extrême lassitude de notre intolérable situation et de ses causes incontestables. On vous accuse aussi d'avoir articulé nettement que si les bourgeois se laissaient vaincre, vos soi-disant concentrations de troupes avaient pour objet d'abandonner Paris à son sort, et de vous retirer dans la plaine de Vertus, pour y livrer bataille aux insurgés vainqueurs. Mais, grand homme d'Etat et de guerre, suivant vos amis, si vous aviez été battu dans la plaine de Vertus, c'en était donc fait de la Capitale et de l'ordre social ! Vous ne compreniez donc pas que l'insurrection victorieuse n'aurait pas été assez bête pour vous suivre en rase campagne. Elle eût pillé, fait table rase dans Paris; elle n'avait pas d'autre intérêt ni d'autre esprit, puisque, suivant les récits officiels, elle l'avouait sur ses barricades. Vous et vos amis, vous devriez le savoir mieux que personne. C'est pourtant ainsi (la postérité pourra-t-elle bien le croire?) que vous êtes devenu l'idole de la majorité de l'Assemblée nationale. On assure que pour vous faire remonter sur votre bête, comme on dit vulgairement, vous et vos amis, tant vrais qu'à double entente, vous intriguez à présent dans cette Assemblée, et la compromettez encore à tel point que de toutes parts on attend avec impatience son remplacement, malgré les services qu'elle a rendus. Moi chétif, qui ne suis pas du tout votre ennemi personnel, mais seulement franc et loyal adversaire de votre malheureuse politique, je vous conseillerais, si vous le permettez, une complète abstention; et j'y ajoute qu'une noble rescipiscence vous relèverait et vous servirait beaucoup mieux que toutes les intrigues de la séquelle que vous avez fatalement suivie. Là-dessus je vous quitte, non pas en vous chantant *tra deri dera,* comme vous avez fait si jovialement à M. Véron; mais en vous disant : Consolez-vous de votre chute; un homme qui a été un moment beaucoup plus populaire que vous, en a bien fait une encore plus grande, aussi par sa faute. J'en ai déjà parlé en passant; mais comme il a joué un grand rôle en ce vaste imbroglio, je vais y revenir.

Jusqu'à nos jours, Platon avait paru bien rigoureux de bannir les poètes de sa république. L'illustre chantre de Mâcon est un exemple fameux de ce qu'on peut attendre d'eux en matière d'affaires, de politique et de morale publique. Poétiquement, j'ai désigné M. de Lamartine comme riche d'expression et pauvre d'invention. Tous ses sujets sont pris dans des pensées creuses, illogiques, ou de métaphysique vague, qui visent à l'âme et la manquent souvent. Aucun d'eux ne touche, ne remue, n'attendrit le cœur. Comment, avec un si beau talent, s'être épuisé en des sujets comme *Josselin,* et un *Ange déchu.* Autant eût valu choisir Childebrand, comme l'a si bien dit le satirique législateur du Parnasse français, dont l'illustre poète ne paraît pas tenir grand compte. Il chante, avec la même verve, Jéhovah et Baal, les vrais et les faux anges, les saints et les démons. En politique, il fait la même chose du choix et de la conscience de ses personnages, et il y diverge encore plus. Longtemps il s'est présenté devant les colléges électoraux, sans pouvoir être admis, pas même en son pays, qui redoutait apparemment son instabilité. Enfin il fut élu, au Pas-de-Calais, je crois; et ce fut là le principe de la déconfiture de ses talents poétiques et de sa réputation. Pour devenir à toute force un homme d'Etat, il négligea sa muse; et il eût mieux fait de rester avec elle.

Il se classa d'abord dans les rangs les plus énergiques de a droite. Il se montra fort attaché à la branche aînée, et même fort zélé, du moins autant que peut l'être un poète, qui, dans toutes les affaires de ce vil monde-ci, ne rêve qu'à sa gloire personnelle. Il s'est trouvé à la Chambre sous M. de Villèle, qui n'était pas du tout poète; mais qui faisait parfaitement les prosaïques affaires du pays, sans commettre de vers. Là, ou sous M. de Martignac, ou Polignac, commencèrent les altérations, ou, si l'on aime mieux, les variations de sentiments et de convictions de M. de Lamartine; et les choses allèrent en empirant sous le règne suivant. Cependant il s'était rallié bientôt à la nouvelle dynastie. Dans toutes les questions chères à celle-ci, il les appuyait, et il les votait. Par exemple, la question américaine. Louis-Philippe tenait singulièrement à être reconnu par cette grande république; mais elle abusa de sa position pour le lui faire payer, et même cher. Pendant les guerres avec l'Angleterre, les Américains, comme neutres, avaient fait quelques pertes; mais ils les avaient récupérées au décuple, et de telle façon que c'était eux qui nous devaient, plutôt que nous à eux. Ils avaient formulé timidement à l'Empire et à la Restauration une demande de 25 ou 30 millions, en y comptant les intérêts. Ils avaient été constamment refusés et bien réfutés de prime abord, et ils s'étaient tus. Ils renouvelèrent leur demande *sine quâ non* à l'avénement de Louis-Philippe, et M. de Lamartine contribua beaucoup à la faire admettre, au grand et inique préjudice des contribuables. J'en citerais beaucoup d'autres traits analogues, si ma mémoire les avait retenus. Dans toutes les matières économiques, politiques ou de droit public, on a presque toujours vu M. de Lamartine prendre la question à l'envers, ou bien la poétiser et ne la regarder que de ce côté de son esprit; ou bien il en parle d'or, puis il vote ou conclut à gauche, *vice versâ*. En élocution, c'est un Jean Chrysostome; malheureusement il n'est pas aussi conséquent que ce saint Père. Il s'en faut de beaucoup. Sous la branche cadette, pas plus que sous la branche aînée, les hauts emplois de l'Etat ne venant le trouver, ses variations empirèrent encore, et menacèrent d'envelopper toutes les branches de la maison de Bourbon. M. de Lamartine aspirait depuis longtemps au portefeuille des affaires étrangères, ou au moins aux grandes ambassades, ou à celles de famille, ou de Rome. Que de discours n'a-t-il pas faits dans cette visée! A tous coups, rien.

Tant de déceptions en auraient aliéné un plus constant que lui. Il se rapprocha donc encore un peu de la gauche. La branche cadette allant chaque jour en déclinant dans l'opinion, et sous les coups d'une opposition qui, comme celle de 1828, ne combattait que pour avoir le gouvernail en ses mains, M. de Lamartine se jeta enfin ouvertement dans les bras de celle-ci, sans y obtenir beaucoup de succès. Il est singulier qu'aucun parti ne lui ait accordé grande confiance; car il est éloquent, et on le dit, dans le monde, un homme des plus aimables, quand il quitte sa marotte. Dans son désappointement des visées solides, il voulut s'essayer du côté de la popularité républicaine; il se mit à faire, à sa mode, l'*Histoire des Girondins*.

M. de Lamartine n'est à coup sûr pas républicain, quoi qu'il dise aujourd'hui et s'imagine peut-être; ses habitudes et ses mœurs s'y opposent trop. Bonnes gens, n'ayez pas peur des sévérités de ce Brutus : il hait, il craint l'anarchie et ses fureurs autant que vous et moi ; et voilà précisément pourquoi il écrit en leur faveur, en les poétisant de son mieux, en s'efforçant de rendre intéressants les plus grands scélérats de notre histoire. Il est si aisé au cerveau d'un poète politique très-disert d'abonder en travestissements, en tropes, en hyperboles, en paradoxes et en contre-vérités ! C'est un moyen si facile, et peut-être le seul en ce temps de mensonges et de grossières erreurs, pour trouver un libraire et des lecteurs ! Aussi le Roman, plutôt que l'Histoire des Girondins, fut-il un moment fort en vogue dans certain parti dont la violence tournait au rouge. Nul doute que ce trompeur ouvrage ne l'ait recruté, et n'ait contribué beaucoup à précipiter la catastrophe qui nous menaçait. Tous les gens sages le condamnèrent, en gémissant d'un pareil abus du talent de travestir : car ce livre faisait aussi une satire inique et cruelle de l'infortuné Louis XVI ; il est tout plein d'hérésies sociales. Mais une foule de lecteurs vulgaires le prirent à la lettre ; surtout parmi la jeunesse. C'est depuis cette imprudente et très-coupable apothéose que nous voyons des insensés aspirer à l'honneur d'être des Danton, des Robespierre et des Saint-Just. Et y aspirer ouvertement avec le stupide fanatisme du plus aveugle enthousiasme ! Et ces malheureux égarés attaquer à la fois, dans leur délire, Dieu, la morale et les lois ! C'est cet ouvrage qui a porté son auteur un moment au pinacle de la révolte triomphante. Triste titre, hélas ! que je ne lui envie pas !

Le juste-milieu, la monarchie ou la république bourgeoise, comme il vous plaira, croulait de tous côtés visiblement. M. de Lamartine se donna le plaisir et l'avantage de lui donner encore un coup d'épaule, pour accélérer sa chute ; sans pourtant la haïr, puisqu'il en avait fait mainte fois l'éloge, du moins dans le temps qu'il espérait en être élevé au sommet. Donc, l'agonie du juste-milieu approchant, M. de Lamartine se mit à la tête des banquets politiques. Il en organisa et présida à Mâcon, à Marseille, et je ne sais plus où. Il y trôna ; il y parla beaucoup de lui, avec une humilité si grande, que sa gloire (je ne veux pas dire l'orgueil) en transpirait par tous les pores. Il enlevait toujours son béant auditoire commensal. L'illustre poète-orateur a paru très-friand de ces sortes d'ovations. Il pelotait aussi lui, en attendant partie. Eût-il été heureux et fier aussi lui, comme M. Cavaignac, de son père, s'il eût prévu celles qui l'attendaient quelques mois plus tard, dans des proportions bien autrement grandes et sérieuses ? Après avoir donné ce branle, demandez-lui pourquoi il n'y va plus ? Au Chalet et aux barrières il trouverait avec qui trinquer, et à qui vanter la Gironde et la Montagne. Son abstention actuelle semble encore une inconséquence. Après ses exploits de la veille, M. de Lamartine se trouva bien naturellement au premier plan de l'insurrection de Février, aussitôt sa victoire. Il débuta à l'Hôtel-de-Ville par un mouvement superbe ; le plus beau de sa vie sans contredit ; et capable même, par son opportun service, d'effacer bien des fautes et bien des erreurs. Il faut être juste envers lui ; et la masse des gens de bien lui en tiendra toujours grand compte. Que n'est-il resté fidèle à ce courageux moment ? Chacun sait comment il s'opposa à la proposition d'adopter la sanglante bannière de 93. À la vérité, la sublime horreur qu'il en exprima hautement fut saluée à l'instant par plus de cent mille acclamations qui la partageaient ; mais il y avait aussi dans la mêlée quelques centaines de brigands qui ne demandaient que du sang et le pillage, et d'autant plus audacieux qu'ils voyaient plusieurs de leurs principaux chefs collègues et à côté de l'orateur. Rien n'était plus aisé que de lui envoyer une balle. Le courage et le péril ont donc été incontestables. M. de Lamartine, ce jour-là, mais hélas ! ce seul jour, vous avez été un grand homme politique. Pourquoi faut-il que vous vous soyez perdu ensuite dans une association étroite avec un tribun justement décrié ? On a vu avec le plus extrême étonnement votre obstination à vous en faire un Pilade, ou plutôt un bouclier, sans lequel vous n'osiez plus marcher contre l'anarchie ; et encore ne le faisiez-vous plus qu'en retraite, en lui abandonnant tout le terrain à peine disputé. On dit que vous vous êtes fait un mérite, une sorte d'héroïsme, d'avoir sacrifié votre popularité à un tel acolyte. À votre aise donc, si c'est ainsi que vous voyez toutes choses.

Enfin M. de Lamartine était arrivé à ce portefeuille qu'il avait si longtemps couché en joue, à son grand dada des affaires étrangères. Nous l'y avons vu faire des discours superbes sur la situation de l'Europe, et des pronostics et des prédictions que la marche des choses s'attache chaque jour à démentir. Mais, ce qui eût paru bien étrange en toute autre bouche que la sienne, tout en proclamant l'esprit de bon voisinage et le respect dû aux gouvernements étrangers, il excitait très-virtuellement leurs peuples à les renverser, par la certitude qu'ils seraient loués et applaudis en cas de succès ! Il faisait les meilleures protestations aux ambassadeurs, et donnait en même temps des encouragements aux conspirateurs. Bien plus, il passait publiquement en revue, il haranguait pompeusement des bandes d'Irlandais, de Belges, d'Italiens, d'Allemands et de Polonais, qui venaient journellement, drapeaux et devises en tête, recevoir sa consécration, et partaient ensuite dans toutes les directions, pour aller révolutionner chacun leur pays ! On sait l'affaire de Risquons-Tout, et quelques autres qui ont été la suite de ces encouragements, et qui ont eu le même sort. Ne voilà-t-il pas une belle politique de poète !

M. de Lamartine croit aussi lui au progrès continu et sans limites. Dans toute sa nouvelle carrière il n'a semblé pré-

occupé que de perpétuer sa mémoire, et de grandir sa gloire *à
un degré toujours plus élevé*. Il n'a cessé de poser devant la
postérité, en burinant, comme il dit, de l'histoire en la faisant
lui-même. C'est pour cela qu'il a quitté sa lyre et sa verve
épuisée, et qu'il s'est jeté dans la lice politique. Et, pour y être
plus libre dans les écarts à droite, à gauche, en tous les sens,
il nous a proclamé le retour du beau règne de l'idéologie,
si complètement aboli sous le grand Napoléon (l'un des meilleurs services qu'il ait rendus à la société, à mon avis à moi).
Suivant l'illustre poète homme d'Etat, l'idée, une fois formu-
lée, doit avoir son libre cours, et faire son temps sans nul obstacle; et c'est une tyrannie, un sacrilége, et vainement, quand
on voudra s'y opposer désormais avec des lois et des magistrats.
Comme il ne distingue pas du tout l'idée fausse, mauvaise et
funeste, de l'idée vraie, bonne et salutaire, il s'ensuit rigoureusement que le Maratisme, le Robespierrisme, le Proudho-
nisme, le Cartouchisme, le Macairianisme, sont licites, et
parfaitement libres de se produire et opérer, en vertu de l'octroi
de ce nouveau droit inconnu de nos pères. Cela me donnerait
envie de me mettre dans les rangs des détrousseurs, qui peuvent, comme on dit, travailler la marchandise tout à leur aise
et sans risque pour eux; et de quitter les rangs des détroussés,
où il n'y aurait plus que bêtise et péril à rester.

Le beau règne que celui de l'idéologie, où nous sommes
jusqu'au cou! Comme il est poétique, progressif et prospère!
Nous touchons au siècle de Rhée! Il n'y a que des aristocrates
et des réactionnaires qui n'en conviennent pas encore. A la
vérité, les gens prosaïques y aperçoivent bien quelques petits
inconvénients; mais Apollon, travesti en réformateur, peut-il,
du haut de sa nue, prendre garde à ces misères? Il a quitté
pour toujours les troupeaux d'Admète.

Voilà au vrai comment Apollon-Lamartine a traversé les premières phases de la République démocratique, toujours déclinant vers la terre jusqu'au 15 mai. Là, sur les marches de la
grande fabrique de lois et constitutions, il voulut faire entendre
encore cette voix qui naguère avait provoqué les acclamations
de 2 ou 300 mille badauds, quand un grand quidam à figure
maligne vint l'interrompre et lui dire d'un ton impérieux:
« M. de Lamartine, *assez blagué comme ça; il y a trop long-
» temps que vous le faites; et ne vous mêlez plus de nos af-
» faires.* »

Depuis ce temps, plus de harangues, plus de poésie. Adieu
toutes les fumées de cette popularité si tristement achetée!

« Je n'ai fait que passer, il n'était déjà plus. »

Le grand scrutin de décembre est venu: M. de Lamartine a
obtenu dans toute la France 16 mille voix, mille de moins que
le socialiste Raspail, prévenu de conspiration flagrante, et qui

en a obtenu 17 mille du fond de son donjon. Quelle chute, et quelle humiliation? *Sic transit gloria mundi.* Qu'en pense-t-il maintenant? Burine-t-il à sa guise la belle histoire qu'il a faite ou aidée? Je n'en serais point surpris. Dans ce cas, je conseillerai à nos neveux d'en lire une autre, s'ils veulent avoir une idée vraie de notre époque. En attendant, nous avons, à l'imitation de Jean-Jacques Rousseau, des confessions où l'illustre auteur nous montre les bons sentiments qui animèrent sa jeunesse. Que n'y a-t-il resté fidèle! Je l'invite à y retourner. Mais en poursuivant ses contes, où il est toujours question de lui et des siens, voici qu'il en fait aussi de très-mauvais, et que ce sera au total une détestable macédoine. Cela devait être. Toujours la confusion du bien et du mal dans son esprit. Il ne faut pas qu'il s'y trompe, il n'en serait pas quitte pour rester désormais en repos. Il a commis dans ses productions une foule d'hérésies religieuses et politiques, qui feront longtemps beaucoup de mal à la génération qui nous chasse, s'il ne trouve le moyen de le réparer devant Dieu et devant les hommes.

Non, Monsieur de Lamartine, ce n'est pas un léger crime de lèse-majesté divine et humaine que d'avoir abusé, comme vous l'avez fait, de votre beau talent et de votre vogue passagère pour mettre en circulation des idées subversives de toute société raisonnable, et d'avoir fait des demi dieux à votre façon, de scélérats tels que Robespierre, Saint-Just, Danton et leurs pareils, qui couvrirent notre patrie de larmes, de sang, de ruines et de barbares absurdités; et qui, dans leur toute-puissance usurpée, poussèrent l'atrocité jusqu'à se faire des nécessités de tant d'horreurs. Jusqu'à vous, ils étaient restés justement plongés dans l'exécration et le mépris. C'est vous qui les avez exhumés de leur pourriture sanglante, pour les orner de fleurs et entourer leurs têtes d'auréoles éblouissantes, au prodigieux étonnement de tous les esprits bien faits. Et vous avez fait pis encore; car vous avez cherché à les grandir en rabaissant leurs plus augustes victimes. C'est vous qui avez été, par votre Histoire des Girondins et vos discours, le précurseur de cette abominable école où l'on nous présente aujourd'hui tous ces monstres, comme des modèles de douceur, de bonté, de philanthropie et de patriotisme. C'est vous qui, en ne cherchant que le paradoxe, même le plus dangereux, pour arriver à une popularité et à un pouvoir de deux jours, avez faussé tant de cervelles, au point de leur faire dire : « Je voudrais être un Saint-Just, un Robespierre, un Danton! » On n'entend que cela de certains côtés, et l'on vous cite, l'on vous invoque comme l'illustre augure de cette belle renaissance. Voyez ce qui se passe dans les clubs et aux orgies des barrières. Pourquoi n'y allez-vous pas jouir de votre ouvrage? C'est que, probablement, vous le condamnez vous-même maintenant. Je ne vous crois pas le cœur méchant, Monsieur; je vous répute honnête homme, du moins comme l'entend le monde: mais je

me permets de vous dire sans détour, que vous avez trop empli
et offusqué votre cerveau des fumées de la gloire, que vous l'avez
cherchée trop facilement où elle est si loin d'être, et que vous
avait fait ainsi beaucoup de mal à votre siècle. Du reste, je vous
rends cette justice, que si l'anarchie, continuant à marcher,
arrive à son comble, vous aurez l'honneur d'être une de ses
premières victimes. Ce sera votre expiation et votre dernière
récompense.

J'adresse les mêmes reproches à ces nombreux écrivains,
moins célèbres mais non moins coupables, qui nous ont
inondés depuis vingt ans, la bride sur le cou, de leurs productions effrénées et d'une littérature toute cadavéreuse, sans
effroi de ses funestes effets. Qu'ils l'apprécient donc aujourd'hui !
J'adjure tous ceux qui sont restés honnêtes, et qui ont de l'élévation dans le cœur et la tête, de se hâter de réparer tant de
mal, de la même main qui l'a perpétré.

La plupart, j'aime à le croire, n'entendaient pas aller jusque-
là. Quel étrange bouleversement de toutes les notions naturelles
et traditionnelles du vrai et du faux, de la raison et du délire,
du juste et de l'injuste, du crime et de la vertu ! Nous présenter, dans un prétendu siècle de lumières et de progrès, les
infâmes brigands de la Montagne et de la Gironde, aussi intrigants, aussi ambitieux, aussi funestes, aussi sanguinaires les
uns que les autres, à quelques tempéraments près, quoi qu'on
nous en dise aujourd'hui si dérisoirement ; nous les présenter,
dis-je, comme des héros et des modèles à suivre ! A-t-on jamais
vu sous le ciel une aussi criminelle extravagance ? Est-il possible qu'il y ait parmi nous des consciences assez féroces pour
n'en être pas révoltées à l'excès ? Je n'hésite point à le dire, ceux
qui en sont arrivés à penser ainsi ne sont plus que des tigres à
face humaine, capables de toutes les cruautés qu'ils admirent,
et de les surpasser encore. Ne nous endormons pas sur leurs
desseins et leurs griffes menaçantes. Je ne puis m'y méprendre,
moi. J'ai vu dans mon jeune âge ces bandits de la Montagne et
de la Gironde ; ils m'ont fait orphelin de mes meilleurs parents
et amis, et je sais combien ils étaient hideux, dégoûtants, vus
de près. Au surplus, c'est ainsi qu'ils en jugeaient eux-mêmes.
Ils se connaissaient à fond, et ils ne cessèrent de se prodiguer
entre eux l'injure, la menace et le dédain ; tant et tant qu'à la fin
le ciel voulut qu'ils s'entr'exterminassent eux-mêmes, et fussent
les premiers à faire, à l'humanité outragée, justice éclatante de
leur complicité. Ils moururent malheureux, bourrelés, forcenés,
s'entr'accusant avec rage comme de vrais démons. Rivalités,
perfides embûches, ruines et vengeances entre eux ; envie furieuse de toutes les supériorités du talent, du génie, de la vertu,
et de la fortune ; immolation implacable de tout ce qui les offusquait ; froides cruautés ; ignorance et mépris de toutes les lois de
la morale ; nul génie, nul plan, nul système arrêté, autre que

celui de tout détruire, en advienne que pourra ; des pillages, des dévastations et des meurtres ; de vastes massacres ; au milieu et en mêle de toutes ces horreurs, de pires encore : des débauches de Néron, et des orgies de cabaret, de sales plaisirs et d'infâmes propos ; toujours un langage épouvantable ; d'horribles voluptés extorquées par la force et la terreur, pour prix du sang qu'ils brûlaient de verser ; et encore la victime ne réussissait-elle pas toujours à apaiser leur soif : et d'innombrables traits de cette nature, consignés dans les mémoires du temps, sans parler de ceux qui furent consommés dans leurs repaires et dans l'ombre des cachots.

Voilà quelles furent, à peu d'exceptions près, la Gironde, et la Montagne tout entière. La mémoire de leurs victimes est encore toute tiède dans nos souvenirs. Des milliers de personnes de mon âge, qui ont vu comme moi de leurs yeux tant de forfaits, existent encore. Et il a surgi tout à coup des écrivains assez insensés ou assez coupables pour essayer de les justifier, et les préconiser ! Comme s'il pouvait y avoir quelque chose de poétique et d'attrayant, ni d'atténuant, dans ces hideuses images, que la raison publique commande au contraire de plonger dans toute l'horreur de l'aversion qu'elles ont méritée ! Et, malgré le jugement de la postérité, déjà irrévocablement prononcé, quoi qu'on fasse, au sein d'un peuple qui se croit au faîte de la civilisation et s'en dit à la tête, il renaît un parti d'Erostrates et de Catilinas vulgaires, assez audacieux, assez éhonté pour vouloir ressusciter les saturnales de la Montagne de 93, en assumer le nom odieux, en endosser la sinistre livrée, en vociférer les lugubres cris, en propager publiquement, par tous ses organes, l'effroyable esprit ! Et tout cela est impuni ; que dis-je ? est toléré, permis, et pénètre jusqu'à nos lois ! Et la société, trahie par les uns, désarmée ou mal défendue par les autres, est encore une fois menacée d'une complète dissolution, qui s'annonce sous des signes pires que la première, en vertu de la belle loi du progrès que nous suivons ! J'avoue que toutes les facultés de mon intelligence sont confondues et révoltées de cet étrange spectacle. J'avoue qu'en le considérant à fond j'en tire les plus sinistres augures, et qu'il ne faudrait pas beaucoup me prier pour me faire aller passer le reste de ma vie chez les Cafres ou au centre de l'Afrique, convaincu que je n'y trouverais pas des idées et des actes aussi sauvages, sans aucune répression. Lorsque dans la Vendée les brûleurs de nos maisons, et les égorgeurs de nos pères, de nos femmes, de nos sœurs, et de nos enfants, nous traitaient encore, par-dessus le marché, de factieux, de réactionnaires et de brigands, nous avions du moins la liberté et le plaisir de leur répondre à coups de fusil, et des mêmes canons que nous leur avions enlevés. Nous les chassâmes souvent, à grands coups d'étrivière, de nos champs désolés. Plus de 200 mille y mordirent la poussière. Encore, à l'occasion, leur faisions-nous quartier, bien qu'il ne nous le fissent jamais. Mais souffrir aujourd'hui les mêmes insultes, les mêmes menaces ; voir d'ignobles plagiaires se poser comme les vrais gens de bien, injurier et menacer toutes les classes honnêtes, les ruiner et les attaquer sans cesse et sans péril ; entendre chaque jour une tourbe de clubistes et de folliculaires les plus tarés, crier à la réaction ! Mort à l'aristocratie de la propriété ! A bas les prêtres ! Vive l'enfer ! prêcher avec fureur une jacquerie universelle ; inquiéter sérieusement toutes les familles, et forcer leurs défenseurs à être sans cesse en armes pour les couvrir ; absorber ainsi tous les intérêts et toutes les forces de la France, sans qu'elle puisse se livrer à d'autres soins ! et tout cela avec une licence toujours croissante ! je le répéterais mille fois, cela me confond ; et je ne sais plus de quel nom appeler notre prodigieuse inertie, surtout quand je vois les amnistiés de Juin traverser nos villes et rentrer en triomphe dans Paris, en hurlant partout des cris de mort. Mieux vaudrait connaître au plus tôt le sort qu'on nous prépare ; et, avant qu'on nous ait trop énervés, disputer notre vie et celle de nos familles, les armes à la main. Voilà donc où nous en sommes du beau progrès indéfini, en moralité, en lumières et en bien-être, que nous promettait le préambule de notre dernière Constitution !

Je viens de faire encore une longue digression. J'ai déjà averti que je ne m'en gênerais point, quand elles concourent à mon sujet. Or, dans ceux que j'ai à traiter ici, les faits abondent : et si rapidement, qu'ils vont plus vite que ma plume ; et j'en passe beaucoup, préoccupé de ceux qui m'affectent au jour la journée, et font négliger ceux de la veille. Mon ouvrage ne sera donc guère que digressions sur les principaux dangers de notre situation ; et je me presse de l'achever avant les élections prochaines, pour qu'il puisse être de quelque utilité. Il ne nuira pas encore après. D'autres, plus exercés que moi, pourront mener plus loin mes arguments.

Je reviens au texte. Je dis donc, honorables représentants, après ce qui précède, à quoi vous pourriez vous-mêmes ajouter beaucoup encore, je dis que votre libellé, promettant le progrès *à un degré toujours plus élevé de moralité, de lumières et de bien-être*, est d'abord tout simplement du phébus ; en second lieu, que les progrès matériels et moraux, si pompeusement annoncés, marchent dans un sens tellement inverse, qu'il faut prendre tout le contre-pied de ce que vous vous êtes proposé ; et qu'on ne vit jamais une aussi grande contre-vérité. Si l'on n'était convaincu de votre bonne intention, cela ressemblerait à une sanglante ironie. Je dis de plus que votre frontispice, encore plus que sa suite, est tout trempé de communisme et de concessions à ces idées-là. Cela saute aux yeux tant soit peu clairvoyants. Quel progrès il nous promet, bon Dieu ! Oh oui, dans le mal ! Encore, dans sa marche, si rapide qu'elle soit, il n'aura pas le privilége de l'infini ; il aura son terme, comme toutes les choses humaines. Tôt ou tard on s'en lassera, soyez-en sûrs. L'excès forcera d'y couper court ; et alors le génie de la destruction pourra crier à la réaction avec quelque vérité. Oui, mais ce sera celle du salut et de la nécessité qu'il aura créée lui-même. Le progrès ! Que nous sommes loin de compte ! Le vrai, le seul progrès possible désormais, au point où nous voici arrivés, serait de reculer bien vite vers les antiques bases de toute civilisation pour un grand peuple, dont nous nous sommes si fort écartés, sans en sentir assez le prix, et sans nous être encore corrigés de nos folies les plus désastreusement démontrées. Qu'on me lapide, si l'on ne peut me réfuter autre-ment, pour l'oser dire avec toute l'énergie de ma conscience, je le soutiendrai encore en tombant, certain que l'avenir ne saurait manquer de me donner raison : Sans le pouvoir héréditaire, avec des lois fermes et justes pour tous, et Dieu placé au som-met, nous n'aurons jamais que de courtes trèves avec l'anarchie, et une fièvre d'agitation continuelle. Le moins qui puisse nous en arriver, sera de faire du beau royaume de France une Pologne, et une Pologne livrée un moment à toutes les dévastations du socialisme. Je suis convaincu que les grandes couronnes du Nord et celle de la Grande-Bretagne ne demandent pas mieux ; et qu'elles sont toutes prêtes à saisir cette éventualité, peut-être plus prochaine qu'on ne pense.

Poursuivons.

Texte. « La République française est démocratique, une et » indivisible. » Premier plagiat de 93. Au lieu de démocratique, lisons démagogique. N'est-ce pas en plein ce que nous sommes aujourd'hui ? Cela pourrait-il être autrement chez une nation affamée de jouissances et de plaisirs, avant tout ? Est-ce qu'il est possible de violenter le caractère national, au point de le rendre démocratique, après 15 siècles de mœurs monarchiques que l'on voit si profondément enracinées jusque dans les goûts et les habitudes des plus furieux soi-disant républicains ? Qui est-ce qui n'aspire pas à dominer dans sa maison, sa famille, sa commune, etc. ? Jusque dans ce qu'il y a de plus honorable parmi les laboureurs, les artisans, les commerçants, etc., il restera, malgré ces grands mots subversifs, un esprit de hié-rarchie sociale qui vous survivra, je vous en réponds. Vous n'abolirez pas, par de vains décrets de circonstance, le cœur humain, et de vieilles mœurs qui sont devenues nature, et qui, après tout, n'ont rien que de juste et naturel, même philoso-phiquement considéré. N'est-il pas équitable en toute société policée que chacun jouisse de la position qu'il s'est faite légiti-mement, ou qu'il tient de ses pères ? C'est un droit acquis et reconnu si universellement, qu'il domine même jusque dans les peuplades sauvages. Aussi le mot démocratique, ajouté à la nouvelle République, l'a-t-il extrêmement décriée dans les provinces, plus encore dans les basses classes que dans les hautes. Le bon , le vrai peuple s'en moque, et il n'a pas tort. Il s'en défie même beaucoup : car il ne le regarde que comme un signe de troubles, et il ne l'entend jamais que dans la bouche de la partie turbulente des désœuvrés des villes, qui empêchent le retour de la confiance et des affaires. Jamais mot n'a été plus impopulaire, plus préjudiciable, ni pris en plus mauvaise part.

La chose et le mot sont donc également sans avenir dans notre société, et déjà jugés. Inutile d'en rien dire de plus, si ce n'est que plus on s'y entêtera, plus il causera de mal. Quant aux deux autres mots acolytes, je voudrais bien qu'ils fussent plus vrais que le premier ; ils le rendraient bien plus possible. Mais la belle unité ! la belle indivisibilité que celle d'un pays qui s'est annihilé lui-même par cinq ou six partis politiques, prêts à s'entre-déchirer, et autant de sectes absurdes et impies, prêchant le meurtre et la jacquerie !

Texte. Article 3. « Elle reconnaît des droits et des devoirs » antérieurs et supérieurs aux lois positives. » C'est bien heureux que vous le reconnaissiez ! je ne m'en plains pas. Il y a des gens qui veulent tout abolir, présent et passé, histoire, mœurs et coutumes. Nous savons tous ce qu'ils veulent mettre à la place ; leur horrible spectre couleur de sang, non de rose. Nous sommes surabondamment avertis de toutes les façons, et c'est à nous de nous tenir en garde. Je louerais donc davantage votre article s'il n'était pas trop vague. Un peu de respect à la religion et aux pouvoirs légitimes n'y eût pas nui, ne fût-ce que pour prévenir les interprétations dans un sens opposé.

Texte. Article 4. « Elle a pour base la liberté, l'égalité, la » fraternité. » Second plagiat de 93. Trois grands mots des plus complexes, et susceptibles des interprétations les plus diverses, qui ont bien mal fait leur temps jusqu'à ce jour inclusivement. Depuis près de 60 ans qu'ils sont mis, retirés et remis en circulation officielle, on ne s'entend plus du tout sur leur véritable sens. Il n'y a guère de mots, dans tous nos lexiques, dont on ait fait autant abus ; il n'y en a guère aussi qui soient plus démonétisés et plus sinistres. On peut bien dire que ces trois mots sont, par l'usage qui en a été fait, devenus le plus grand contraste et le plus grand obstacle à la réalité de la chose qu'ils indiquaient dans leur antique signification. La Montagne de 93 avait ajouté à sa formule : « *Humanité ou la mort !* » On vous sait gré, Messieurs, de nous avoir épargné ce quatrième terme. Je m'en souviens parfaitement. Elle était fort en usage en ce temps-là. On l'employait même dans les têtes de lettres entre particuliers, pour se garder par cette livrée quand on avait lieu d'avoir peur pour sa tête. J'en pourrais montrer quelques-unes. Quand un sans-culotte à figure rébarbative vous disait d'un ton rauque : « Liberté, égalité, fraternité, humanité ou la mort !!! » Certes, sans être un poltron, vous pouviez trembler pour votre avoir, votre vie et celle de vos proches. Encore était-il prudent de ne jamais vous plaindre quand vous étiez houspillé, il fallait crier comme eux. Ces terribles réformateurs copiaient exactement ce bandit qui disait à sa victime : « Comment, traître, je te débarrasse de ta bourse et de ta vie, et tu cries ! »

Que nous sommes imprudents et incorrigibles de ressusciter toute cette logomachie révolutionnaire ! Aussi, voyons-nous les méchants s'en emparer avidement pour épouvanter les gens de bien, et s'en servir seuls comme des plus perfides engins dans la guerre sociale qu'ils nous préparent de tous côtés. Il m'est impossible de m'y méprendre, moi qui ai vu ces mêmes mots tracés, avec la plus sanglante des dérisions, en gros caractères jusque sur les jumelles des échafauds de la Terreur. Nous les avons revus sur les barricades de Juin avec ce digne commentaire : « Vainqueurs, le pillage ; vaincus, l'incendie ! » Et peu après : « Honneur à ceux qui sont morts pour la liberté du » pillage ! » Ne les entendez-vous pas hurler sans cesse dans les orgies et les repaires des clubistes ? C'est le cri de guerre des chevaliers de la Montagne socialiste pour renverser la France ; comme Mont-Joie Saint-Denis ! le fut autrefois des vrais chevaliers français pour la défendre, quand elle tombait en péril. Ne voyez-vous pas que toutes ces abstractions métaphysico-révolutionnaires que vous nous avez ramenées, malgré les plus cruelles expériences, et auxquelles vous sacrifiez de nouveau comme à des divinités réelles, ne ressemblent au fond qu'aux idoles de Baal affamées de sang humain ? Ne voyez-vous pas que ce ne sont pas autre chose que des rubriques et des leviers à l'usage exclusif de tous les entrepreneurs de bouleversement ? Ils sont bien encore plus redoutables avec le leurre du progrès indéfini qu'ils se sont agrégé en ces derniers temps, comme leur plus puissant renfort. Les bonnes-lettres se plaignent, non sans quelque raison, du barbare néologisme qui envahit chaque jour notre langue ; elles devraient gémir bien davantage de la voir appauvrir d'un autre côté bien tristement. En effet, les mots les plus inoffensifs, les plus honorables même jadis, ont été si violemment détournés de leur véritable sens par l'esprit révolutionnaire, ils sont pris désormais si fort en mauvaise part, que les honnêtes gens n'osent plus s'en servir, et qu'il faudrait presque les rayer de notre dictionnaire. Citons encore en exemple le mot *citoyen*, que vous avez voulu remettre aussi dans l'usage commun, et qui n'a pas mieux repris que les autres. C'est pourtant une qualification fort honorable, donnée dans les cas convenables. Mais, parlant directement à des personnes constituées en dignité, voire même à tout particulier, vouloir faire dire : Citoyen juge, citoyen président, citoyen préfet, citoyen colonel, citoyen général, citoyen Monmorency, citoyen La

Moskowa, voire même citoyen Marrast, citoyen Cavaignac, etc.,
voilà certes une politesse aussi ridicule que barbare, et bien
digne de 93, où nous avons puisé cette belle civilité puérile et
honnête. Nous oublions que les héros de ce temps-là, en voulant se poser comme des Spartiates et des Brutus des deux premiers siècles de Rome, n'en furent seulement pas la parodie,
tant ils furent dégoûtants par leurs crimes, sans avoir aucune
des vertus de leurs prétendus modèles.

Est-ce que les Montagnards n'ont pas appliqué la même civilité au beau sexe ? Faites donc dire aussi directement : Citoyenne Lamartine, citoyenne Ledru-Rollin, citoyenne Marrast ;
je crois que ces dames, si républicaines qu'elles puissent être,
vous feraient bientôt la moue ; car je ne les crois pas immémo-
ratives des bonnes manières anglaises et françaises. Je ne connais que les citoyennes Georges Sand et Niboyet qui pourraient
s'en accommoder un moment par esprit de parti, et encore je pense
qu'elles s'en lasseraient à la longue. Donc ce pauvre mot citoyen,
si pédantesquement dévoyé, se trouve aussi lui bien torturé
et déprécié. Je ne désespère point de voir remettre à la mode ce
tutoiement général des beaux temps de la Terreur. Ce tu et ce
toi, si tendres et si doux en amour et en amitié, si brutaux et
si atroces sur la scène de la Montagne. Dans ce cas, si jamais
je redeviens jeune, et reprends femme ou maîtresse, je lui
dirai vous. Je craindrais de lui faire peur avec le tu et le toi
du règne de la fraternité des rouges.

Oui, Messieurs, le peuple des demi-lettrés, et les méchants
qui les remuent pour les faire servir à leurs desseins criminels,
attachent à ces vains sons, trompetés par eux dans les airs, un
tout autre sens que les linguistes et les faux politiques qui ont
l'imprudence de les mettre en vogue comme un orviétan curatif
des maux et des blessures de l'humanité. C'est ainsi que les
mots les plus innocents deviennent dangereux et malfaisants.
Les noms donnés aux substances mêmes ne sont point simples,
et peuvent renfermer des idées fort diverses. Prenons pour
exemple le mot or. Le métallurgiste y rattachera, tout d'abord,
les idées de couleur, de pesanteur spécifique, de malléabilité,
de ductilité, de fixité, de capacité d'être dissous dans l'eau ré-
gale, etc. Le peuple n'y aperçoit que la couleur, et la valeur con-
ventionnelle. Rien n'est plus aisé que de le tromper, en lui faisant passer du cuivre, ou du clinquant, pour de l'or vrai. Il en est
ainsi des abstractions politiques, encore bien plus susceptibles
de falsification que les substances. Aussi les fabricants et les
propagateurs de cette fausse monnaie nous abondent. Il y a longtemps, je le sais bien, que les hommes se sont querellés, battus
et abusés sur des termes mal définis, qui leur deviennent inin-
telligibles à la fin, à force de les torturer. Après un long abus,
ce ne sont plus que de vains sons discordants, des visions surannées, qui ne manquent jamais de tomber dans l'abandon,

le ridicule et le mépris. Alors leur temps est fait, et leur réhabi-
litation n'est plus possible, du moins avec quelque durée. Re-
marquons, en passant, l'extrême différence entre l'ancien pathos scolastique et le pathos révolutionnaire de nos jours. Le
premier, concentré dans la classe lettrée et savante, n'agita les
querelles que sur des questions purement intellectuelles et réli-
gieuses, dégagées des intérêts matériels ; il ne s'agissait guère
que de ceux de l'autre vie. Ses écarts et ses erreurs n'ont pas
laissé que de faire faire bien des pas aux sciences psychologiques.
Leibnitz a dit : Il y a de l'or dans ce fumier. Mais dans le fumier
révolutionnaire vous ne trouverez que de la boue, du sang et
des décombres trempés de larmes ; vous ne trouverez que les
plus coupables cupidités matérielles ; vous ne trouverez que les
intérêts furieux d'un seul parti, toujours le même, aux ruineux
dépens de tout le reste ; vous ne trouverez qu'un intolérable
argot, qui n'a point d'autre but que la spoliation et le bouleversement péridioque, et qui, loin de faire faire aucun progrès à
la science gouvernementale, n'a point d'autre fin que de la
rendre impossible. Liberté ! Et moi aussi je la réclame ; mais
je l'entends sage, honnête, vraie, sans préjudice ni menace pour
mes voisins, sans trouble pour la société, à laquelle je dois mon
loyal concours ; sans danger pour les pouvoirs et les lois de mon
pays, que je suis, en honneur et en conscience, obligé de défendre : car, si je ne m'y trouve ni à mon goût ni à mon aise,
j'ai le droit d'aller chercher mieux ailleurs, j'ai le droit de quitter
ma patrie ; mais non pas celui de la troubler. Cette liberté
est la seule qui mérite ce beau nom. Toute autre n'est que licence. Oui, j'aimerais celle-là de tout mon cœur ; autant que je
déteste celle qu'on m'a déjà imposée souvente fois, et qui me
menace encore. Je ne serai jamais l'ami d'un despote orgueilleux, avide et cruel, qui ferait tout plier sous ses caprices. Cet
égarement n'est plus possible depuis longtemps parmi nous ; et,
grâces à Dieu, nous n'en avons guère vu de la sorte. Nous ne
nous contentons seulement pas, pour notre malheur, des bons
princes qui n'ont que les défauts inséparables de notre faible
nature. Mais je hais beaucoup plus, je l'avoue, l'oppression
dégradante et intolérable de cette multitude de tyranneaux de
bas étage qui ont déjà mis la France en coupe réglée, et qui
osent la menacer de l'y remettre encore jusqu'à son entière
destruction.

Liberté ! Egalité ! Fraternité ! Est-ce d'eux ni avec eux qu'on les
peut attendre ? Ils ne rêvent que table rase, sur la plus grande
échelle que l'on ait vue. Il ne nous parlent que de nous parquer,
après nous avoir eu entièrement dévalisés, dans de vastes associations forcées, où nos personnalités et celles de nos familles,
mises à leur régime, ne seraient plus rien ; et dont ils seraient,
bien entendu, les bergers et les pasteurs ! Stupide utopie, qui
n'engendrerait que paresse, stérilité, famine, personne n'ayant

plus alors d'intérêt à mieux faire ni à bien faire. Despotisme insensé, qui ose condamner toute émulation, et qu'on ne supporterait pas deux jours, sans exciter une immense révolte de tous les gens de cœur et de capacité. Croyez-vous qu'ils l'ignorent ? Croyez-vous qu'ils soient le moins du monde dupes de leurs propres théories, au point de les croire possibles ? Non, non, vous dis-je ; ce n'est véritablement qu'un argot, dont ils se rient entre eux, comme les augures de la Grèce et de Rome. Et soyez certains qu'ils ne s'en départiront pas tant qu'ils seront tolérés, et tant qu'ils trouveront des dupes comme ceux du citoyen Cabet, ou de malheureux instruments fanatisés comme les insurgés de Juin. Que leur importent, après tout, les impossibilités dans la pratique. Que leur importe le mal qu'ils font ? N'ont-ils pas la gloire d'avoir forcé tous les esprits supérieurs à les réfuter, d'avoir fait pénétrer leurs idées dans nos lois, de faire un grand bruit, de remuer les parties gangrenées, d'être devenus dangereux au point de faire impunément des révoltes et des dupes, et d'obtenir enfin une célébrité que, par leur valeur personnelle, ils étaient hors d'état d'acquérir avec des moyens honnêtes ? Croyez bien que leur basse ambition tire la plus grande vanité de tous ces odieux succès, et qu'ils sont incapables d'en sentir le remords. Car, s'ils en étaient susceptibles, n'auraient-ils pas déjà condamné eux-mêmes leurs utopies, à la vue de leurs effets désastreux ? C'est un grand mal pour notre pays, Messieurs, que vous ayez tant accordé à ces maîtres-là dans l'œuvre que nous critiquons. Déjà vous devez reconnaître vous-mêmes que c'est le plus grand obstacle au retour de toute confiance.

Il peut être utile que nous approfondissions aussi une bonne fois le mot et l'idée Égalité, qui s'annonce aujourd'hui sous une livrée encore plus ridicule qu'en 93. Le socialisme le fait résonner à nos oreilles, sans déguisement, avec des intentions que je lui défie bien de réaliser sans un vaste carnage, où il est au moins douteux que les ordonnateurs restent les maîtres. S'il s'agit d'égalité devant Dieu et devant les lois humaines ; que le fort ne puisse opprimer le faible ; que justice soit rendue aussi rigoureusement au pauvre qu'au riche et au puissant ; et ainsi de toutes choses dans cet ordre d'idées, j'en suis de toute mon âme, de toute ma raison, et je n'avais nul besoin des théories et des lois du moment pour vouloir cordialement cela.

Mais vous ne sauriez ignorer, Messieurs, que la grande conspiration des rouges, unie aux sophistes du fouriérisme, entend toute autre chose. Elle entend courber et aplatir exactement sous un inexorable niveau, la naissance, le rang, l'éducation, la fortune, les habitudes, les goûts et les manières de vivre, et que sais-je ? car elle sous-entend aussi beaucoup d'autres choses qu'elle n'a pas osé formuler encore, mais qu'il ne nous faut pas beaucoup de perspicacité pour pouvoir deviner. Et vous avez décrété comme qui dirait le canevas de ces belles choses. Il ne reste plus qu'à y encadrer les détails. L'on y travaille aussi à force, il faut en convenir, avec une ardeur qui semble ébahir et neutraliser les défenseurs de l'ordre. Or, Messieurs, cette égalité radicale, complète, absolue, qu'on nous dispose, est tout uniment une absurdité et une impossibilité manifeste. Elle n'existe nulle part, ni dans la nature vivante ni dans la nature morte et inorganisée. N'en déplaise à l'éloquent sophiste Jean-Jacques, qui, sans la généraliser autant, n'examina la question que d'un côté, pour la traduire toute en paradoxes qui firent le commencement de sa fortune littéraire, par l'étonnement même que cette nouveauté causa, cette thèse est un mensonge. Le plus médiocre naturaliste ne peut qu'en être convaincu.

L'égalité que vous avez décrétée ainsi, sans restriction, n'est qu'une fiction légale qui ne peut qu'ajouter au mal de la situation ; et il est démontré que ce n'est qu'un levier à l'usage du communisme et de la Montagne. La vraie science politique et la saine philosophie ne l'admettent point. C'est en vain que vous l'inscrirez dans vos lois et programmes ; elle ne produira que des désordres et des malheurs. Dans les trois règnes de la nature, vous ne trouverez pas deux êtres identiques ; à moins que ce ne soit dans le champ tout idéal des molécules, des atomes et des monades. Il faut être bien écolier dans les sciences naturelles, et, j'ose dire, bien illogique et bien injuste dans la théorie même des lois, pour vouloir fonder l'égalité absolue parmi les hommes. En supposant qu'elle pût s'établir et se maintenir, ce qui est évidemment impossible, quel bien produirait-elle, tant en particulier que dans le système général ? Si quelqu'un peut m'en indiquer de vrai et incontestable, il me fera plaisir. Pour moi, j'ai beau y réfléchir, et je n'en trouve point ; mais je vois distinctement, de l'autre côté de la médaille, l'absence de toute émulation, le découragement, la stérilité, la plus mesquine pauvreté générale, et une barbarie pire que celle des sauvages, chez qui l'égalité n'existe pas plus que chez nous. La hiérarchie n'y est pas la même ; mais ils en ont une, ils reconnaissent des races de chefs, et les plus forts ou les plus ingénieux y sont les premiers. Il est extrêmement remarquable, dans la question, que ceux qui ont le moins de hiérarchie sont les plus sauvages et les plus misérables ; et que ceux qui obéissent à des pouvoirs héréditaires, à des sortes de rois, sont les plus proches de la civilisation, du progrès et du bien-être. Les îles de l'océan Pacifique et de la mer du Sud en sont la preuve. Nous avons, nous, des réformateurs qui nous trouvent apparemment trop civilisés ; et cela est bien vrai jusqu'à un certain point : mais, sous prétexte de progrès, vouloir nous ramener tout d'un coup aux termes de la barbarie, je le répète, cela n'est ni acceptable, ni équitable, parce que, nés et élevés avec tous les vices et les vertus d'une civilisation fort avancée, nous ne saurions plus vivre avec les lois et les mœurs des sauvages ; nous ne saurions les supporter, et nous serions infiniment plus misérables que les peuplades qui sont encore dans l'état de nature. Civilement, aussi bien que naturellement, un rustre, un crétin n'est point l'égal de Locke ou de Newton. Il ne serait ni juste ni sensé de prétendre les astreindre au même rôle et au même régime ici-bas. Attila n'est point l'égal d'Alexandre, ni Cartouche d'Attila. Luther et Mélanchton ne sont point les égaux de Bossuet et Fénélon, ni Châtel et Auzou des prélats Belsunce et Affre. D'Assouci n'est point l'égal de Boileau; ni Turlupin de Corneille et Molière; ni Galimafré de Lekain, La Rive et Talma. Un simple tisserand, un chauffeur de machine à vapeur, ne sont point les égaux de Jacquart et de Fulton. Et, pour chercher des comparaisons plus directes à l'esprit de nos réformateurs, le décrotteur, l'homme de peine, le perruquier de Robespierre, Saint-Just, Carrier, Fouquier-Tinville et de tous les autres seigneurs de l'aristocratie exterminatrice, n'étaient point leurs égaux. Ces terribles égalitaires ne l'eussent pas souffert un instant. Prenez les citoyens Louis Blanc, Ledru-Rollin, Proud'hon, Victor Considérant et autres véridiques apôtres de l'égalité, essayez de les mettre sur le même pied que leur cuisinier ou cuisinière, ou tout autre serviteur ; et soyez certains qu'ils n'y consentiront pas : car s'ils étaient de ce sentiment, pourquoi, depuis qu'il leur est venu, ne font-ils pas eux-mêmes leur cuisine, leur ménage et le ravaudage de leurs chausses? Alors nous aurions été privés de ces belles déclamations qui passionnent et endoctrinent les masses ignorantes, et de ces lieues carrées de papier barbouillé qui tapissent les carrefours pour *apaiser et moraliser le peuple* dans ses écarts. Que si nous descendons chez les animaux, l'inégalité est encore plus marquée. Dans l'eau, dans l'air, sur la terre, partout les grandes espèces vivent des petites, quoique concitoyennes d'un même monde. Dans les mêmes espèces, les individus les mieux armés, ou les plus intelligents, battent, chassent devant eux ou mangent leurs inférieurs. Le hareng cède le pas au requin, le requin à la baleine, le roitelet à l'aigle, l'écureuil à l'éléphant, le caniche et le carlin au bouledogue, le mouton au loup, le loup à l'ours, et l'ours au lion. Partout, le pygmée quitte la place à l'Hercule et au Titan moral ou physique.

Dans cette incommensurable chaîne des êtres organisés, il règne partout une hiérarchie et une étiquette tellement immuables, que toutes nos générations de prétendus légistes réformateurs ne les aboliront pas, suivant toute apparence. Dans le règne végétal, le cèdre et le chêne dominent le bouleau; et, dans les mêmes essences, l'individu le mieux enraciné étouffe celui qui l'est moins, ou ne le laisse végéter que rabougri et étiolé sous son ombre. Que si nous descendons à la matière inerte, nous y trouverons encore les analogies les plus frappantes. Les corps s'attirent en raison de leur masse ; et le mouvement résultant de leur choc, est encore dans cette proportion, combinée avec la force de projection. Les hauts lieux font varier le pendule, suivant leur masse et leur élévation. Cela est fort sensible aux sommets des Andes et de l'Hymalaya. Tous ces grands globes qui se meuvent dans l'espace, en suivant des lois constantes, s'attirent les uns les autres, en raison de leur volume et de leur densité ou pesanteur, au point d'exercer, à des distances énormes, des perturbations sensibles dans leur marche et leurs orbites, qu'il nous a été donné de calculer.

Le sublime, l'ineffable auteur et maître de l'univers a partout établi une subordination nécessaire à ses lois éternelles ; aussi bien dans le règne de la matière que dans le règne de l'intelligence, où elle semblerait encore plus rationnelle. La religion nous enseigne, en effet, qu'il existe dans le monde encore invisible pour nous en cette vie, dans le monde céleste, une grande hiérarchie d'intelligences intermédiaires entre Dieu et nous : ce que le consciencieux philosophe Locke, le plus droit et le plus profond d'eux tous, admet comme extrêmement probable, humainement parlant ; car, sans cela, dans la grande chaîne remontant par anneaux sans interruption jusqu'à Dieu, il y aurait une lacune, ou, si l'on veut, un anneau trop immense, trop disproportionné de nous jusqu'à la suprême intelligence. Il n'est point douteux que le renversement de cette subordination admirable détraquerait tout dans les deux ordres, et qu'ils retomberaient aussitôt dans le chaos d'où la main du Tout-Puissant les a tirés. Nous en avons un exemple par ce qui se passe aujourd'hui dans le petit coin de terre où nous nous agitons. Je me crois donc bien fondé à dire et à redire que vouloir soumettre le genre humain au barbare niveau de nos égalitaires, n'est ni plus naturel, ni plus praticable que si l'on voulait l'appliquer aux autres êtres de la création. Vouloir que, nonobstant les différences d'organisation morale et physique, que je n'ai fait qu'indiquer, l'égalité de naissance, rang, fortune, considération, manière de vivre, liberté et indépendance mises en commun, etc., soit imposée aux hommes, parce qu'ils ont également une tête, deux yeux, deux oreilles, deux mains, deux pieds, et en général, qu'à peu près, les mêmes organes corporels, c'est assurément une idée folle, une idée sauvage dans son principe, inique dans ses effets, destructive de toute civilisation dans ses conséquences ; et, quand elle est si visiblement éclose et nourrie d'intentions atroces, une idée extrêmement répréhensible. Je sais bien que parmi ces effrénés sectaires, il y en a qui, pour sauver l'absurde, proposent quelques tempéraments, par forme d'exceptions ou de justice distributive à leur manière. « A chacun selon ses œuvres ! » crient ceux-ci. « Abolition de l'exploitation de l'homme

par l'homme!» clament les plus avancés. Puis, tous ensemble :
« Emparons-nous de tout le capital mobilier et foncier appar-
tenant jusqu'ici aux particuliers; faisons-en une grande masse
sociale, dans les mains d'un gouvernement que nous créerons;
organisons et décrétons le droit au travail; et parquons le tout
dans des phalanstères, ou autres associations imitées des mo-
nastères (que l'on a pourtant supprimés et qui avaient de plus
puissants liens). Alors, plus de prolétaires, plus de domestiques, plus de laboureurs ni artisans à gage ou pour leur propre
compte, plus de marchands, plus de villes, qui faudraient à
raser, plus d'armée, plus de marine et le reste. Il n'en sera plus
besoin, quand nous aurons mis ce beau régime en vigueur par
toute la terre. Nous nagerons tous également dans le bien-être,
l'abondance, la concorde, les bonnes mœurs, etc., etc. » Quelques-uns, apparemment du métier, et qui pensent comme
M. Josse, voudraient qu'on accordât plusieurs parts de faveur
aux musiciens, aux poètes, aux peintres, etc. Mais qui sera
juge de ces capacités? Qui aura besoin, ou sera en état d'acheter leurs œuvres? Ici, il appert fort clairement que nos ingénieux réformateurs se flattent de substituer souverainement leur
jugement à celui que la nature des choses avait établi depuis
Adam. Jusqu'ici, il avait été de droit naturel que chacun jouisse
librement de son travail, de son intelligence, comme bon lui
semble; voire même de sa paresse, si elle s'accommode mieux
à ses facultés. Mais cela ne convient plus à nos citoyens philosophes. Je soupçonne qu'ils sont assez dévoués pour vouloir
bien se charger exclusivement de la répartition des lots et parts,
et de la direction de tous nos troupeaux humains; je n'ai pas la
moindre inquiétude sur leur refus à cet égard essentiel : mais,
si j'osais le dire, j'appréhenderais qu'il se glissât entre eux des
partialités, des jalousies qui pourraient engendrer bientôt des
discordes assez vives pour que l'association devînt intolérable.
Il y a déjà eu pas mal de coups de poing, et de querelles en-
venimées, entre les citoyens Proudhon, Félix Pyat et Victor
Considérant, chefs des diverses nuances du système de la table
rase; et Dieu sait jusqu'où nous mèneraient leurs rivalités, s'ils
étaient une fois les maîtres, quand il s'agirait de disposer des
dépouilles opimes de la société détruite. Il me vient aussi un
petit scrupule de conscience. Que deviendront la famille, la
religion, les mœurs, dans ce pêle-mêle des sexes, des âges
et des états? Les plus sages pourront y succomber, avec des
occasions continuelles. Ce n'est pas tout, le nerf de toute émulation étant détruit par l'abolition de la loi naturelle et civile
du tien et du mien, du pécule particulier, qui est-ce qui aura
intérêt à bien et à mieux faire, ou même à faire quoi que ce soit
pour les autres, sans aucun profit pour soi? Je craindrais que
l'égalité et la fraternité, dans des agglomérations aussi hétéroclites, ne tardassent point à en faire autant de Thébaïdes. Pour

mon compte, je veux être pendu si, dans une telle confusion, je tenaillais ma verve pour chanter en vers ni en prose, et mon pinceau à combiner des couleurs. Quelle invention et quel génie aurais-je, abruti dans un monde si étrange, qui ne me présenterait que de triviales et sales images devant les yeux? Je veux être roué, si je me gênais à labourer, à forger, à charpenter, etc., pour des maîtres qui me conduiraient à la baguette et au sifflet, pour des fainéants et pour des garnements que je retrouverais là encore plus nombreux que dans l'ancien monde. Je me ferais fainéant moi-même, tapageur, ivrogne, débauché, autant que je pourrais, pour étourdir ma misère présente et le triste souvenir du passé. D'où résulteraient infailliblement, révoltes, disette, malfaçons, stérilité et famine générale, beaucoup plus certaines que les chimériques tableaux que l'on nous fait du nouveau monde qui ressortirait de ces belles utopies. Vous aurez beau dire : C'est impertinent, c'est extravagant, c'est odieux, c'est criminel au premier chef! Eh! sans doute, c'est tout cela! Mais c'est précisément parce que cela est outré que cela court le monde, avec une audace enhardie par une impunité qui est plus étrange encore. Je ne me lasse point de le répéter, ils ne prennent point au sérieux la pratique de leurs théories. Ils en sentent l'impossibilité aussi bien que vous et moi; mais ils s'en servent avec persévérance comme de leur plus puissante machine de guerre sociale, comme d'*un terrible bélier*, ainsi qu'ils le nomment eux-mêmes, pour tout renverser.

Pour moi, je le dis ici avec la plus douloureuse prévoyance, malgré l'immense majorité qui les réprouve, je suis convaincu que si la société continue à être aussi mal régie et mal défendue qu'elle l'est depuis un an surtout, l'avenir est pour eux, et ils finiront par tout culbuter; parce que si leurs absurdités et leur violence les décrient, les trahisons et les faiblesses qui règnent parmi nous les relèvent, et les servent beaucoup mieux que toutes leurs menées. Voilà, Messieurs, quels seront les fruits des connivences qu'ils ont dans votre sein, et du défaut d'énergie et d'ensemble dans toutes les parties honnêtes de la société que vous représentez. C'est ainsi que vous avez buriné la devise et les armes de l'anarchie au fronton même de votre prétendu monument fondamental; et tout le reste de l'édifice en est criblé. Ah! que vous avez eu tort de ne le pas soumettre au peuple! Il vous en eût bien certainement débarrassés, en le rejetant par un non péremptoire. Il eût été mieux et plus rationnel encore, avant de songer à construire une œuvre si importante, de consulter sur la forme le grand, le seul souverain actuel, le suffrage universel. C'était bien la moindre chose. Est-ce qu'on voit jamais d'architecte bâtir une maison, sans prendre l'avis et les ordres du maître sur ses goûts et convenances? Pour ne l'avoir point fait, vous avez encouru les plus graves reproches dans l'avenir, et vous nous avez tous jetés dans des embarras et des dangers sans fin. La chose en est au point qu'il n'y a plus de salut que dans le recours clair et net à la volonté nationale. Maintenant vous pouvez bien compter que, dans toute nouvelle commotion, le jacobinisme, acéré de communisme, redoublera d'intensité dans ses violences. Il se moquera de la volonté de la nation ; et il l'éludera ou l'escamotera, sans la consulter, en prétendant qu'elle est pour lui ; ou bien il la pressionnera, comme il a déjà fait tant de fois.

Je passe à la troisième personne de votre sainte trinité : la Fraternité. Encore un mot flétri par des acceptions perverses, et des crimes commis en son nom ! Dans l'Evangile et dans la bouche de ses ministres, rien n'est plus touchant que ce mot, par les idées qu'il rappelle clairement, sans aucune ambage. Ce mot sublime, vrai principe de notre civilisation, implique en religion l'ardent amour du prochain, la charité, l'aumône et tous les secours que permettent nos facultés envers nos frères. A propos de l'aumône, pour le dire en passant, croira-t-on bien que nos utopistes la proscrivent comme *opposée à la dignité humaine* ! moyen fort ingénieux de s'en dispenser. Aussi ne leur en voit-on jamais faire ; et c'est celui de leurs préceptes négatifs qu'ils observent le mieux. C'est la fraternité chrétienne qui avait civilisé le monde. C'est la fraternité montagnarde qui le pousse à la barbarie. La fraternité chrétienne a érigé les églises, les communautés, les hospices, les maisons de refuge et de repentir, et les innombrables établissements de bienfaisance dont la chrétienté est encore couverte, bien que l'impitoyable génie révolutionnaire en ait beaucoup confisqué ou détruit. Jamais la société purement civile n'aurait pu faire autant et si bien. Il eût donc été convenable de laisser dans le domaine de la religion un mot qu'elle seule avait inventé pour y renfermer ses préceptes les plus féconds. Il fallait se garder de la parodier en l'inscrivant dans de profanes lois de parti et de circonstance. Puisque l'on se faisait besoin d'une trinité constitutionnelle, d'une triade, comme le veut le grand philosophe Pierre Leroux : cet aimable Céladon de la Cythère socialiste, ce nouveau Cupidon qui ne chante que l'amour ; je me serais, moi, volontiers arrêté à celle-ci : « Liberté, humanité, justice. » qui fut essayée un instant par les modérés de 92, et qui fut débordée par les enragés de 93. Cela n'eût pas effrayé les masses honnêtes, où il reste de vifs souvenirs du passé ; et cela n'eût pas enflammé les méchants appétits de l'écume des rues. Au lieu que la triade que vous avez voulu rajeunir, en l'inscrivant encore sur vos drapeaux, est bien, si vous me permettez de vous le dire, d'un burlesque achevé ; car rien n'est plus contraire que les choses que ces trois noms signifient, comparées avec celles qu'ils nous donnent. La saine partie du peuple, grâce à Dieu encore infiniment la plus nombreuse, ne se méprend pas à cette enseigne ; et dès sa réapparition, elle ne l'a regardée avec effroi que comme un signe de

nouveaux bouleversements, dont cette kirielle n'a jamais manqué
en effet d'être la bruyante compagne. Ainsi les trois principes
sur lesquels vous avez appuyé l'édifice replâtré de 93, sont aussi
impopulaires que viciés par leur origine. Regardez l'interpré-
tation qu'en font encore en ce temps-ci tous les viveurs de
crime et d'orviétan politique. Le mot fraternité dans leur bouche
devient une sanglante ironie, qui indigne ou fait peur. In-
terrogez-les, ils vous répondent sans trop de retenue : « Frère,
» il y a longtemps que toi et les tiens vous vous ingéniez de
» corps ou d'esprit à vous amasser de l'aisance. Il y a
» longtemps que toi et les tiens vous jouissez de ces fruits. On
» m'enseigne aujourd'hui que c'est une injustice à mon détri-
» ment. Moi et mes auteurs nous ne nous sommes ingéniés à
» rien; nous n'avons rien amassé ou bien nous avons tout dépensé
» au fur et à mesure, parce que tel était notre goût, et telle
» notre conduite, toute contraire à la tienne. Je ne possède
» donc rien, ou pas assez pour satisfaire aux nouveaux besoins
» auxquels on me convie, et que j'adopte bien volontiers. Or,
» j'ai les mêmes droits que toi à vivre et à jouir. Il est temps
» que cela finisse. A mon tour de parvenir à la jouissance, à
» ton tour d'en descendre. En conséquence, j'use de ma force
» pour te chasser de ton bien; et je m'empare provisoirement
» de ta maison, dussé-je en être chassé à mon tour par un
» autre plus fort que moi; ce sera toujours autant de pris. Et
» si toi et ta caste, vous ne vous hâtez pas à vous soumettre de
» bonne grâce, vous savez bien, chers frères aristos, avec
» quels aimables instruments nous vous mettrons à la raison.
» Et puis, Vive la fraternité ! Vive la mort ! Vive l'enfer ! Vive
» la lanterne et la guillotine ! »

Tel est le droit public du progrès. Tel est le nouvel évangile des apôtres Louis Blanc, ce grand ennemi de la Bourgeoisie; Proudhon, qui veut faire pendre comme des voleurs
8 ou 10 millions de propriétaires, et détrône Dieu comme l'auteur
de tout mal et le bourreau de sa conscience; Victor Considérant, qui veut nous tondre et parquer tous dans ses phalanstères; Ledru-Rollin, petit-fils de Comus, qui nous escamote,
comme une muscade, tout le vieil ordre social; et cent antres
pères de cette orthodoxie; et tous les schismes qu'engendre déjà
cette nouvelle église. Ces schismes-là, il faut en convenir, sont
des progrès bien plus avancés que ne l'ont été ceux de Luther
et Calvin. Ainsi l'Ecriture sainte et ses traditions, toutes les
églises chrétiennes sans exception, les lois romaines, et le code
Napoléon; enfin toutes les religions ayant Dieu pour objet,
sont abolis d'un seul coup par l'église socialiste montagnarde
et ses diverses sectes. Le beau paradis qu'elle nous promet !
Quelqu'un dira peut-être que j'exagère, et que je fais des
charges à la Dantan dans ces étranges peintures. Qu'il prenne
la peine de lire les discours, les journaux et les divers écrits de

la propagande, et il verra que je suis encore bien au-dessous de ses prédications violentes, et des argumentations que j'entends tous les jours de mes oreilles parmi ses catéchumènes. Il est certain que ces monstrueuses idées sont doctrinalement répandues, surtout dans la classe très-dangereuse des désœuvrés volontaires, qui demande bien du travail; mais qui ne se soucie pas d'en trouver, et veut vivre largement à ne rien faire. Cette classe s'accroît tous les jours, et elle n'est pas moins menaçante que la population des bagnes. Même langage et mêmes mœurs. Outre les propos atroces, il n'est point rare d'y entendre faire fort sérieusement ce syllogisme, assez captieux pour eux d'après la nouvelle Constitution : « Tous les hommes sont égaux, ont » un droit égal à la vie, doivent travailler et s'entr'aider; or, je » vois tels et tels, des classes tout entières mieux vêtues, » mieux logées et mieux nourries que moi, qui ne travaillent » et qui ne m'aident point ou trop peu ; donc c'est une injustice » légale et naturelle; donc j'ai le droit de les abattre, etc. » Croyez-vous que de pareils logiciens, dont on a à la fois causé la misère et soulevé les appétits, sont bien en état de discerner la fausseté et la perfidie des prémisses qu'on leur a ainsi posées, et l'iniquité des conséquences ? Ce serait vous abuser. Voilà pourtant le mot d'ordre de la Montagne socialiste. Voilà aussi son armée, elle peut s'en vanter. Là est aussi, suivant elle, tout le peuple français; elle n'en reconnaît point d'autre. Tout le surplus n'est que vieilles racines de superstition et d'aristocratie; qu'elle a mission d'extirper partout où il lui plaira de fouiller. Voilà, Messieurs, ce que votre texte a en grande partie autorisé. Continuons !

« Elle (la République) a pour bases : la famille, le travail, la » propriété, l'ordre public. » C'est bien dit; et ce n'est pas moi qui irai contre. Il n'y a pas moyen de vivre en société sans ces bases-là, écrites ou non écrites. Cela est évident comme 2 et 2 font 4. C'est la pure vérité, qui porte avec soi sa démonstration. Ce sont là de vraies idées innées, s'il y en a ; car la raison est forcée d'y adhérer. Il y a des 30 ou 40 siècles que c'est universellement reconnu, et nous n'avions pas besoin d'une nouvelle révolution pour cela. Eh bien, c'est encore justement pourquoi nos réformateurs mettent le tout en question; et, qui plus est, le nient très-formellement. En voilà du génie, je l'espère ! Est-ce que, pour ces grands hommes, ce serait la peine de se montrer au monde comme de phénoméniques novateurs, s'ils laissaient rien subsister des anciennes vérités religieuses, morales, politiques et sociales ? Que notre planète a été stupide de croupir jusqu'ici dans ces vieilles erreurs ! Je serais porté à croire que nos nouveaux Messies ont été chercher dans Vénus et Mercure, comme plus près que nous du soleil, les lumières qu'ils nous apportent pour illuminer enfin la terre.

Il y a pourtant, Messieurs, une certaine défectuosité attachée à votre libellé, tout juste qu'il est : c'est que toutes les fois que l'anarchie, organisée sur les plans inouïs que vous avez permis, viendra à l'emporter, elle sautera à pieds joints par-dessus vos faibles barrières, et les renversera même momentanément, quand elles ne seront pas suffisamment appuyées par les baïonnettes et le canon de l'ordre. Or, cette malheureuse nécessité-ci, qui ne paraît pas près de cesser, n'est pas un état normal, ni rassurant pour personne, au dedans et au dehors.

« Article 5. Elle respecte les nationalités étrangères, comme » elle entend faire respecter la sienne ; n'entreprend aucune » guerre dans des vues de conquêtes, et n'emploie jamais ses » forces contre la liberté d'aucun peuple. » Hommage aux traités de 1815. Espèce d'amphigouri diplomatique, où la rodomontade purement comminatoire est mêlée à l'envie de se faire pardonner de nos voisins, et de les endormir sur nos tendances trop manifestes. Malheureusement les tentatives de Savoie et de Risquons-Tout, les bandes passées en revue par le citoyen Lamartine, ministre des affaires étrangères, et les harangues de celui-ci, ont dû donner *aux nations étrangères* une étrange idée de *notre respect pour leur nationalité.* Tout est donc à l'avenant sous le régime actuel! C'est celui des contrastes les plus insolites et les plus piquants. Passons.

« Article 6. Des devoirs réciproques obligent les citoyens » envers la République, et la République envers les citoyens. » La belle découverte ! Est-ce qu'il n'en est pas ainsi de droit étroit sous la forme monarchique ? Est-ce que tout gouvernement régulier saurait subsister sans cette réciprocité entre lui et son peuple ? Toutefois, dans cette rédaction on voit encore percer l'idée de l'association universelle dans les mains de l'Etat, rêvée par la démocratie sociale.

« Article 7. Les citoyens doivent aimer la patrie, servir la » République, la défendre même au péril de leur vie, participer » aux charges de l'Etat en proportion de leur fortune. » Connu ! connu ! personne ne le conteste sous aucun régime. « Ils doivent » s'assurer par le travail des moyens d'existence, et par la pré- » voyance des ressources pour l'avenir... » Encore là du phébus, qui vise à un effet qu'il est bien loin d'atteindre. Si c'est comme conseils que vous me dites ces belles choses-là, je les accepte ; et j'aurais l'esprit mal fait si je m'en révoltais, bien que ce ne soit peut-être pas positivement leur place dans un préambule de Constitution. Mais si c'est comme un devoir impérieux que vous prétendez m'imposer, je vous réplique aussitôt : Cela ne vous regarde point ; c'est mon affaire, non la vôtre. Les meilleures intentions, formulées ainsi, peuvent dégénérer en tyrannie. Dans cette hypothèse, je vous reproche justement d'attenter à ma liberté. Si je veux, moi, vivre au jour le jour de ce que j'ai, ou des dons de mes amis, sans rien amasser ; pourvu que je vous laisse en paix : si je veux passer mon temps dans l'oisiveté, « la moitié à dormir et l'autre à ne rien faire », comme s'en est vanté le plus philosophe de nos poètes ; si je place ma dignité et mes goûts dans l'orgueilleuse indigence de Diogène ; s'il me plaît de trôner dans mon tonneau, d'y fixer mes pénates et d'y étaler ma vermine au soleil, je vous défie de m'en empêcher avec vos aphorismes : ou bien vous seriez plus despotes et plus intolérants qu'Alexandre, tout grand roi qu'il était. Vous feriez tant qu'enfin j'aimerais mieux vivre sous une monarchie telle quelle. « Ils » (les citoyens) doivent concourir au bien-être commun, en » s'entr'aidant fraternellement les uns les autres, et à l'ordre » général, en observant les lois morales et les lois écrites qui » régissent la société, la famille et l'individu. » Pour ceci il y a du galimatias double mêlé à du vrai. Pour peu que l'on force les interprétations, en des situations diverses, on ne s'entendra plus. Il y a là-dedans de la variabilité et de l'élasticité tant que l'on voudra, selon les temps et les personnes. Ce qu'on y aperçoit de plus clair, c'est, d'un côté, une évidente condescendance au socialisme, et, de l'autre, la peur qu'on en a et le dessein de lui poser des bornes. Du reste, tout ce qu'il y a de bon en cette rédaction a été décrété et pratiqué par le christianisme depuis plus de dix-huit siècles ; et cela, avec une efficacité que les lois profanes n'égaleront jamais.

« Article 8. La République doit protéger le citoyen dans sa » personne, sa famille, sa religion, sa propriété, son travail. » A la bonne heure ! Que la République fasse cela exactement, généralement, et nous en serons tous ; et nul de nous ne regretterait ni ne voudrait de monarchie qui ne ferait point ces choseslà. Continuons : « Et mettre à la portée de chacun l'instruction » *indispensable* à tous les hommes. » Pour cette question-ci, elle est d'une extrême témérité. Je sais à quel point elle est aujourd'hui vulgarisée dans les esprits par certain parti, avec des desseins si manifestement perfides que je m'étonne qu'on n'en sente point généralement la portée. Cette matière à elle seule demanderait un livre ; elle est de la plus grave urgence. Je m'en occuperai plus loin, dussé-je passer pour un éteignoir. Il ne vous manque plus, Messieurs, que de rendre l'instruction obligatoire, ainsi que certains docteurs le demandent, et de la confier à vos 36 mille instituteurs, plus ou moins imberbes et ignorants, qui auraient besoin d'aller eux-mêmes à l'école, et qui sont presque tous asservis aux doctrines socialistes. Faites cela, et vous aurez la gloire de vous culbuter plus vite avec nous, la tête en bas. Je n'en dirai pas davantage pour le moment.

« Elle (la sœur République) doit assurer l'existence des citoyens » nécessiteux, soit en leur procurant du travail dans les limites » de ses ressources, soit en donnant, à défaut de la famille, des » secours à ceux qui sont hors d'état de travailler. » Bien trouvé ! Admirable panacée universelle contre toutes nos misères !

Comme celle de cet autre honorable qui criait sans rire devant
son public : « Cassez-vous les bras, cassez-vous les jambes,
cassez-vous le cou ; avec mon baume je m'en f...!» Plus de
prolétaires, plus de travailleurs inoccupés, plus d'indigents,
sous notre meilleure des Constitutions possible !

Permettez cependant, Messieurs, à l'un de vos plus humbles
constitués, quelques petites observations devant vous, que le
bon goût interdirait devant les tréteaux de la foire. Tout d'abord,
le droit à l'assistance me pousse à plein nez une forte odeur
de ce fameux *droit au travail*, qui vous a tant tourmentés à
refuser, et qui n'était guère plus impossible à satisfaire théoriquement et pratiquement sans ruiner tout le monde. L'un n'est
que le diminutif de l'autre, et n'aura pas d'autre résultat. Ce
n'est qu'une sorte de capitulation avec les théories du Luxem-
bourg. Ce n'était pas la peine de leur donner une apparence de
satisfaction, quand, après le pendable abus qui en a été fait, le
peuple entier des bons et honnêtes ouvriers les a condamnées au
mépris. En second lieu, il semblerait que nous n'aurions jamais
connu ni pratiqué la charité, l'assistance et l'aumône ; ou bien
qu'on veut les supprimer, et mettre je ne sais quelle assistance
obligatoire, onéreuse, impossible même à l'Etat, à la place de
ce que la religion a multiplié partout d'une façon si touchante
et si indestructible dans le cœur de tous les hommes bien nés.
Il semblerait que nous n'aurions ni hôpitaux, ni dépôts de men-
dicité, ni bureaux de charité, ni autres établissements de bienfaisance ; et vous en avez déjà tant, que vous avez bien de la peine
à les entretenir avec vos finances épuisées comme celles des
particuliers. Que vous servira d'en augmenter démesurément
le nombre, sinon à les faire tous languir davantage, devant
des nécessités plus fortes ? Pouvez-vous les doter mieux avec
une masse de contribuables déjà si surchargée et mécontente ?
Et n'auriez-vous pas mieux fait, en maintenant ce qui est,
de laisser le surplus à l'assistance facultative de la charité
chrétienne, qui ne tarira jamais, et qui chez beaucoup, jusque
dans leur gêne personnelle, va même au-delà du précepte ;
parce que c'est là une incontestable vertu, d'une extrême
importance pour l'autre vie, auprès de laquelle celle-ci n'est
qu'un moment de vertige et d'erreur. Et quand il vous serait
possible, en pressurant l'impôt, payé les 9/10es au moins par
des contribuables presque pauvres eux-mêmes, d'exciter la
paresse par des dotations plus riches, ignorez-vous que la République de 93, mère de la vôtre, a confisqué presque tous les
biens de l'ancienne assistance publique et privée, et que vos
successeurs en pourront bien faire autant ? Enfin, quant à la
valeur de vos promesses irréfléchies, la sœur République démocratique et sociale sera toujours en liberté de dire aux nécessiteux et aux exigeants : « Frère, je n'ai plus de travail ni assistance
à te donner ; car je n'ai plus d'argent. Je ne me suis engagée que

dans la limite de mes facultés; nul ne peut faire au delà. Or, elles sont épuisées. Je ne puis déjà plus suffire aux autres services qui font ma vie, et sans lesquels je meurs; trouve bon qu'ils passent avant toi, et vas t'adresser à ton prochain. » Alors nous serons bien forcés de retourner à ce vieil ordre, si décrié par nos vertueux novateurs. Toutes les utopies révolutionnaires se réduiront donc éternellement à cette fin! Pour mon compte, j'en ai tant vu de la sorte que je m'en trouverais assez comme cela, s'il y avait moyen; mais il paraît que j'ai été prédestiné dès mon germe à en voir bien d'autres, et de non moins décevantes, jusqu'à ma dernière heure. Et allons donc, s'il le faut, a corps perdu, mais non pas les yeux fermés, s'il vous plaît, tant que le diable sera le maître!

J'ai reconnu plutôt qu'attaqué les ouvrages avancés de la citadelle constitutionnelle, moitié amie, moitié ennemie. Je laisse à de plus habiles et plus vaillants que moi les attaques vives, qui ne sont ni à mon goût ni à ma portée. Je ne suis pas de ceux qui n'aiment que l'assaut : je préférerais de beaucoup les capitulations amenées par les gens sages entre les partis, quand, lassés de guerroyer, assiégeants et assiégés finissent par s'entendre, sans qu'il soit nécessaire de faire sauter tout l'édifice. C'est donc dans un esprit de parlementaire que je vais aborder le corps de la place. Assiégés, ne tirez pas sur moi! je n'ai pas les yeux bandés; mais je porte à la main le rameau d'olivier, pour vous engager à une amiable résipiscence, si vous n'êtes pas des antisociaux endurcis.

Je passe sous silence le reste de cet article. Ce n'est qu'une transition à ce qui va suivre. J'y trouve cependant un tort, c'est de sauter par-dessus l'Empire, la Restauration et le dernier règne, comme s'ils n'avaient pas existé. Et ce sont cependant les trois seules époques où nous ayons eu de la gloire et de la prospérité depuis 60 ans, malgré les travers de la dernière.

CONSTITUTION.

Chapitre Ier. — *De la Souveraineté*.

« Art. 1er. La souveraineté réside dans l'universalité des ci-» toyens français. » Soit. C'est un principe tout comme un autre; nous verrons bientôt s'il est praticable. En fait d'abstractions personnifiées, le champ est vaste. Je croyais que nous en avions assez de celle-ci, après une épreuve assez longue et assez dure. Essayons-en donc encore une fois. Nous verrons si nous serons plus heureux que nous ne l'avons été, et si nous éviterons, en y persistant, le sort des Polonais. Jusqu'ici tous les grands peuples de la terre, et de beaucoup moins nombreux que nous, ont vécu et prospéré sous la monarchie, ou y sont retournés comme les Romains. Aucun n'a pu exister autrement dans de grandes limites. L'exception des Etats-Unis d'Amérique ne conclut rien ; ils sont encore trop jeunes, et ce n'est qu'une fédération de petites républiques souveraines chacune chez elle, et qui ne ressemblent point à la nôtre. Tout indique qu'elles se diviseront un jour, ou bien se réuniront sous la forme monarchique. Il est bien singulier que nous, qui nous vantons d'être en progrès continu, nous marchions à reculons, et fort loin derrière nous, dans la plus importante des affaires temporelles ; c'est-à-dire, dans la meilleure forme de gouvernement. Nous voici arrivés à singer les petites républiques de Sparte, de Gênes, ou de Genève ; et il y a lieu de croire, à ce qui se passe, que nous descendrons au niveau de celle de Saint-Marin, sans en avoir la tranquillité. Ce sera un phénomène si nous y trouvons du bonheur et de la gloire. Seulement, il est permis de craindre quelque anguille sous roche, quelque chose comme qui dirait l'apologue des membres et de l'estomac, où le tout périt parce que les uns se lassèrent de servir l'autre ; ou bien l'apologue de la tête et la queue du serpent, où la dernière partie voulant mener la première, le tout n'alla plus que de travers. Cela s'est vu ; et je crois que nous y touchons encore, si déjà nous n'y sommes pas retombés en plein. Ce grand colosse de souverain, ce Gargantua, qui renferme dans ses flancs l'universalité de mes concitoyens et moi, me fait quelque peur. Qu'il bronche, qu'il tombe à droite ou à gauche, je risque d'être écrasé. Je crains aussi que cet énorme monarque me coûte beaucoup plus, et ne soit plus malaisé à satisfaire et entretenir qu'un roitelet, une simple monade, comme nous avions, telle bonne que fût sa marmite. Enfin, je doute que dans une masse aussi multiple que mon souverain actuel, les mouvements soient toujours faciles et ne soient pas quelquefois désordonnés jusqu'à se détraquer. Vous paraissez l'avoir senti, Messieurs, en lui préposant un président, une sorte de cornac, fonctionnant à peu près comme un caniche qui mène un aveugle au bout d'une ficelle. Mais, hélas ! j'aperçois, entre vous ou vos successeurs, et votre agent responsable, les germes d'une multitude de zizanies et de conflits inévitables ; d'autant plus que vous vous êtes peut-être trop attachés à emmailloter le dernier. Vous ne l'avez pas investi d'assez de pouvoir et d'indépendance pour faire beaucoup de bien et empêcher beaucoup de mal ; et vous lui en avez, en même temps, accordé trop pour qu'il consente toujours à n'être que votre mannequin. Dans les discords, il arrivera que Jacques Bonhomme, dont il est aussi bien que vous l'élu, prendra parti pour lui ou pour vous ; et alors le corps entier ne saurait manquer d'en souffrir. Ainsi, la mise en jeu de votre Constitution nous menace de n'être, de toutes parts, qu'une vaste mine à conflits. *Quod Deus avertat !* Ces nuageux pronostics, je l'avoue, ont singulièrement rabaissé mon caquet. Je m'étais d'abord réveillé si heureux d'être devenu tout à coup moi-même une monade de souverain. Cela m'avait paru une chose bien glorieuse pour moi ; car je ne la briguais pas, ne l'enviais pas et ne m'en croyais seulement pas la capacité. On m'avait tant chanté que sous le sceptre d'un seul je n'étais qu'un sujet, que ce n'était pas autre chose qu'un esclavage, et qu'en tout cas c'était très-contraire à la dignité humaine. Jugez combien la révolte de Février avait comblé mon amour-propre de faire monter sur le trône mon individu si honorablement, comme un autre Abdalonyme, que la couronne de Tyr ou de Sidon (je ne sais plus laquelle des deux) vint arracher à la culture de son jardin, de la part d'Alexandre, un maître homme, s'il en fût. J'étais si enchanté de mon rêve, que j'avais peine à concevoir l'identité entre ma petite personne de la veille et mon grand personnage du lendemain.

Qu'on veuille bien me le pardonner, ces honneurs n'ont point changé mes mœurs ; ils n'ont gonflé que ma bourse d'air, en y opérant le vide. Je crois que plusieurs, que je pourrais nommer, ont éprouvé encore plus d'enchantement et de fierté que moi, surtout ceux qui ont visé aux épices, et les ont accaparées. Je ne songeais pas, moi, à cela. Mon imagination était toute à l'enivrante idée de devenir le bienfaiteur et l'idole de mon peuple. Nouveau Pichrocole ou Pyrrhus, je méditais les plus vastes projets. Comme vous aviez, Messieurs, en décrétant ma souveraineté, négligé de m'envoyer un diadème, j'allais généreusement m'en commander un à mes frais, pour en orner mon front, signe obligé de ma récente majesté, afin que personne n'en ignorât. Quand, après les premières semaines d'expérience, je me suis mis à faire de sérieuses réflexions ; et je me suis dit, à part moi : « Doucement, mon royal ami, ne trottons pas si vite. Nous avons déjà cheminé bien loin, ce me semble. Eh ! ne vois-tu pas *à priori* que tu n'auras pas un seul sujet, et que tu ne trouveras même que plus difficilement un subordonné qui consente à l'être ; et qu'attendu l'abolition de l'exploitation de l'homme par l'homme, dont il est aussi grand bruit dans l'air, loin de pouvoir réaliser tes beaux rêves, tu seras obligé de soigner toi-même ton pot-au-feu. Ne vois-tu pas que tu n'as plus de cosujets ; mais des cosouverains, tout aussi en droit que toi, et la plupart plus jaloux de commander à tous et de n'obéir à personne ? Cela gâte fort ta souveraineté et ta puissance. Avant de nous livrer à la joie et aux grands projets, voyons donc un peu plus loin. » TEXTE. « Elle » (la souveraineté) est inaliénable et imprescriptible. » Oh ! pour le coup, j'en ai assez et je retourne à mon jardin. Comment, quand j'ai tant de peine à me gouverner moi-même, vous prétendez m'obliger indéfiniment à régner sur ce monde, sans m'en sentir le goût et la capacité ! Vous ne m'accordez pas seulement le droit d'abdiquer, qui a toujours été reconnu aux anciens rois, mes confrères, quand ils se sentaient à bout de leurs forces et de leur latin ! Mais comment me forcerez-vous à régner, si je persiste à m'abstenir dans une héroïque inertie ? Ce serait absolument comme si vous meniez à la chasse à coups de bâton un chien récalcitrant. Pardon de la comparaison, applicable à tant de choses actuelles. Et qu'est-ce qu'une souveraineté qu'on ne peut ni céder ni abdiquer? Pour l'inaliénabilité, je vois bien qu'elle est forcée par la nature même de la chose ; et j'en suis fâché : car je serais très-disposé à céder ma part d'une souveraineté qui ne m'apporte absolument que dépens, sujétions, temps perdu, troubles et périls, sans un seul des profits que je pourrais faire si j'étais laissé à mes affaires privées. Si quelqu'un est friand de ma susdite part de souveraineté, il n'a qu'à venir me trouver, et je lui en ferai bon marché. Je sens avec chagrin qu'aucun bon calculateur ne m'en donnerait seulement pas un liard ; pardon, un centime. Qu'est-ce que j'ai donc gagné en définitive à ma conquête de Février, matériellement et moralement? Besoin n'est d'être grand algébriste pour l'exprimer : Rien, rien, rien. Posons la question inverse. Qu'est-ce que nous y avons gagné, moi et mes 36 millions de cosouverains ? Cette solution-ci est devenue si gigantesque, qu'elle est déjà inappréciable. Il s'agit de plus de 35 à 40 milliards ; et nous sommes, je crois, loin d'être au bout du compte. Quant à l'imprescriptibilité de ma susdite souveraineté, ce n'est pas là ce qui m'épouvante. Je vois beaucoup de Nérons de la Montagne tout prêts à m'en débarrasser, et à me livrer à leurs bêtes féroces. Alors notre rôle à tous sera bien changé. Serons-nous conduits à crier aussi nous, devant chacun de nos nouveaux maîtres : « *Morituri te salutant?* » On peut le prévoir à leur langage, à celui de leurs sicaires et à tous les symptômes qu'ils nous présentent. Certes, malgré leur infime minorité dans la nation, il n'y a pas lieu à s'endormir à leur égard. Leur force est beaucoup plus grande qu'on ne pense, parce qu'ils ont l'énergie, la violence, l'ensemble, le choix des armes et du temps de leur côté ; et ils ont du nôtre, jusque dans les sommités du pouvoir, leurs propres chefs et beaucoup de traîtres qui ne prennent pas même la peine de se déguiser. Voilà ce qui est le plus dangereux. Je ne me lasse point de le redire. Le crié-je en vain, comme Cassandre aux malheureux Troyens ? Je ne sais quelle voix me clame que nous courons encore une fois aux abîmes, et que nous y touchons.

Remarquez donc, Messieurs, la marche effroyable de l'anarchie qui vous envahit. Elle vous empêche de recourir au seul remède à une situation trop tendue et prête à se rompre en vastes éclats, je veux dire le recours à la volonté de la nation. Elle ne nie plus les incalculables désastres qu'elle cause seule ; mais elle les rejette sur vous. C'est elle qui vous accuse d'en être les seuls coupables. Le mal, dit-elle avec la dernière audace, ne vient que de ce que vous l'avez entravée en l'empêchant de continuer les ateliers dits nationaux, d'appliquer le droit au travail, et ses autres théories. Cela veut dire, on ne peut plus clairement, que, pour que la partie du peuple qu'elle a entièrement ruinée et égarée revienne à quelque aisance, il faut que toutes les autres classes généralement soient dépouillées, en suivant sa méthode. C'est engageant. Merci du procédé; bien reconnaissant! Rendons-lui cette justice; elle ne se déguise pas, elle : elle a toute la franchise que nous pouvons désirer. Nous sommes surabondamment avertis sur ce point comme sur bien d'autres. Ce sera absolument notre faute si nous allons périr dans l'embuscade. Je voudrais que les détrousseurs de grand chemin fissent de même. Il est vrai que ceux-ci, n'agissant qu'avec force risques et périls, ne sont pas si inexorables. Ils vous laissent souvent quelque chose avec la vie. Au lieu que les détrousseurs du socialisme rouge n'y vont pas de main morte. Sûrs de leur impunité, immiscés dans les pouvoirs et les lois, ils veulent tout empoigner d'un coup de filet. Ce ne sera pour eux que l'affaire de quelques décrets rendus, comme ceux de leurs devanciers, sans aucun danger de la part des gendarmes, et, qui plus est, sous la protection même de la force publique. Voilà comme vont les affaires de ce monde. Voilà ce qui nous menace encore avec une effroyable urgence, car le socialisme embauche activement tant qu'il peut. Vous en répondrez, Messieurs, devant Dieu et devant l'histoire ; car c'est vous qui avez été chargés d'arrêter le fléau. Toute la France vous crie : Au secours! On m'assassine! On m'empoisonne! On m'infecte à pleines veines des plus subtils venins! Au secours! Toutes les trompettes de l'anarchie sonnent la charge. Tous les échos de la bonne presse militante vous appellent à la défense. Vous ne pouvez plus ignorer le danger, ni fuir le combat à outrance sans périr avec nous sous le poids d'une honte éternelle. Tous les nobles cœurs n'attendent que votre appel, et vous offrent leur concours, ainsi qu'ils vous le doivent, pendant qu'il en est temps encore. Il ne s'agit plus de déclamations de rhéteurs. Nous touchons évidemment au moment suprême, et il s'agit de la vie ou de la mort d'un peuple. La question formidable *to be or not to be* est nettement posée pour la société. Depuis plus d'un an nous sommes perdus dans un labyrinthe qui devient chaque jour plus inextricable, et nous y épuisons nos dernières forces. Nous n'apercevons d'autre fil conducteur pour en sortir, qu'un nouveau recours à la nation; et vous le retardez malgré nos cris, et vous songez peut-être à le refuser, ou à l'annuler d'avance! Craignez les explosions. Un horrible cauchemar pèse sur toutes les poitrines, comme une montagne de plomb. Il nous laisse respirer à peine; il ne nous présente que des monstres et des fantômes effrayants. Nous nageons dans l'abîme de l'inconnu ; et nous n'avons seulement pas le temps de nous y reconnaître. Le torrent des choses actuelles nous emporte à grande vitesse, comme dans un wagon de chemin de fer. Les objets extérieurs passent si rapidement, que nous n'avons pas le temps d'en considérer aucun. Les misères du jour et celles qu'on attend pour le lendemain, font oublier celles de la veille. Les idées sinistres abondent avec trop d'affluence dans nos pauvres cerveaux fatigués ; elles s'y heurtent, elles s'y croisent en le traversant comme un éclair : c'est tout au plus si nous pouvons en happer quelques-unes au passage, pour fixer nos impressions de chaque jour dans une pareille tourmente, dont il nous est impossible de prévoir la fin. Certes, cet état de choses n'est point la paix, ni la sécurité en quoi ni pour qui que ce soit. Et je me suis trouvé dans des guerres sanglantes, où mon âme était plus tranquille. Poursuivons notre texte.

«Aucun individu, aucune fraction de peuple ne peut s'en attri- » buer l'exercice» (de la souveraineté). Pourquoi donc la Montagne rouge et socialiste s'en attribue-t-elle exclusivement l'usage ? Pourquoi parle-t-elle et agit-elle seule au nom du peuple, dont elle ne possède pas la 125e partie, en dépit des 124 autres qui la repoussent et la détestent ? Vous voyez donc bien que c'est là encore une mystification ; et pourquoi la souffrez-vous ? Pour moi, ce libellé achève de déprécier ma part au trône, et je persiste à vouloir la céder à un autre quand je le trouverai. Et que voulez-vous que je fasse d'une souveraineté que je ne puis exercer efficacement que sous le bon plaisir et avec le concours de 35 ou 36 millions de co-rois ayant exactement les mêmes droits, la même dignité, la même importance que moi ? Si je veux commander en commun, il faut auparavant m'entendre avec mes 36 millions de collègues obligés ; et les choses en sont au point que 36 millions de siècles ne suffiraient pas à nous mettre d'accord. Si je veux commander seul, on se rira de moi ou je serai riposté par un commandement tout contraire. Si je veux obéir, à qui ? Il y a bien pis, c'est que je puis être forcé d'obéir aux plus méprisables et aux plus méchants des hommes, à mon estime, comme disent les marins. Me voilà donc toujours embarrassé ; car mon ralliement à une fraction quelconque de mes corégnants, si nombreuse qu'elle fût, à moins que ce ne soit à Messeigneurs de la Montagne, qui s'arrogent seuls le privilége de se dispenser de vos vaines obligations, ne me suffirait pas à moi pour régner et commander. Il me faut l'universalité avec moi, d'après mon texte ; ce qui de mon temps voulait dire à peu près la totalité. Or, dans ce bel ordre je me sens comme une goutte dans l'Océan ; et tous les mouvements que je puis faire ne sont, comme on dit, que des tempêtes dans un verre d'eau. Toute mon action dans le pouvoir exécutif ou délibérant ressemble à une dose de la faculté homœopathique, qui vous prend la millionième partie de la moitié du tiers du quart d'un grain de drogue quelconque; vous immerge et fait dissoudre la particule dans un grand tonneau plein d'eau, où elle puise soigneusement une *simple bouteille* qu'elle va noyer dans un autre grand tonneau également rempli d'eau, dont et duquel dernier récipient elle extrait enfin, non moins scrupuleusement, une demi-coque de noisette qu'elle vous fait avaler pour rétablir vos forces et votre santé, à la grande satisfaction de votre imagination reconnaissante. Telle est au juste la mesure de la souveraineté d'un citoyen démocrate français. J'entends ceux qui sont honnêtes; car ceux qui ne le sont pas usurpent autant qu'ils peuvent en se moquant de la règle, et nous nous en apercevons beaucoup trop. Si quelqu'un est enivré de ce beau rôle, s'il s'en trouve aussi lui *heureux et fier*, comme M. Cavaignac *de son illustre père*, il est plus facile à contenter que moi, je l'avoue. Je ne suis pas de ceux qui s'enthousiasment, et vivent même sur de grands mots vides de réalité, sur des abstractions rebattues, et sur de fausses vertus. J'en ai tant vu de cette sorte passer et repasser comme un vent d'orage, que leur retour ne me présage rien de bon. La perspective me paraît d'autant plus enlaidie encore, que le progrès continu y a ajouté l'utopie communiste, encore plus vilaine que les anciennes. Après cela, ma foi, je ne sais plus quel progrès nous restera à faire. Mais j'entends certains apôtres me crier à l'oreille : « Imbécile ! crois-tu que quand nous aurons épuisé ce champ-ci, nous n'en trouverons pas bien vite un autre à exploiter ? » Pardon, mes princes, je reconnais que vous avez raison de nous prêcher comme un troupeau de bêtes inintelligentes, puisque nous le souffrons. La terre est grande en effet par rapport à nos chétifs individus : et du moment que vous vous en emparez *in globo*, l'exploitation de vos seigneuries n'est pas près d'y trouver des limites; puisque nous n'en connaissons même pas encore les parties arctiques et antarctiques, où je crois que, pour le plus grand bien de votre troupeau, il serait urgent de vous envoyer au plus tôt y porter vos fécondes cultures.

Raillerie à part, qu'est-ce que toutes ces retentissantes abstractions métaphysiques qu'il a plu à notre imagination exaltée et malade de déifier, en leur érigeant même des statues en tous lieux, absolument comme firent les païens à leurs nombreuses idoles ? Celles-ci du moins intéressent sous les rapports de l'histoire, de la poésie et de l'art. Nous avons poussé la démence jusqu'à immoler des milliers de victimes, tantôt en détail, tantôt par hécatombes, aux pieds de divinités imaginaires, aussi sèches, aussi implacables que le cœur des bourreaux qui les avaient conçues, dont on nous fait aujourd'hui la barbare apothéose, afin de les imiter bientôt si l'on peut ? Qu'est-ce que tous ces systèmes d'économie impossibles à force d'iniquité, et de

politique subversive, inventés par d'astucieux sophistes sans
bonne foi et sans génie, mais non pas sans un certain talent de
perfide exposition, puis mis en scène par de vrais casse-cou
sans garantie, dont tout le monde reconnaît le caractère à l'étiquette du sac? Qu'est-ce que toute cette engeance malheureusement devenue si prolifique par l'impunité et l'appât du butin
qu'on lui promet? Rien, absolument rien autre chose que des
leviers dont les plus habiles se servent uniquement pour bouleverser l'ordre existant, y faire vite leur main sur les débris, et,
une fois bien pourvus, s'efforcer aussitôt de briser ou de mettre au
rebut les engins dont ils n'ont plus besoin, et qui pourraient
leur nuire à leur tour. Rien n'est plus contagieux que l'exemple.
Quand la curée a été si grande dans nos ci-devant remue-mé-
nage, croit-on que les nouveaux appétits manqueront avec des
lois qui excitent encore leur ardeur? « Il s'en présentera,
gardez-vous d'en douter! » En effet nous voyons aujourd'hui
une nuée d'oiseaux de proie tout prêts à s'élancer, armés des
mêmes instruments perfectionnés et accrus des nouveaux,
conduits par des chefs d'une tactique plus audacieuse encore
et plus affamée. « De nos progrès voilà toute l'histoire. » Que
la bourgeoisie y prenne garde! Comme les bandes noires et
rouges y comprennent toutes les classes qui possèdent, c'est
chez elle qu'elles voient le plus de dépouilles à remporter;
c'est elle aussi qui est le plus menacée. Qu'elle ne fasse donc pas
la faute capitale de rester divisée avec les autres, par ses anciens
débats de caste et de dynastie; et qu'elle se rallie au plus tôt.
Autrement elle se perd. L'union si longtemps désirée par les
gens sages de toutes ses branches sous un pouvoir fort, éclairé,
juste, impartial pour tous et héréditaire, peut seule la sauver.
Qu'elle y prenne garde! Ce n'est pas une anarchie ordinaire qui
l'attaque; c'est une vraie jacquerie avouée qui se propose de
n'épargner personne, et qui ne trouvera pas encore assez de
victimes, entendez-vous bien? C'est tout une autre histoire que
ce que nous avons expérimenté jusqu'ici. Je sais qu'il s'est vu
dans le passé, en d'autres lieux, de ces horreurs sans nom que
nous avons aussi nous éprouvées. Je sais que la plupart de nos
révolutions modernes n'ont pour objet que ces mots: « Ote-toi
de là que je m'y mette. » Je sais qu'en définitive elles se tradui-
sent toutes par là, qu'elles font une infinité de victimes et très-
peu d'heureux; et que si les peuples qui en portent toujours la
peine et le dommage, venaient à comprendre la force de leur
veto, il ne s'en ferait plus. Nous avons vu, dans l'histoire, des
révolutions où l'on se disputait l'empire du monde, ou l'empire sur son pays, ou la suprématie sur quelques provinces,
ou d'autres sujets de haute ambition: mais en tenter et en opérer en inscrivant sur sa bannière les prétextes les plus mesquins,
et des principes faux jusqu'au crime et à l'absurde; mais arriver à une assemblée souveraine avec et par des idées subver-

sives de toute société policée ; mais, parvenu au sommet ou sur les marches du pouvoir, y proclamer des systèmes avoués de spoliation générale, et y être écouté tranquillement comme si l'on était à l'Académie ou au sermon ; mais soulever l'écume des rues avec d'affreuses théories, faire des révoltes sanglantes et formidables, leur donner le mot d'ordre, les enflammer au plus haut degré ; puis, quand on est vaincu avec des torrents de sang répandu, revenir reprendre sa place au sein du sénat, s'y poser effrontément comme les seuls patriotes, y insulter et menacer encore insolemment toutes les masses de gens de bien, comme des détenteurs et usurpateurs des droits du peuple ; mais oser mettre en accusation ses collègues, en racoler beaucoup par l'intrigue, la cupidité ou la peur, quand on a tenté de les faire jeter tous par les fenêtres, et faire complimenter ces derniers quand ils fléchissent, par les mêmes instruments dont on s'est servi contre eux lorsqu'ils étaient aux rangs opposés ; mais tenir dans les lieux publics et même à la tribune aux harangues un langage dont la population des bagnes n'oserait avouer l'esprit ; mais proposer au nom de la nation une liste civile du crime, contenant du premier jet 12 ou 13 millions en capital pour six ou sept mille coupables, dont un bon nombre au criminel le plus grave à divers titres, quand les lois punissent encore tant bien que mal les crimes et les petits délits isolés ; et cent autres scandales pareils qu'il serait trop long d'énumérer ; voilà ce qui ne s'est jamais vu ; et ce qui ne peut se voir que dans une nation qui veut absolument périr dans les convulsions d'une dissolution complète. Et vous appelez cela un siècle de lumières et de progrès ! ! !

Que les hommes sont fous, bizarres, volages, inconséquents, contradictoires, avec leurs propres intérêts et désirs du moment ! Ils ne peuvent plus supporter l'antique suprématie héréditaire d'un seul : véritable image de l'heureux gouvernement patriarcal, aussi commode à obéir qu'à servir ; et malheureusement, par suite de nos dépravations, aussi facile à abattre ; et ils se créent volontairement une multitude de tyranneaux vulgaires et nullement dignes et paternels, qui les pressurent dans des liens de fer sans leur laisser aucun repos ! Ils abolissent les plus beaux titres ; ils répudient les plus beaux faits et les plus beaux noms de nos annales, comme contraires, suivant eux, à la dignité humaine ; ils font main basse sur tout ce qui nous restait d'ancienne illustration ; et c'est pour y substituer aussitôt d'insolents parvenus guindés sur le pavois d'un pouvoir éphémère, et déjà dégradés par de fort méchants services et des passions mesquines ; et ils veulent que nous révérions ces nouveaux héros comme des demi-dieux, et ils décrètent qu'ils ont bien mérité de la patrie : honneurs que l'on ne fit pas aux Bayard, aux Turenne et aux Condé ! Ils regorgeaient de liberté, ils en usaient et abusaient *egregiè*, ils en réclamaient encore davantage à cor et à cri ; et ils ne sont parvenus qu'à organiser une licence plénière qui les met tous en péril, qui les ruine, les opprime et les asservit cent fois plus qu'ils ne l'étaient sous le sceptre d'un seul, et ils sont bientôt forcés de recourir à l'état de siége et à la dictature ! Ils annoncent la régénération des mœurs publiques et privées, et le bien-être général, et ils accordent des récompenses dites nationales aux criminels des plus dangereuses espèces, et ils ne parlent de rien moins que de réduire tout le monde au degré de l'ordonnance, excepté eux, s'entend ! Ils proclament l'égalité absolue, et ils marquent leur passage au pouvoir par l'accaparement, par la plus grande avidité possible des emplois salariés, et par un déluge de décorations et de grades distribués à profusion dans leur étroit parti ; et cela, jusqu'au jour de leur départ forcé ! Ils cornent jusque dans les nues le règne de la fraternité, et ils jettent 70 mille francs à une troupe de jeunes filles pour leur faire entonner à leur tête : « *Qu'un sang impur abreuve nos sillons !* » et autres chants de cannibales qu'elles exécutent en riant ; et ils dépensent 900 mille francs pour faire une fête de 200 mille frères armés jusqu'aux dents, qu'ils font défiler devant eux, assis près d'un monument glorieux ; et bientôt après, ils les font ou laissent s'entr'égorger pour ou contre les conséquences de leurs théories insensées ! Je n'en finirais pas si je voulais épuiser tous les impertinents et beaucoup trop piquants contrastes qui nous abondent chaque jour depuis que les digues de l'ordre sont rompues. Il en est que je ne me lasse point de répéter, et qu'il faudrait représenter sous toutes les formes, tant ils sont capitalement funestes ! Il en est un surtout que je ne puis omettre ici, parce qu'il est le plus extravagant de tous, et qu'il en est bien le digne couronnement. Nos réformateurs se moquent ouvertement du vrai Dieu, des anges et des saints ; ils traitent toute notre antique foi comme une vaine et barbare superstition ; ils blasphèment sans aucune retenue contre *Celui qui est*, à l'unisson de « *ces cris sauvages du noir habitant des déserts* » dont parle le poète, avec la même audace, la même impuissance et sans doute la même fin ; et ces mêmes insensés se sont créé, de leur cerveau en délire, une foule de grands dieux pris dans leurs grands hommes de l'ancienne et la nouvelle Montagne, et dans les abstractions de leurs récentes utopies renouvelées des Grecs ; et ils vénèrent, et ils encensent tout ce ramas impur avec un fanatisme, avec un fétichisme qui feraient honneur à un naturel du Congo ! Et ils nous donnent cet ensemble, assurément fort curieux par sa monstrueuse énormité, comme la quintessence du progrès continu, comme le *criterium* de la sagesse et de la vérité ! Et ils veulent que le monde entier l'adore désormais pendant l'éternité, comme la vraie religion, la seule compatible avec la dignité de l'homme ! Et si, de gré ou de force, nous ne nous hâtons pas d'adopter un si séduisant culte, c'est nous qui se-- rons les damnés, c'est nous qui serons les réprouvés ; mais dès ici-bas, entendez-vous bien? Encore une fois, Messieurs, ne dites pas que je charge ces portraits ; car je vous renverrais à leurs discours, à leurs ouvrages et aux fruits qu'ils pro- duisent en trop de lieux. Ce n'est plus le cas d'en rire ; et s'il peut y avoir quelqu'un qui le prenne encore ainsi dans les pé- rils où nous sommes, celui-là est à coup sûr ou un complice ou un niais indigne de compter parmi les nobles défenseurs de la civilisation.

Pour abréger ma tâche, je passe les articles 2, 3 et 4, où je n'aurais que peu de chose à dire. Je renvois le lecteur au texte entier, comme je ferai en beaucoup d'autres, qui sont plus ou moins irréprochables dans le système actuel, si tant est que nous en ayons un arrêté.

« Article 5. La peine de mort est abolie en matière politique. » Si tous les partis, qui divisent et diviseront encore longtemps notre malheureux monde, admettaient généralement cette règle, et l'observaient irréfragablement, j'en serais on ne peut plus satisfait. On n'a déjà que beaucoup trop tué, en matière poli- tique ; et tel qui y a péri avec un grand cœur, un beau carac- tère, d'éclatants services, souvent même à cause de tout cela, eût été porté en triomphe un an, un mois, que dis-je? un jour, une heure plus tard, si le pouvoir avait pris le temps de la réflexion avant d'ordonner ou de permettre le meurtre.

Les plus illustres victimes de ces rigueurs, à jamais lamen- tables, fourmillent dans les lugubres parties de notre histoire, et dans celle de nos voisins. Depuis Louis XVI, Madame Elisa- beth et Malesherbes, jusqu'à Pichegru et au maréchal Ney, quoique celui-ci ait été condamné *flagrante delicto*. Depuis Marie Stuart, Thomas Morus, Strafford jusqu'à Charles Ier. Combien, dans ce nombre infini, de têtes précieuses dont la réunion suffirait à la gloire d'un grand peuple qui aurait le bonheur de les posséder ; combien n'ont jamais conspiré? Com- bien dont tout le crime a été d'offusquer l'ombrageuse tyrannie, par leur rang, leur fortune, leur mérite et leurs vertus? Je suis donc parfaitement d'accord avec vous sur le principe d'huma- nité que renferme cet article. Mais, dans la tempête nébuleuse où nous sommes, j'ai grand'peur que l'expérience ne nous con- damne, vous et moi. Dans les grands dangers de la société, la raison d'Etat domine tout. C'est le *suprema lex esto*. N'avez-vous point brisé trop intempestivement le plus redoutable frein des méchants? Il est à craindre que vous ayez rendu, par là, la partie trop inégale entre les partis honnêtes, qui ne manqueront pas de se conformer scrupuleusement à votre louable loi, et les partis scélérats, qui ne manqueront pas de l'enfreindre très-cer- tainement, en s'en moquant, toutes les fois qu'ils seront les maîtres un moment. Dans les mains de ceux-ci, les principes les plus salutaires deviennent aussitôt viciés, et ne sont plus que des armes qui ne blessent que les gens de bien. Les sectaires politiques que nous avons en tête, convertissent en venin tout ce qu'ils touchent : ils changeraient l'or en plomb, le nectar en poison corrosif, et s'ils pouvaient abuser de Dieu même quelques instants, comme ils abusent sans cesse du langage et de la parole, ils en feraient un être perfide et méchant.

Souvenez-vous de l'ancienne Montagne; a-t-elle trouvé le châtiment de ses crimes dans les trop légitimes représailles de la société qu'elle avait couverte de sang et de ruines? Non. Elle serait demeurée à peu près impunie, si la justice divine, agissant quelquefois dès ce monde, n'avait voulu qu'ils s'entr'exterminassent eux-mêmes, bourreaux contre bourreaux, presque jusqu'au dernier. Ils ne voyaient pas la main qui les frappait, et ils s'écriaient dans la fureur de leur aveuglement : « La révolution est comme Saturne, qui dévore ses enfants. » La belle résipiscence, et la belle fin ! Ce qui en est resté vivant, n'a été livré qu'à l'horreur qu'inspiraient leurs forfaits prétendus politiques, et au fond, de la plus atroce barbarie; car ils en commirent une multitude d'inutiles même à leur but, et uniquement par leur soif de carnage et de terreur. Est-ce que les innombrables massacres ordonnés par Robespierre, Marat, Carrier et cent autres monstres de leur espèce, peuvent être considérés comme des condamnations politiques ? Non. Ce ne furent que des assassinats systématiques de tout âge et de tout sexe, qui n'ont cessé de mériter la vengeance de Dieu et des hommes. Aucune justice ne pouvait les absoudre sans violer le sentiment intime du bien et du mal. Et si la Restauration n'a pas voulu punir le peu de ceux qui ont survécu à leurs propres fureurs, ce n'a été que par une débonnaireté toute chrétienne et parce que le temps avait en partie effacé ces affreux souvenirs. Placerez-vous dans la catégorie des crimes politiques les lâches assassins du général Bréa et de tant d'autres défenseurs de l'ordre? Et ces autres brigands qui ont égorgé ou fusillé à brûle pourpoint, dans les rues de Paris, des pères de famille de la garde nationale, et qui en sont quittes pour des condamnations à quelques années de prison; pensez-vous que ce n'est pas découvrir la société, et qu'à la première révolte vous n'aurez pas, par cette fausse philanthropie, un beaucoup plus grand nombre encore de crimes pareils à déplorer? Hélas! l'impunité est devenue le plus grand mal de la situation, et la principale cause permanente de l'agitation continuelle qui nous mine; et qui ne finira pas, j'en réponds, tant que la répression ne se fera qu'avec cette mollesse. Ce sont les tardives et les demi-mesures qui nous perdent; et qui font perdre aussi tout respect humain. Je dirai plus, puisqu'à tous risques et périls il est utile de dire ici la vérité tout entière : Je connais bien le peuple de Paris, que j'ai traversé en tous sens pendant mes fonctions, et dans les plus formidables agitations. Eh bien, supposons qu'il y ait 100 mille émeutiers dans ce foyer, toujours prêts à se soulever; qu'ils viennent une fois, deux fois à la charge, ils n'iraient pas trois fois : le général qui les aurait repoussés et poursuivis d'une main ferme, à grands coups d'obus et de mitraille, comme Napoléon sur les marches de Saint-Roch, et qui serait toujours prêt à les recevoir gaillardement ainsi, y eussent-ils perdu vingt mille des leurs, ils pourraient bien crier quelque temps contre leur vainqueur; mais je dis que ce général serait assuré après de devenir l'admiration et l'idole du reste. Pourquoi? Parce que ce peuple est gobe-mouche, n'a point d'opinion politique sérieuse et réfléchie, et aime à la fois le désordre pour lui, et la valeur et la gloire dans ceux qui le gouvernent. Mais en le tenant vigoureusement en bride chaque fois qu'il veut attaquer, il faut aussi le séduire par quelque grande qualité, et se montrer aussi juste que ferme vis-à-vis de lui. Il faut surtout et avant tout mettre à la raison ces audacieux tribuns et utopistes qui le trompent, qui l'agitent, et sont les seuls vrais coupables. C'est par eux que ce peuple est gâté; il l'est aussi par ses victoires de Juillet et de Février, et par ses demi-succès de Mai et Juin. Il faut absolument l'en déshabituer; il faut, pour son propre bien, les lui rendre impossibles. Autrement, vous en ferez de turbulentes gardes prétoriennes, toujours prêtes à recommencer sous les ordres de la Montagne ou de tout autre parti violent qui remplacera sûrement, un jour, celui-ci. Vous aurez des révoltes et des changements d'hommes et de choses cinq ou six fois par an, et vous n'aurez pas assez de vos 500 mille baïonnettes soldées et de votre million de gardes nationaux. Avec ces forces immenses, nous demeurerons impuissants au dedans comme au dehors, et nous serons la risée de l'Europe. Avec l'impunité des crimes politiques, la France deviendra un coupe-gorge, et tous les honnêtes gens en détail la proie du socialisme rouge. N'en doutez nullement, si nous croupissons quelque temps encore dans de stupides duperies, comme si nous n'étions plus qu'une nation de Gilles et de Pierrots. Croyez-vous que sans l'abolition de la peine de mort les attentats de Mai et de Juin auraient eu lieu avec autant d'audace; et que les chefs, et beaucoup de leurs sicaires, n'y eussent pas réfléchi, si, au lieu de ne risquer que quelque peu de leur liberté, ils avaient joué leur tête? Assurément la partie que vous leur avez faite est excellente, et fort tentante pour tous les conspirateurs futurs. Si j'étais plus jeune et tant soit peu mauvais sujet, cette belle profession me sourirait aussi à moi. C'est évidemment la meilleure et la plus sûre aujourd'hui. Car remarquez le peu que l'on y risque, en comparaison des profits presque certains. Si l'on gagne, on monte au pouvoir, on a des places, des décorations, des honneurs de toute espèce, et de l'argent à foison. Si l'on perd, on a toujours l'avantage de sortir, comme Erostrate, de son obscurité ; on est prôné, secouru par tous les échos de l'anarchie ; on a la chance d'être acquitté et d'avoir une belle ovation publique, et de pouvoir recommencer avec une plus grande importance personnelle : c'est un stage aussitôt fait, un rapide moyen d'avancement aux premiers emplois ; la pire et la seule chance contraire est une condamnation possible à quelques mois ou quelques années de détention, où l'on est sûr encore de trouver bien des douceurs que l'on n'avait peut-être pas dans son premier taudis. Ma foi, c'est bien tentant pour tout ambitieux qui n'est point un sot, et qui n'a pas d'autre corde à son arc et à son industrie. Mais les morts ne reviennent pas : il n'y a point pour eux d'itérative et de récidive ; tout est dit. Cela fait songer avant d'entreprendre, et plus encore avant d'agir. Cela démoralise même pendant l'action, et pouvait y nuire quelquefois. C'était bien dommage !

Il y a pis que tout cela, Messieurs, pour nous désillusionner de notre philanthropique duperie en abolissant la peine de mort en matière politique, c'est que le socialisme rouge l'a déjà rétablie par avance ; mais à son usage exclusif, puisqu'il déclare qu'il exterminera les *aristos* et les *réacs* jusqu'au dernier, et la moitié du monde s'il le faut à ses desseins.

Avant de décréter un pareil bill d'indemnité pour tous les crimes politiques, au moins fallait-il s'assurer un lieu de déportation lointaine d'où les incorrigibles ne pussent plus venir recommencer leurs exploits à leur convenance. Alors, il n'y aurait plus d'inconvénient. Savez-vous ce qui arrivera de votre prématurée philanthropie ? C'est que les futures collisions n'en seront que plus sanglantes. Les gardes nationales et les troupes, lassées de se voir impunément attaquées dans des guet-apens, outrées aussi de voir des assassins amnistiés rentrer dans Paris avec des cris de vengeance, sont déterminées à ne faire aucun quartier à tous ceux qu'elles prendront les armes à la main. Je n'entends de toutes parts que cette résolution. Cela rétablira sans doute l'équilibre de la balance, que vous avez fait pencher du côté de l'anarchie : mais, hélas ! tâchez de nous éviter au moins de nouveaux conflits ; car ils menacent de devenir une vaste boucherie, à la Spartacus ou à la Scylla.

Il est certain que si les hôtes de Vincennes avaient triomphé, ils ne vous eussent pas épargnés, vous et tous les énergiques soutiens de l'ordre qu'ils auraient pu atteindre. Leur premier soin eût été de violer votre loi. Comment pourriez-vous en douter un seul instant ? Vous avez devant vous, à côté de vous, et l'on peut dire même à votre sommet culminant, et dominant par la peur qu'il cherche à inspirer, un parti qui a bu toute honte, et assez prostitué à toutes les odieuses passions pour oser prendre, avec le plus cynique orgueil, l'infâme nom et les allures de l'ancienne Montagne ! Et la nation en masse ne se lève pas d'indignation contre une aussi atroce audace ! Et cette appellation, qui devrait être plus que jamais parmi nous proscrite et traînée sur la claie, si nous n'étions pas un peuple dégénéré; cette appellation, dis-je, est tolérée et influente! Cela seul ne dit-il pas tout? Cela seul ne suffit-il pas à démontrer au monde dans quelle profonde décadence nous sommes tombés, et quels sont nos dangers et notre incurie? Ah! vous croyez donc, candides représentants, que si la nouvelle Montagne peut arriver jusqu'à la puissance qu'usurpa sa digne mère, elle restera les mains pures comme une vierge! Laissez-la faire un peu, et vous verrez bientôt. En attendant, je vous prie de lire et méditer les codes Sobrier, Ledru-Rollin, Louis Blanc, Proudhon, Considérant et Lamennais, et les œuvres morales de Georges Sand, et de cent autres Procustes ou Tribades de la même école. Je sais que vous ou vos successeurs, quand vous aurez de l'ensemble ou de l'énergie, vous trouverez toute ressource dans les 7 millions de voix du 10 Décembre et les 3 ou 4 millions qui, dans leur doute, se sont abstenus. Pour tous ceux-ci et leurs femmes et leurs enfants, qui forment bien un nombre d'au moins 35 millions, vous pouvez être fort assurés qu'ils ne sympathisent pas avec l'anarchie, et que si le branle était donné aux premiers, celle-ci n'aurait pas si beau jeu qu'elle paraît se l'imaginer d'après votre faiblesse. Oui, il en sera ainsi tant que la presse et l'instruction publique n'auront pas tout dépravé. Mais je sais aussi, par ma longue expérience, la difficulté de faire mouvoir d'ensemble des forces éparpillées à de grandes distances, naturellement portées au repos, et n'ayant pour centre qu'une capitale corrompue. Je sais combien de ravages une irruption de barbares peut faire, et de quels postes elle s'empare avant qu'on ait le temps de se reconnaître. Je sais que toute jacobinière à laquelle on aura laissé prendre trop de consistance, sera toujours et partout une force aggressive fort redoutable, par son audace ordinaire, et par la rapidité de ses moyens d'action, accrue encore en raison directe et composée des lenteurs, des incertitudes et de la pusillanime débonnaireté habituelles des soutiens de l'ordre.

Là est le secret de toute la force de l'anarchie montagnarde. Si à chacune de ses attaques une main ferme et vengeresse lui opposait terreur contre terreur, l'implacable furie, j'en suis très-convaincu, deviendrait aussitôt douce comme un agneau; ou bien elle descendrait au fin fond des enfers, pour n'en plus sortir. Mais depuis 89 elle n'a été bien comprimée que sous l'Empire; et c'est de toutes les grandes choses de Napoléon, celle qu'il a fait le mieux, et le plus vrai service que ce rare génie ait rendu au pays. N'oublions pas que le torrent révolutionnaire une fois débordé, c'est le parti le plus violent, c'est le tout petit nombre qui fait la loi. N'oublions pas que les massacres de Septembre furent commis sans aucun empêchement par une horde de quatre ou cinq cents démons qui firent trembler d'horreur tout

Paris, et firent claquemurer chez eux cent mille gardes nationaux, pourtant indignés et bien armés; le tout sans qu'il s'en
soit suivi, que je sache, aucun exemplaire châtiment des affreux
égorgeurs. Je ne me lasserai point de le répéter : toute société
attaquée et ainsi défendue veut inévitablement périr, et périr
honteusement encore; ce qui me vexe le plus : car nous avons
en main tous les moyens de salut; et nous les laisserons s'user
sans savoir, ou sans vouloir nous en servir. Bientôt l'étranger,
jadis si jaloux de nous, traversera nos ruines, et y lira ces mots :
« *Hic jacet Francia.* » Je ne saurais donc me fier entièrement
à l'honnêteté de l'immense majorité. Les vandalismes commis
encore tout récemment dans nos palais, au centre et aux portes
mêmes de la Capitale, ont-ils été empêchés ? Et comment ont-ils
été punis ? A peu près comme le seront les attentats de Mai et
de Juin. On suppute avec une rare complaisance satisfaite, les
400 mille votes que l'on peut attribuer à l'anarchie dans le grand
scrutin de Décembre. La portion gangrénée est minime en effet,
si nous étions sous un gouvernement normal, avec une police
exacte et ferme. La portion infectée serait bientôt réduite à zéro,
ou à une complète impuissance. Mais dans les conditions où
nous sommes, je dis que cette infime minorité n'en est pas
moins un hydre fort dangereux avec une tête comme celle de
la nouvelle Montagne, armée de toutes les mauvaises passions
connues. Cette minorité se recrutera par la misère; et c'est
justement pourquoi les meneurs ne nous laissent presque point
de relâche, afin d'augmenter dans toutes les classes cette misère,
par l'éloignement forcé de toute confiance et de tout crédit, qui
pourraient seuls la faire cesser et la réparer. Au surplus, ce ne sont
pas là les seuls soldats de l'anarchie montagnarde. Ajoutez-y
les cent mille repris de justice, en comprenant avec la population des geôles et des bagnes, les évadés et les libérés dont le
nombre augmentera effroyablement chaque jour avec toutes
nos immoralités présentes. Tout ce monde-là n'a pas voté. Le
suffrage universel n'est pas encore, grâce à Dieu, descendu
jusque-là. C'est là la plus terrible armée dans une guerre intestine. Moi qui ai été en position de l'observer de près, je sais
ce que des scélérats en tête de pareils éléments pourraient
hardiment entreprendre contre des populations tranquilles.
J'ai gémi cent fois de l'incurie de ma trop imprudente patrie,
de ne s'être pas assuré dès longtemps, comme la sage Angleterre, un lieu de déportation lointaine. C'eût été d'ailleurs
beaucoup plus humain, plus moralisateur et moins coûteux que
tous les faux et dispendieux systèmes pénitentiaires auxquels on
s'est si stérilement arrêté, sous l'influence de certains philan-
thropes équivoques ou ignorants. Qu'on parcoure les fastes de
la justice criminelle, et l'on y verra que plus des trois quarts
des grands crimes sont commis par des récidivistes libérés ou
évadés. Cette observation seule n'eût-elle pas dû déterminer

sans délai la mesure dont je parle? Si j'étais à la tête du gouvernement, et, pour bonne raison, encore plus sous la forme républico-démocratique que sous toute autre, cette sentine éloignée serait un des premiers objets de mes soins les plus urgents. Je tâcherais aussi, à l'instar de Sydney et Botany-Bay, de la rendre profitable à la mère patrie, et aux déportés transformés en colons. Alors vous pourriez supprimer la peine de mort en toute matière, ou du moins ne l'appliquer que dans des cas rares. Et combien cela ne serait-il pas plus rationnel que vos horribles bagnes et ces vastes maisons centrales dont j'ai vu bâtir quelques-unes sur le plan et le coût des plus vastes palais? Or, veuillez vous souvenir encore que la Montagne de 93 enrégimenta, sous le beau nom d'armée infernale dont elle était bien digne assurément, les bagnes de Brest, Lorient et Rochefort, et les lâcha sur la Vendée, où ces illustres soldats mirent littéralement tout à feu et à sang; du moins autant qu'ils purent, car l'armée vendéenne, surexcitée par leurs horribles dévastations, les envoya *ad patres* à peu près jusqu'au dernier : les autres corps ennemis ne les soutenant point, par pudeur, et particulièrement l'armée de Mayence, qui les laissa seuls aux prises, rougissant de les seconder. J'en sais quelque chose; car j'ai eu, quoique bien jeune alors, l'honneur d'assister à la *repoussade* et aux justes représailles sans beaucoup de remords, je vous l'avoue aussi.

De tout ceci je conclus qu'il eût peut-être été sage de rester avec le *statu quo*. Dans un temps comme celui-ci, où tant d'ambitieux et d'insensés ont perdu la crainte de Dieu, la peine de mort était le seul frein qui pouvait en retenir encore beaucoup dans le chemin des attentats. L'abolition de cette peine est donc, sinon un encouragement direct aux complots, comme les fameuses listes des récompenses nationales, au moins un bill d'impunité assurée, qui ne saurait manquer de produire de mauvais fruits. Je n'ignore pas que le maintien de la peine vous était devenu plus difficile après la suppression prononcée par le Gouvernement provisoire. Vous avez pu craindre d'y perdre cette popularité qui coûte souvent si cher, et vaut et dure si peu, à laquelle les meilleurs hommes se croient quelquefois obligés de sacrifier l'intérêt public. Toutefois, l'opinion commune est que nos éphémères décemvirs, qui ont affecté de s'en vanter avec orgueil, ne se sont hâtés de prononcer cette abolition que dans la première vue de leur personnalité. Le pouvoir exorbitant qu'ils se sont arrogé, l'abus plus exorbitant encore que quelques-uns d'eux en ont fait, dans beaucoup d'actes et décrets qu'ils devaient vous réserver, et dont vous avez été obligés de réformer une bonne partie, tout cela les eût rendu en effet passibles de peines sévères, si le pays avait pu rentrer promptement dans des voies normales. C'est bien aussi pourquoi ils ne se sont point hâtés de vous appeler, et pourquoi dans l'intervalle ils ont tout mêlé, brouillé, désorganisé, afin de s'esquiver dans le chaos pendant que vous démêleriez leur fusée. Aussi, quelle mauvaise besogne ils vous ont taillée! Nous nous en ressentirons longtemps, quand bien même nous y couperions court. Dans cette affaire-ci le *statu quo* était salutaire, et n'offrait aucun péril. La modération de la peine devait être abandonnée à la discrétion du chef du Gouvernement, bien placé pour en apprécier la convenance. Nos mœurs et le relâchement qui s'est introduit dans nos lois répressives, ont déjà assez désarmé la société pour que l'abus des rigueurs ne se reproduise plus dans les mains modérées des pouvoirs réguliers. Mais ce même abus n'a jamais manqué de sévir dans les mains du parti jacobin. Son enseigne maculée de sang, ses cris et ses doctrines l'indiquent assez. Ne pouvant jamais se flatter d'obtenir la majorité de la nation, ce qui serait la dernière et irrévocable chute de l'Etat, sa tactique le condamne à couvrir son petit nombre et à comprimer les sentiments répulsifs qu'il inspire, en faisant marcher devant lui le meurtre et l'épouvante. C'est ce qui le rendra encore longtemps dangereux dans toutes les crises où il pénétrera. Pour moi, si j'avais le malheur d'être chargé du salut d'un peuple de 36 millions d'âmes, et sachant qu'il existe dans son sein un noyau de 3 ou 400 mille pervers capables d'attenter à tout instant à son repos et à son honneur, sans rien redouter pour ma personne, je ne m'endormirais pas un seul jour sur un pareil brasier, et je ferais tout pour l'étouffer. Quand la peste est au cœur d'un Etat, n'y fût-elle encore qu'en germe, rien n'est indifférent. Si l'on ne se hâte de l'extirper, le mal y fera de grands ravages et deviendra endémique.

C'est par nos négligences que nous sommes si malades, et que nous tombons périodiquement en danger de mort, depuis Napoléon, ce grand extirpateur des bubons politiques, ce grand réfutateur des idéologues et des sophistes de toute sorte. Il les condamna tous à l'impuissance et au mépris qu'ils méritent, et il les mit parfaitement hors d'état de semer le trouble et l'erreur dans les populations. Il ne vit en eux que de vrais charlatans débitants de drogues dangereuses; il les traita en conséquence, et il eut si bien raison que c'est aujourd'hui une de ses principales gloires, dans la honteuse épreuve que nous souffrons du fléau de cette engeance. Quant aux complots à main armée, il ne fut pas moins expéditif quand le cas tirait trop à conséquence; car, quoi qu'on en ait pu dire, excepté le meurtre inexcusable du duc d'Enghien, dont il s'est repenti lui-même, Napoléon a souvent pardonné, et n'a point abusé des exécutions sanglantes. Certes, je les hais aussi moi par nature; mais je n'ai pu, au fond de ma conscience, condamner celles qui eurent lieu dans la plaine de Grenelle par suite des attentats de la machine infernale au 3 nivôse, et celle de la

5

conspiration des poignards, bien que dans cette dernière fût compris un remarquable peintre d'histoire, Topinau le Brun, fort regrettable sous le rapport de l'art. Je ne blâmerai pas davantage l'exécution du général Mallet, qui, dépourvu de l'illustration de ces grands services qui rendent une vie précieuse, et peuvent balancer l'erreur d'un moment, osa profiter de l'éloignement du souverain pour tenter de renverser de fond en comble le gouvernement de son pays. J'en dirai autant des châtiments infligés au général Berton et à quelques autres, qui s'étaient rendus dangereux avec une audace sans excuse. Mais si j'en eusse été le maître, je n'aurais pas fait mourir Pichegru, vainqueur de la Hollande, grand capitaine, et capable de rendre encore d'éclatants services à sa patrie. Je n'aurais pas laissé exécuter le maréchal Ney, couvert de lauriers, et jusque là de la gloire militaire la plus pure. J'aurais su résister sur ce point aux exigences de l'étranger vainqueur, qui réclamait un grand exemple. J'aurais laissé condamner l'un et l'autre, pour obéir aux nécessités de l'intérêt d'Etat et de la morale publique; ils étaient pris en flagrant délit : le premier de conspiration; le second, de défection par suite d'un entraînement général, auquel dans sa position il faut convenir qu'il eût été bien difficile de résister; mais je me serais empressé de leur accorder un sursis indéfini. Puis, quand ils auraient eu cessé d'être un danger pour mon gouvernement, je me serais procuré à moi-même le rare bonheur de leur rendre leur épée avec mon estime. J'aurais ainsi sauvé, au grand avantage de mon pays, deux têtes dont les éclatants services étaient incomparablement supérieurs à leur faute ou à leur erreur d'un jour. Je me trompe fort si je n'avais pas entièrement conquis de pareils hommes à ma cause; et je ne crois pas qu'aucun parti honnête y eût trouvé à redire. Ils ont donc subi une peine excessive, que l'on ne peut s'empêcher de regretter sous tel drapeau que l'on serve. Vouloir traiter de pareils hommes comme un Ravaillac, un Louvel, un Fieschi, ne peut appartenir qu'à ces farouches égalitaires de nos jours, qui prétendent appliquer leur niveau sur toutes les têtes, et nous ramener à l'état sauvage avec les impertinents semblants d'une austérité dont on connaît assez la mesure; gens indignes d'être écoutés d'aucun homme d'Etat. A ce compte, on eût dû exécuter Turenne et le grand Condé, qui avaient aussi entré dans une conspiration, et qui, depuis, ont sauvé la France. Sans aucun doute, les nécessités de tout ordre social exigeront éternellement pour sa défense des peines répressives contre la turbulence des partis dangereux: car, pour un corps politique comme pour un mortel, pour fonctionner, la première des conditions est d'exister; et si le nôtre fonctionne si mal, s'il est malade jusqu'au danger de mort, c'est uniquement parce que les attaques fourmillent contre lui avec toute licence et toute impunité; c'est qu'il a des membres gangrénés qui cherchent à infecter le reste, et qu'on n'ose retrancher. A quelle époque, je vous prie, vit-on jamais ce double dommage élevé à une aussi haute puissance ? Il ne fallait donc pas supprimer la peine. Mais quant à l'application, il fallait laisser au pouvoir suprême le droit de le modifier suivant la valeur personnelle du condamné, le mal qu'il a fait et menacerait de faire encore, et surtout avec la plus grande commisération pour les marques d'un sincère repentir. Dans ce dernier cas, il est beau, il est très-beau de faire grâce. C'est même quelquefois une obligation irrésistible qui part du cœur et de l'âme. Mais quand un criminel endurci ne cesse de menacer encore, a-t-on la liberté du choix sur son sort ? Quand des amnistiés se montrent encore plus furieux et prêts à recommencer leurs attentats, qu'est-ce que l'amnistie, sinon une duperie, une sottise, et peut-être une trahison envers la société que l'on est chargé de défendre ? Voilà ce que j'avais à dire sur l'abolition de la peine de mort en matière politique.

« Article 6. L'esclavage ne peut exister sur aucune terre » française. » Très-bien sur notre continent. Mais il y a des gens fort compétents pour en bien juger, qui affirment :

1° Que cette abolition-ci ruine pour toujours nos Antilles et tout espoir pour nous de grand commerce à l'extérieur.

2° Qu'en cette affaire, nous sommes les plus grandes dupes possibles de l'hypocrisie anglaise, qui, sous prétexte d'humanité, a voulu, par le seul fait de l'abolition de la traite, détruire toutes les colonies des Européens qui lui faisaient concurrence dans les Indes occidentales, où les cultures sont mortelles aux blancs et praticables aux seuls noirs.

3° Que l'Angleterre, dans un temps donné, aura transporté toutes les cultures de l'Amérique aux Indes orientales, où elle a 200 millions de vassaux presque esclaves, où les blancs travaillent la terre sans avoir besoin des noirs ; où la main-d'œuvre est au plus vil prix ; où elle pourra produire et livrer avec deux ou trois fois moins de frais que ne le pourront faire les trop faibles capitaux et les bras désorganisés qui resteront à végéter en Amérique : toutes choses qui ne sauraient manquer de la rendre enfin maîtresse de tous les marchés de l'Europe et du monde entier, qui lui ont été si longtemps disputés par nos anciens rois et par Napoléon ; et c'est ainsi qu'elle assure son monopole universel sur des bases inébranlables.

4° Que l'abolition de la traite et de l'esclavage, en ruinant nos grands ports du Havre, Marseille, Nantes et Bordeaux, qui la faisaient si avantageusement pour eux et notre feue marine en général, n'est point une chose aussi philanthropique qu'on le croit vulgairement ; attendu que les peuplades idolâtres qui couvrent l'Afrique, tuent maintenant leurs prisonniers dans les guerres continuelles qu'ils se font, ne pouvant plus nous les vendre comme ils faisaient autrefois ; attendu encore qu'un noir esclave d'un Européen des Antilles ou d'ailleurs est beaucoup mieux traité, plus heureux et plus civilisé qu'un noir esclave d'un roi maure, et de tous les princes et principicules du centre et du littoral de l'Afrique; attendu, au surplus, que les rusés Anglais ne se font pas faute de pratiquer eux-mêmes la traite, en la baptisant seulement d'un autre nom, savoir, un *enrôlement* très-rigoureux pour 10, 15 ou 20 ans, suivant l'âge.

5° Que, d'après ces faits bien connus et incontestables, il eût été à la fois plus humain et plus sage de notre part de résister à la tartuferie anglaise, et de nous borner à adoucir, autant que possible, l'esclavage des noirs, qui déjà, sous de bons maîtres, valait autant et mieux que la condition libre d'une multitude de blancs des deux mondes, dont nous nous sommes beaucoup moins occupés.

Ces vérités sont devenues si palpables, qu'il n'est point douteux que, si nous voulions rétablir la traite pour en repeupler l'Amérique, l'Angleterre nous déclarerait sur-le-champ une guerre furieuse. Elle rendrait le cap de Bonne-Espérance, Malte et Gibraltar, plutôt que d'y consentir.

Nous nous sommes, nous, aussi bêtement que des crétins (le mot n'est pas trop fort), laissé guider par d'autres motifs. Nous avons dit : Périssent les colonies, périsse le grand commerce, périsse notre marine, plutôt qu'un principe! Que ce principe soit vrai ou faux, ruineux et désastreux, peu nous importe pourvu qu'il soit révolutionnaire! Tout indique que nous ne sortirons plus de ce stupide encroûtement. L'Angleterre n'est pas si sotte. Elle agit et raisonne tout au rebours. Elle dit : Périssent tous les principes spécieux ou non, plutôt que mes intérêts! Elle ne reconnaît aucun principe absolu, hormis ceux qui convergent à son point de vue. Parvenue au zénith de sa prospérité, l'Angleterre en a conquis vingt fois plus par son machiavélisme que par ses armes. Elle ne fait cas que du solide ; elle méprise notre progrès imaginaire, qui ne nous mène visiblement qu'à reculons vers le chaos du vandalisme. Elle se moque de notre politique, si tant est que nous en ayons une digne de ce nom; et l'on serait fort excusable de soupçonner qu'elle y met souvent la main, pour mieux nous annuler, et se rire de nous plus à son aise. Poursuivons.

« Article 7. Chacun professe librement sa religion. » Rien n'est plus juste; du moins pour toutes les religions qui n'enseignent et ne prêchent pas l'athéisme, la révolte et l'immoralité; car alors elles ne pourraient être appelées ni considérées sous ce nom, et seraient réprimables. « Et reçoit de l'Etat pour l'exer- » cice de son culte, une égale protection. » Je n'ai rien à dire assurément contre la tolérance religieuse. Elle est passée dans nos mœurs et dans nos lois depuis près d'un siècle. Il serait donc aujourd'hui d'autant moins sage de vouloir aller contre. Seulement les mots : *Une égale protection,* paraissent un peu durs à digérer pour 35 millons de catholiques que nous sommes au moins sur 36 millions d'habitants; *id est* 35 contre un. Quoi! les divers petits cultes d'une minorité si infime, qui ne datent pas de trois siècles, reçoivent de l'Etat autant de protection, *nec plus nec minus,* que ce grand culte qui a été si longtemps celui de l'Etat, vénéré et servi depuis plus de 18 siècles sans interruption, professé par les 35/36es de vos mandants, et par plus de 250 millions d'hommes répandus sur toute la surface du globe; ce grand culte dont se sont honorés les plus grands philosophes, qui a été consacré par le sang de tant de saints martyrs, les plus vertueux des hommes; et mille fois démontré, dans ses vérités et sa morale nécessaire, par les plus savants Pères de l'Eglise, dont plusieurs ont été tout près de son origine, remontant à celle du monde; ce grand culte, en un mot, dont ceux qui en dérivent ne sont que des schismes, ou, si vous aimez mieux, des déviations! Il ne recevra ni plus ni moins d'attentions politiques qu'une petite église de quakers ou de calvinistes! Je ne pense pas que ce soit précisément ce que vous avez voulu dire, et ce qu'il faut entendre dans notre texte. Quoi qu'il en soit, Messieurs, cette rédaction paraît bien partiale en faveur des infimes minorités schismatiques ou hérétiques qui vivent parmi nous, sans que personne ait le droit ni la pensée de les troubler. C'est être par trop égalitaire que de les mettre exactement sur le même pied et en même honneur et recommandation que la grande religion mère : qu'en pensera le monde catholique? Il ne vous demande point de domination sur ses dissidents : ces temps sont trop loin de nous; mais il vous eût su gré d'un peu plus de respect, d'un peu plus de prédilection marquée pour le culte de vos ancêtres, jadis si illustres en piété, en sciences et en grandes actions. Cela n'eût pas gâté votre ouvrage. Mais cette indifférence affectée n'est encore qu'une misère auprès de ce qui va suivre. « Les ministres, soit » des cultes actuellement reconnus par la loi, *soit de ceux qui* » *seront reconnus à l'avenir,* ont le droit de recevoir un traite- » ment de l'Etat. » J'ai d'abord eu beaucoup de peine à en croire mes yeux. Je ne pouvais me persuader que les représentants de 35 millions de catholiques avaient rendu un pareil décret. J'ai lu et relu; hélas! tout y est. Il n'y a pas moyen de le mettre en doute. Etant donc bien convaincu de la chose, je me suis mis à soupçonner que ce pourrait bien être le citoyen constituant Proudhon qui, d'accord avec le citoyen Greppo, son compère et séide, aurait pu intercaler ce passage. Mais, foin de moi! je faisais une calomnie. Je ne pensais plus que le constituant Proudhon avait aboli Dieu tout aussi bien que la propriété, on ne peut plus formellement, après avoir eu bafoué de son mieux l'un et l'autre. Par conséquent, loin d'être si généreux envers tous les cultes présents et futurs, il ne peut vouloir en reconnaître ni solder aucun. Je viens même, en effet,

d'apprendre qu'il s'occupait en ce moment d'une nouvelle production où il abolit tous les cultes et tous les modes de gouvernement. Rien n'est plus digne d'un constituant. Certes, ce
n'est pas trop que nous donnions 25 fr. par jour à ce digne
citoyen et autant à sa grepponienne doublure pour payer ces mi-
rifiques utopies qui font tant de bien dans la classe ignorante et
la demi-lettrée, qui est bien pire. Ensuite je me suis dit : Ne serait-
ce point le grand-prêtre du socialisme, Victor Considérant, cet
émule du grand Saint-Bernard, qui veut nous cloîtrer tous, avec
la promiscuité des sexes, dans ses couvents phalanstériens ; ne
serait-ce point lui qui aurait fait le coup ? Ne serait-ce point
aussi Pierre Leroux, le créateur de la *Triade*, l'auteur inspiré
de la nouvelle trinité socialiste ? Ces utiles citoyens sont aussi
des constituants, et touchent de même leurs 25 fr. par jour. Ce
n'est pas cher, eu égard aux lumières et aux bienfaits qu'ils
répandent dans le pays, avant, pendant et après l'émeute. Un
grand peuple est bien heureux d'entretenir à si bon marché
d'aussi dignes législateurs, pour façonner sa religion et ses lois.
On ne sait, on ne calcule certainement pas assez ce que nous
valent ces têtes si chères. Sans elles, que ferions-nous de nos
500 mille soldats et de notre million de gardes nationaux ?
Elles leur procurent incessament de la besogne, sans avoir à
songer à autre chose. En même temps, elles ont, par la destruction de toute confiance, assuré des loisirs à tous nos travailleurs ;
et puis elles se chargent de l'endoctrinement et de la conduite
de ces masses pendant les vacances indéfinies du travail résultantes de leurs machinations si bienveillantes ; et puis voilà le
débouché tout trouvé des deux milliards de notre budget des
dépenses : cela suffit à leur consommation. Voilà l'emploi bien
assuré de toutes les forces de la France. Nos anciens rois et
Napoléon les portaient quelquefois au dehors. Fi les vilains !
Nous avons assez à faire chez nous ; nous n'avons pas besoin
de mettre notre nez ailleurs, il y a de trop fortes raisons pour
cela. Nous cuisons dans notre jus, et nous avons parmi nous
assez d'amateurs pour gober toute la sauce. Tout cela est fort
avantageux et agréable pour notre nation en général, et pour
notre gouvernement en particulier. J'ai peur que ce rare et bien-
heureux état de choses ne dure point assez pour ses ingénieux
auteurs, que j'adore. Avant qu'ils soient piqués des vers, je croi-
rais très-utile et très-urgent de mettre sous verre ces Solons et
ces Numas, couverts de bandelettes aromatiques pour les conserver mieux à la vénération de la postérité.

Or, comme ces sages réformateurs veulent la promiscuité des
sexes et de tous les appétits qui s'ensuivent, il est bien naturel
qu'ils veuillent aussi la promiscuité égalitaire des cultes. Quand
nous n'en avions qu'un, celui du vrai Dieu, il n'y avait pas à
choisir ; c'était à prendre ou à laisser, à tous risques et périls.
Quand nous en aurons à foison, nul de nous ne serait excusable

à n'en pas choisir un à son gré. Nous suivrons le plus séduisant, et notre salut sera bien assuré dans ce monde et dans l'autre. Je ne désespère point de revoir la déesse Raison et la déesse Fraternité, sous les figures de deux belles catins, ou la Triade socialiste, sous les traits de trois jolies Lorettes. Dieu! que j'y serais dévot, si je n'étais pas si vieux! Il faudra avoir le cœur et l'âme bien durs, pour ne pas se rendre à un si beau culte. Que ceux qui n'en seront pas contents passent à celui de Mahomet; ils n'y trouveront pas mieux, et ils y essuieront beaucoup plus de gêne. Que les pères Leroux et Considérant veuillent bien prendre un froc ou une soutane avec un surplis, et les voilà, avec leurs nombreux catéchumènes, à la tête d'un fort aimable culte! J'en dis autant des pères Chatel et Auzou, primats des Gaules. Ceux-ci ont un droit acquis depuis longtemps. Dès la fin de 1830, je leur ai vu un troupeau d'ouailles fort recommandables, et d'un fanatisme même que je n'aimerais pas à rencontrer dans les lieux écartés. Ils officiaient tout près des animaux féroces de la ménagerie de Martin, et je crois, bientôt après, dans la même enceinte, ces derniers ayant cédé la place aux premiers. Tous ces cultes, la Montagne et le socialisme aidant, vont avoir droit de participer à la dotation de notre clergé panthéiste, de monothéiste qu'il était. En voilà encore un beau progrès! Seulement je regrette, Messieurs, que votre article ne détermine pas le temps et le nombre d'adeptes qu'il faut pour fonder un culte nouveau, qui soit reconnu et rétribué par l'Etat, à l'instar des anciens. Avant de me lancer aussi moi dans cette vénérable industrie, je serais bien aise de connaître à peu près les conditions du succès; car il ne faut pas nous dissimuler que votre susdit article va fort augmenter la concurrence, en ce temps de progrès continu avec rage. Je crains aussi que tant de cultes en germe et en herbe, ne finissent par lasser la masse des contribuables; *canaille, sotte espèce*, qui ne comprend rien à l'utilité de certaines prodigalités. Mais cela m'inquiète peu, parce qu'elle aurait bien mauvaise grâce à se plaindre de ce genre de progrès, où il ne s'agit de rien moins que de s'assurer la vie éternelle. La grande majorité catholique sentira bien que, pour monter au ciel, son ancien culte ne suffit plus, et qu'une croyance qui remonte au premier homme est devenue bien vieille et bien caduque, si elle n'était remaniée, ou remplacée par les nouveaux Messies dont je parle. Je n'ai plus de doute maintenant sur les auteurs ou *dictateurs* de l'article 7.

Sérieusement, Messieurs, comment avez-vous pu laisser passer une pareille rédaction? Comment n'avez-vous point compris que vous y proposiez très-directement une prime attrayante à tous les entrepreneurs de sectes nouvelles, à tous ces hypocrites et funestes utopistes politico-superstitieux de leurs œuvres, dont nous ne sommes déjà que trop infestés? Ne craignez-vous pas de les multiplier au point de les laisser étouffer tout ce qui reste de croyances parmi nous, depuis les salutaires jusqu'aux plus sublimes? Est-ce là ce que vous avez voulu? Je ne saurais le croire. En ceci encore, votre majorité honnête a cédé à votre minorité violente et subversive. Mais les conséquences sont bien graves. Les anciens hérésiarques, du moins, avaient acquis une science assez profonde dans les traditions des temps reculés. Ils n'entendirent point secouer entièrement le joug des bases mêmes de la foi. Ils n'en furent que les téméraires déviateurs dans la manière de l'entendre et de la suivre. Ils disputèrent plus sur la forme que sur le fond, plus sur les mots que sur les choses; et ils furent souvent absurdes et ridicules. Toute leur ardeur se porta vers l'ambition de devenir chefs de doctrine, en remplacement de celle reçue, où il s'était effectivement glissé quelques abus que les derniers conciles ont fait disparaître. Ils n'épargnèrent pas, il est vrai, la violence contre leurs adversaires; et il en résulta aussi des effusions de sang. Mais ils n'allèrent jamais, comme de nos jours, jusqu'à attaquer Dieu même, et la source du christianisme avec l'ordre social tout entier. Tels furent les ariens, les sociniens, les manichéens, etc., etc. Tels ont été depuis leurs fatals imitateurs, Wiclef, Jean Huss, Luther, Zwingle, Calvin, etc.; jusqu'au barbare Henri VIII. J'ai fait autrefois pour ma simple instruction quelques recherches dans ces vieux schismes qui firent tant de mal à toute la chrétienté, et qui ont été prédits dans les saintes écritures. N'en avons-nous pas encore assez de malheureux restes, pour qu'il n'y ait plus aucune ombre de convenance à en permettre et solder de nouveaux? Je ne prétends point, Messieurs, vous renvoyer à la dégoûtante étude de ces anciens prétendus réformistes, où les méchants vont chercher quelques-uns de leurs arguments. Ce n'est point ici le lieu d'épeler des leçons de théologie qui dépasseraient infinement les bornes de mes facultés et de mon livre. Permettez-moi seulement de vous recommander la lecture réfléchie de l'*Histoire des Variations*, tracée de main de maître par l'Aigle de Meaux. Celle-ci ne vous ennuiera point. Bien au contraire, et je vous promets que vous ne l'achèverez pas sans fruit. Vous y verrez à fond ce que c'est que ces prétendues religions réformées, où tout a été mensonge, astuce, mauvaise foi, abus de mots, altération et outrance des textes sacrés, enfin orgueil, colères et passions débordées. Dans un cadre assez étroit pour ne pas effrayer, l'Histoire des Variations est un résumé aussi complet que lumineux de ces célèbres égarements. Tout y est. Les citations y sont si scrupuleusement exactes, et les réfutations si invinciblement exposées, que les controversistes eux-mêmes reconnurent une partie de leurs erreurs, et finirent par se réduire au silence sur le reste. Bon nombre se convertirent tout à fait.

Par contre, veuillez considérer, Messieurs, à quelle espèce de réformateurs vous avez affaire en ce temps-ci; quel mal ils ont déjà fait, et celui qu'ils complotent ouvertement de poursuivre plus loin encore, si vous leur en laissez la licence. Ignorants jusqu'au dédain de tout ce que le passé a produit de vénérable; insolents contempteurs de tout ce que l'humanité a fondé de grand pour améliorer et ennoblir notre sort dès cette vie, et nous faire attendre l'autre avec espérance, ils s'attaquent en furieux à tout cela. Ils n'ont d'autre horizon que celui du milieu dans lequel ils hurlent, et qui n'est qu'une fournaise ardente où ils veulent nous plonger avec eux par la porte du Dante. « *Lasciate ogni speranza!* » Ils suppriment, ils rasent tout d'un seul coup. Et que mettent-ils à la place? Rien, absolument rien que leurs utopies, atroces d'iniquité et de perfidie, et leurs révoltantes personnalités. Vit-on jamais une audace aussi cynique? Cependant, encore une fois, avec les deux ou trois cent mille malheureux sicaires ou séides qu'ils sont parvenus à s'inféoder, il n'y a pas lieu à s'endormir sur de tels barils de poudre et de poignards. Songez-y, Messieurs. Je n'invente rien, je n'exagère rien. Ils ont ensanglanté et ils ensanglanteront encore nos villes, n'en doutez point, sans les remèdes héroïques appliqués à temps. Les mèches sont là encore toutes fumantes, et toutes prêtes à se rallumer. Les mêmes éléments subsistent et n'ont point cessé de gronder. Il n'y a plus de respect divin pour les retenir, et vous aviez déjà peine à les comprimer par les seules forces humaines. Comment avez-vous pu abaisser encore les principales barrières qui entravaient la marche de ces damnables incendiaires qui se sont mis à la tête d'un si grand désordre moral et matériel? Que voulez-vous que les populations pensent de l'esprit de nos lois actuelles, et d'une indifférence si affectée en matière de religion? Comment conciliez-vous cet art. 7 avec votre début solennel : « *En présence de Dieu?* » Je pose la question non pas théoriquement, il serait trop aisé de me répondre avec les arguties à la mode; c'est pratiquement que je l'entends, selon le sentiment général des chrétiens. Il y en a au moins, comme nous l'avons dit, 250 millions sur la terre, en y comprenant tous les schismes; or, quelle idée cette multitude innombrable peut-elle se faire maintenant de la religion de la France? La France, naguère encore cette glorieuse fille aînée de l'église, qui depuis Charlemagne patronnait tant de nations par l'indissoluble lien de la même foi, et qui aujourd'hui ne reconnaît plus de religion pour son Etat, et y ajoute même que les lois doivent être athées : beau germe de communisme! Que va-t-on penser de nos nouveaux sentiments sur la Divinité, et sur le culte qu'il convient ou ne convient pas de lui rendre? Car notre article fondamental n'en dit pas un mot, et ne parle qu'avec la plus grande insouciance. Il y semble que nous sommes un peuple né d'hier, ayant une ou plusieurs religions à fonder et n'ayant jamais été chrétien, ou bien disposé à abjurer en masse. Je ne crois pas qu'on puisse nous mener jusque-là ; mais toujours est-il que cet extrême relâchement est accordé à un parti antisocial et antireligieux qui s'en sert avec succès pour menacer le monde du plus affreux cataclysme que l'on ait encore vu. O faiblesse ! ô imprudence ! ô aveuglement !

Puisque vous abandonnez ainsi la religion des masses à toutes les profanations d'un tel parti, force est qu'il finisse par s'en emparer tout à fait. Déjà il en déchire sacrilégement des lambeaux, pour s'en faire un masque hypocrite. Après cela, vous verrez tous beau jeu vous-mêmes ; je vous le promets, Messieurs de la Montagne : vous en aurez sûrement votre part de châtiment et de repentir. En attendant, le monde catholique est en droit de vous adresser quelques questions ; et je crois que les mondes musulmans et indiens pourraient bien vous en faire autant : car je ne connais point de peuple sans religion, et sans dieu reconnu et avoué. Avez-vous un culte ? Quel est celui que vous professez ? Quel est le dieu que vous servez ? Est-ce Jupiter, le *deus optimus maximus* des païens ? ou le *deus ignotus* de Voltaire ? Serait-ce Plutus, le dieu de l'argent ? ou bien Momus, le dieu des comédiens et des farceurs ? Car enfin « *aisément on pourrait s'y tromper*. » Est-ce Vichnou ou Brama ? Est-ce le dieu de Mahomet, d'Ali ou d'Omar ? Ne serait-ce point le dieu d'Arius, de Manès, de Luther, de Calvin, d'Henri VIII, de d'Alembert, de Lareveillère-Lépaux, de Buchez, de Pierre Leroux et cent autres, *ejusdem farinæ* ? Si par hasard c'était le Dieu d'Adam, de Moïse, d'Abraham, le grand Jéhovah continué dans la personne du Christ jusqu'à ce jour, eh ! par la mordondienne ! que ne le dites-vous sans détour et sans crainte ! Nous sommes encore une assez grande masse de chrétiens pour vous bien soutenir. Cela nous eût fait généralement plaisir, et rendus plus fermes à nous opposer à ce torrent d'impiétés de toutes sortes qui ravage notre infortunée patrie. Sur ce grave sujet comme en bien d'autres, il appert manifestement que vous avez laissé faire votre Constitution par et pour la théocratie du *National*, au lieu qu'il la fallait faire par et pour la France, à ce que je crois. Aussi n'est-il point douteux pour vous-mêmes que ce que vous avez voté eût été rejeté si vous l'aviez eu soumis à vos mandants. Une Constitution faite en opposition aux croyances, à l'esprit, aux mœurs, à la paix et à tous les vrais intérêts d'un peuple, ne saurait y produire que des malheurs, et n'y avoir aucune durée. Après celle-ci nous sommes en voie d'en avoir une autre pire peut-être ; alors il viendra un temps où on n'en voudra plus du tout, trompé et opprimé par la plupart. Franchement, cette dernière qu'est-elle autre chose qu'une série de concessions aux sectes de démolisseurs, unies au parti affamé de places, d'argent et de pouvoir exclusivement dans ses mains ? N'est-ce pas ce parti qui après avoir inséré partout le doute et le contre-sens dans l'ordre légal et dans l'ordre politique, vous les fait introduire aussi dans l'ordre moral et religieux? Or, du scepticisme à la négation il n'y a qu'un pas. Ah! Messieurs, c'est là un mal immense, un mal que tous nos efforts trop tardifs ne pourront bientôt plus arrêter. Aux yeux de quiconque y réfléchit avec quelque profondeur, c'est l'irréligion et l'incrédulité qui nous perdent; et c'est notre faux et funeste système d'instruction publique qui les propage. Bacon a dit : « Peu de science éloigne de la religion, beaucoup de science y ramène. » Cela est vrai, et de toutes parts nous avons sous les yeux des preuves vivantes et multipliées du premier terme; mais du second, elles se raréfient de plus en plus. En effet, à quelle époque vit-on jamais tant de faux et de demi-savants ignorants, et pires que l'ignorance; tant de discoureurs téméraires et superficiels; tant de mécréants et tant de contempteurs éhontés de la morale et de la probité? A quelle époque vit-on si peu d'esprits profonds dans les vraies sciences, et si peu de génies capables de redresser la raison débraillée de la nation et de la grouper autour d'eux? Je n'en vois point, ou je n'en vois que de fort incomplets. Le bon sens, l'ardent amour du vrai et de l'utile, le sentiment de l'exacte justice, la haine vigoureuse du crime et des méchants, le dévouement, le patriotisme porté en toute occasion jusqu'à l'abnégation de soi-même; toutes ces vertus, toutes ces nobles qualités qui firent la gloire et le bonheur de nos pères, quand la religion et l'honneur furent les premiers principes de leur gouvernement, ont disparu avec la paix parmi nous, depuis que, répudiant et détruisant ces bases, nous en avons adopté de tellement opposées que nous voici pour longtemps relancés dans la région des tempêtes. Cependant nous ne manquons pas de ce qu'on appelle en France de l'esprit : de celui-ci nos écrivains en font une dépense incroyable; ils manient l'ironie et le sarcasme avec une rare dextérité: mais c'est pour tourner en dérision la vérité et la vertu; c'est pour rendre ridicules, odieuses même, autant qu'ils peuvent, les choses les plus respectables et les plus indispensables à la société; c'est pour les flétrir devant cette tourbe d'imbéciles, et ces troupeaux d'Epicure qui ne connaissent plus d'autre Dieu que leurs passions effrénées. Les jugements les plus dépravés, les intentions les plus évidemment perfides, ne font pas rougir ces funestes écrivains. Partout ils ont suscité l'égoïsme, l'individualisme, le sybaritisme, l'envie d'acquérir à tout prix et de jouir avec fureur, et, pour comble, l'outrecuidance et l'orgueil avec le mépris de toute idée chrétienne.

Tels sont les seuls fruits de la traîtreuse politique qui a fait tant multiplier chez nous les écoles, sous prétexte de diffusion des lumières. Je n'ai pas douté dès le principe de ce satanique dessein; il saute maintenant aux yeux des moins clairvoyants. Armes terribles! armes inévitables, livrées presque entièrement aux mains des plus déterminés destructeurs de l'ordre et de la civilisation! Ces faibles éclairs universitaires, dont on fait tant de bruit, et que nous payons si cher, il n'a pas été difficile de les convertir dans les plus opaques ténèbres de l'athéisme et du matérialisme absolu. Ce n'est point en vain que la secte antisociale et antireligieuse entretient depuis longtemps une nuée de salariés pour en venir doctoralement à ce fatal résultat. Mais qu'elle y prenne garde, elle a poussé si loin les choses qu'elle pourra bien avoir à s'en repentir elle-même à la fin. Ah! je plains, avec une vive douleur, ceux qui viennent après nous! Tout annonce qu'ils verront encore de plus longs et de plus grands désastres que nous; et je n'aperçois rien pour y couper court. Qu'on me pardonne ma fatidique tristesse! Qu'on me la pardonne dans tous les partis; car, en vérité, je crois que pas un d'eux ne restera debout à la fin, au train dont nous allons! Que n'ai-je une plus grande puissance que celle d'avertir! O infortunés concitoyens, qui que vous soyez, blancs, rouges ou tricolores, croyez-en une longue expérience! Déposez vos misérables intrigues, vos absurdes disputes, vos haines et vos ardents discors: déposez-les sur l'autel de la patrie; placez par-dessus le tout et reconnaissez le vrai Dieu pour votre souverain maître, et vous êtes sauvés. Ou vous êtes tous perdus!

Je vous dirais bien encore quelque chose qui vous manque, et que vous avez déjà rejeté plusieurs fois; mais vous êtes encore trop préoccupés, et vous me juguleriez peut-être. Il faut attendre que vous sentiez vous-mêmes cette seconde nécessité. Quand la chose reviendra de votre libre arbitre, tenez-vous y donc cette fois, en songeant à quel point vous vous trouvez toujours mal de son absence. Ce n'est point un conscrit, ni un pauvre capucin qui vous parle. Je suis un vétéran. J'ai vu des maux extrêmes. Resté orphelin, et forcé d'être soldat dès mon jeune âge, et de quitter mes études à 14 ans; abandonné à moi-même au milieu des camps, dans des guerres atroces, j'ai vu triomphante l'impiété amenée par la secte des encyclopédistes; j'ai vu toutes les cruautés qui, dans la pratique, en sont l'inévitable suite; j'ai vu le sang des Français, versé par eux-mêmes, inonder nos campagnes, *abreuver nos sillons,* comme le demande encore l'aveugle fureur de l'aveugle Montagne. J'ai vu, en un mot, un long amas d'incroyables horreurs. Echappé plus de cent fois providentiellement de cette mer en courroux, je m'enfonçai dans une autre plus paisible; mais beaucoup plus profonde. J'ai passé la moitié de ma vie à l'étude des philosophes. C'est ainsi qu'ils s'appellent. J'en ai trouvé de fort pénétrants et de fort sages, qui ont su s'arrêter aux bornes infranchissables placées devant notre entendement par notre omnipotent Auteur. Après les plus tenaces et les plus inutiles recherches au delà de ces bornes, forcés de se replier sur eux-mêmes, ils remontaient en arrière jusqu'à la source du genre humain; ils s'inclinaient, pleins de respect, devant l'auguste tradition sacrée, sans s'arrêter aux difficultés et aux altérations que les temps, que les schismes et les translatations de langage ont pu y apporter pour l'obscurcir. Ils demeuraient parfaitement convaincus que ce sont-là les vrais anneaux de cette chaîne infinie que nous suivrons nécessairement au delà du tombeau; mais qu'il nous sera éternellement impossible en cette vie de concevoir autrement que par les faibles rayons de lumière qu'il a plu à Dieu de nous révéler dans la mesure qu'il a jugé suffisante à notre destination future, et pour notre court passage ici-bas. Les philosophes de cette trempe m'ont consolé dans le présent, et raffermi pour l'avenir. J'ai aussi remarqué, avec une touchante émotion, que la sagesse de ceux-ci avait été plus pratique que théorique, et que leur fin avait été douce et tranquille comme *le soir d'un beau jour*, suivant l'heureuse expression du poète. Tels ont été les savants Pères de l'Eglise. Tels ont été aussi Leibnitz, Descartes, Mallebranche, Locke et leurs meilleurs disciples, dont plusieurs, quoique nés dans des sectes prétendues réformées, jusque dans leurs plus grandes erreurs n'ont jamais songé à attaquer la foi et l'Ecriture, et sont toujours restés attachés filialement au christianisme jusqu'à leur dernière heure. Ils n'ont jamais une seule fois mis en question la religion chrétienne; ils en auraient été désespérés: ils l'ont reconnue pour la seule raisonnable, et la seule véritable. On ne les a point vus s'attaquer non plus aux bases de la société civile. Leurs écarts et leurs plus grandes témérités spéculatives étaient sans danger pour l'ordre religieux et l'ordre social; ils n'entendaient point y toucher. Tous leurs efforts n'ont tendu qu'à reculer les bornes de notre entendement et de notre certitude; mais leurs doctrines et leurs discussions se renfermèrent dans une sphère purement intellectuelle, fort au delà de la portée de la multitude. Ils cherchaient à éclairer, non à incendier; et ils ne pouvaient pas prévoir que les écoles qui leur succéderaient seraient plus dangereuses que ne l'étaient les leurs, et que n'avaient été celles de Socrate, de Platon et d'Aristote. Il n'en a point été ainsi. En métaphysique surtout, comme en bien d'autres choses, le progrès a été au rebours. Après ces sages, qui m'ont paru les plus profonds, les plus savants, et les plus consciencieux des hommes, j'ai vu aussi les sophistes. Ceux-ci, beaucoup plus théoriciens que pratiques, et beaucoup moins savants que les premiers, dont ils n'ont fait qu'abuser, m'ont fait, je l'avoue, pendant un certain temps, un mal réel dont j'ai eu quelque peine à me guérir. J'ai suivi leurs argumentations superbes et emportées. J'ai été dupe de leurs syllogismes captieux, de leurs suppositions toutes gratuites, de leurs conclusions fausses, qui, malgré tout leur artifice, n'étaient souvent que des pétitions de principes qui ne résolvaient rien, ou, qui pis est, ne faisaient autre chose qu'altérer ou déplacer la question. Cette façon de procéder est bien dangereuse pour les jeunes gens, et en général pour toutes les intelligences faibles, qui n'acquièrent jamais assez de maturité pour digérer de semblables matières. Les sophistes dont je parle me menaient droit au néant. J'ai tâché vainement de les comprendre avec quelque certitude : comment l'aurais-je pu ? ils sont morts en désespérés sans avoir pu se comprendre eux-mêmes, et beaucoup plus incertains à leur dernière heure, beaucoup plus troublés, beaucoup plus en doute de leurs propres utopies que ceux qui sont restés dans leur innocente ignorance. Ces sophistes m'ont fort agité, sans m'éclairer le moins du monde : au contraire, si je m'y étais entièrement abandonné, ils auraient eu bientôt étouffé mes lumières naturelles et mes plus nobles tendances. Ils m'auraient jeté, aussi moi, dans le plus desséchant désespoir : car, je l'avoue encore, je sens au fond de mon âme une horreur invincible pour le néant ; et ce n'est pas en vain que Dieu a placé cette aversion dans la conscience de tous les peuples, à l'exception de quelques individus dépravés, les uns par le crime, les autres par une imagination déréglée. Les maîtres de l'école du néant ont été les précurseurs des utopistes actuels, qui ne font qu'en outrer les doctrines et les conséquences. Tels ont été Hobbes, Spinosa, la dernière école allemande, et surtout les soi-disant encyclopédistes français, à la tête desquels brille Voltaire, dont il est bon de dire un mot.

Tout le monde sait quelle immense et quelle funeste influence le Patriarche de Ferney, comme il se faisait appeler, a exercée sur son siècle, et qui se poursuit encore sur le nôtre en *progressant en pis ;* car on n'en prend que le mauvais avec outrance, et l'on en passe le correctif. Sans contredit, Voltaire a semé, plus ou moins intentionnellement, l'anarchie dans les hautes classes ; et ç'a été un de ses plus grands moyens de succès, comme le paradoxe a été celui de Jean-Jacques. Excité par certaines circonstances de sa jeunesse, et ensuite par l'indigne clique des barons de Grimm et d'Holbach et par d'Alembert, Diderot, Condorcet, Helvétius et toute la secte encyclopédiste, moitié athée, moitié déiste, et toute matérialiste, à la tête de laquelle il croyait être et n'était pas, malgré son talent littéraire supérieur, qu'ils surent faire servir à leurs odieux desseins ; Voltaire s'est rué fréquemment pendant quarante ans sur toutes les religions, et avec acharnement sur le christianisme. L'audace impunie de ses diatribes en vers et en prose, et les applaudissements de la secte prétendue philosophique, lui procurèrent la plus grande vogue à la cour et à la ville ; et ce fut l'aurore de la grande débâcle sociale qui se préparait dès lors. Des hautes classes l'esprit voltairien, comme les modes, est descendu bientôt dans toutes les parties de ce qu'on appelle la bourgeoisie, où il domine encore si malheureusement aujourd'hui ; si peu de gens étant en état d'en apprécier le vide et la cause surannée. Cependant,

Voltaire n'était point un démocrate. Nul n'en fut plus éloigné que lui. Il fut toute sa vie un véritable aristocrate, un haut et puissant seigneur, fort despote envers ses inférieurs et ses pairs, fort courtisan et bien pensionné des rois; et nul doute que s'il eût vécu quinze ans de plus, il eût porté sa tête sur l'échafaud, bien corrigé de ses erreurs et bien repentant de ses fatals succès. En outre, Voltaire n'était pas fort en érudition et en sciences naturelles et métaphysiques, comme il l'était en poésie et dans les matières de littérature et de goût. Il savait le latin et mal le grec; il n'avait aucune teinture des vieilles langues orientales, dont il ne s'en plaisait pas moins à travestir burlesquement, avec une rare outrecuidance, les traditions sur des traductions falsifiées : ce qui le fit battre plusieurs fois à plate couture, et notamment par l'abbé Guénée, sans qu'il y pût répliquer. Il n'avait point pris le temps d'approfondir les divers systèmes psychologiques des anciens et des modernes; et l'on ne peut prétendre à être un grand savant ni un grand philosophe, sans toutes ces études préliminaires et à fond. Il ne possédait que les rudiments de quelques-unes. Il a donc été bien loin d'être un homme universel, comme il a aspiré mal à propos à ce semblant, au détriment de son talent même, et comme l'ont cru bon nombre de ses engoués admirateurs. Or, rien n'est plus dangereux que des matières philosophiques mises, par des hommes superficiels et passionnés, à la portée du vulgaire; nous en avons aujourd'hui des millions d'exemples vivants. Voltaire a voulu aller en trop gros équipage à la postérité. Il a été sans doute un bon poète et un grand littérateur; mais si ses éditeurs avaient anéanti sa Pucelle, ses Diatribes, son Dictionnaire prétendu philosophique, la plus grande partie de ses ouvrages historiques et de ses lettres, ils auraient rendu un grand service à sa mémoire. Il ne fut pas sans s'en repentir lui-même amèrement à son dernier jour. Il ne faut pas oublier qu'il n'a jamais fait profession de l'athéisme; qu'il se vantait même de le combattre, et d'avoir converti le grand Frédéric au déisme, et de l'avoir arraché, disait-il, à la désolante et barbare croyance du matérialisme athéiste, que ce prince avait prise de Wolf ou de Kant, et qu'il avait suivie quelque temps dans le trouble de son esprit. Il ne faut pas oublier que, loin d'entendre passer pour un apostat, il fit sa cour au pape, il bâtit une église, il solda des prêtres catholiques, les appela près de lui dans ses maladies, en dépit de la secte dont les bien-portants lui reprochaient de *faire le plongeon*; qu'à son dernier moment encore, toutes ses facultés parfaitement lucides, il fit venir le curé de......., malgré Condorcet et autres funestes amis qui le tourmentaient en sens contraire à ses bons sentiments, en restant de planton au chevet de son lit; et qu'il ne cessa de s'écrier avant d'expirer : « *Je suis abandonné de Dieu et des hommes !* » Il est bon que la bourgeoisie et le peuple sachent cela. C'est en vain que quelques encyclopédistes ont cherché à le révoquer en doute, ou à y donner le change, parce que cela tirait trop à conséquence pour leurs complots antireligieux; de même que les utopistes actuels nient le lendemain leurs attentats de la veille. Les faits ont parlé malgré eux, et les personnes de mon âge en sont presque les contemporaines. Non, Voltaire n'a point été un démolisseur convaincu et constant des doctrines chrétiennes, puisqu'il y est tant de fois revenu authentiquement dans les occasions importantes, et dans une multitude de passages de ses écrits. On en trouverait même où il a eu les plus grandes velléités de soutenir ce qu'il avait attaqué. Que ne l'a-t-il fait? Son génie et sa gloire y eussent certainement infiniment gagé. Mais il a été presque continuellement poussé par l'enivrement et l'orgueil de ses succès, et par les applaudissements de la secte antireligieuse et de tous les libertins de la cour et de la ville. S'il eût prévu que ces facéties et ses turlupinades impies porteraient la gangrène jusque dans les rangs populaires, il est probable qu'il s'en serait abstenu. En considérant tout le mal qu'il a fait, et qu'il cause encore de nos jours, je n'ai garde de vouloir excuser ses torts: mais je dis que les continuateurs de son œuvre, les utopistes actuels, qui en sont éclos, sont allés infiniment plus loin en malice et en désordre, sans aucune séduction qui puisse les faire passer; et qu'ils ne sont pas seulement criminels dans leurs voies et moyens, mais qu'ils sont encore, en comparaison de leurs devanciers, ignorants et dégoûtants d'absurdités à force de les outrer. La tolérance qui les souffre est assurément un stigmate qui ne fera pas honneur à notre époque. Ceux-ci, en même temps qu'ils nient l'ordre moral et politique, nous prêchent aussi tout crûment la doctrine du néant après nous.

Le néant! voilà donc la seule attente des impies! la seule ressource espérée des méchants! la seule fin qui, si elle était vraie, transformerait le vice en vertu, et la vertu en vice; la folie en sagesse, et la sagesse en folie; et qui, en un mot, renverserait le monde entier! Si le néant était la fin de l'homme, le monde n'aurait jamais été habitable, et il n'y aurait rien de plus rationnel que de le bouleverser de fond en comble, tel qu'il est établi depuis l'origine des sociétés, comme le veulent en effet nos réformateurs. Mais dans cette affreuse hypothèse la dépopulation y serait bientôt complète, et le séjour terrestre ne serait qu'un enfer anticipé. Je ne comprends point que deux individus y pussent vivre côte à côte; car qui est-ce qui serait assez dupe et assez sot pour s'astreindre à aucun devoir, et pour ne pas assouvir toutes ses passions aux dépens de ses semblables, si le bien et le mal, le vice et la vertu, la violence et la justice, n'étaient que des relations purement idéales et humaines, s'effaçant et se terminant avec nous? Le néant! quelle est l'intelligence assez enfoncée dans la matière et assez enté-

nébrée par ses passions, pour espérer comme probable un refuge dans une perspective aussi effroyable et aussi indigne de la
substance qui pense? Mais les méchants s'abusent, s'ils croient
par là pouvoir s'étourdir au point d'atténuer le mal de leurs
œuvres et leurs remords. Je leur défie de s'y tromper entièrement. Je leur défie d'acquérir jamais la conviction de leur néant
après leur mort. Ce n'est qu'une grossière utopie, dont toute la
création prouve l'erreur à quiconque est en état d'y réfléchir
avec un peu d'attention. Je crois utile d'entreprendre de le démontrer ici, et je prie qu'on veuille bien suivre mes arguments.
Je vais tâcher de me faire comprendre de tout le monde. Car
j'ai aussi moi mon éclectisme, tiré de tout ce qui m'a paru le
plus propre à satisfaire ma raison. Je me le suis fait depuis
longtemps, pour ma règle. Mais en l'exposant ici, je déclare que
si une personne grave et digne de ma confiance me montre
quelque erreur ou quelque danger contre la foi ou l'ordre social,
je suis tout prêt à le rétracter aussitôt que convaincu. Je crois
plus que personne à l'axiome : *Errare humanum est.*

Avant d'aborder une démonstration si importante pour notre
conduite présente et notre bonheur futur, je débute par des consi-
dérations générales. Si l'intelligence humaine tombait tout à
coup dans le néant en se séparant du corps, il faut convenir que
ce serait un saut bien énorme, ou, si vous voulez, une fin bien
brusque. Or, il n'y a point de saut, point de solution de conti-
nuité dans la nature. Tout y est gradué et continu dans ses
opérations, et dans la grande chaîne des êtres, dont une multitude d'anneaux nous sont et seront longtemps inconnus; ce
qui nous fait croire aux lacunes. Il en est qu'il nous importe
peu de connaître dès à présent, et que la sagesse éternelle a
eu ses raisons pour nous interdire. Dans toute notre science, je
ne mets au rang des perfections que ce qui peut nous rester après
cette vie : comme la connaissance du système de l'univers, celle
de Dieu et de notre âme. La connaissance des langues et celle
des faits humains sont à peu près comme celle des rues de Paris
ou de Londres, bonnes pendant le temps qu'on y demeure.
Quand il serait aussi vrai qu'il est faux que les lumières naturelles ne nous fournissent pas une démonstration parfaite de
l'immortalité de l'âme, il suffirait toujours à un homme sage
que les preuves tirées de la raison ont du moins un grand poids,
et assez de force pour donner aux gens de bien une grande
espérance d'une autre vie meilleure que celle-ci, et pour inspirer aux méchants une juste crainte d'une très-grande punition
après cette vie. Car, quand il s'agit d'un grand mal, on doit
chercher à s'en garantir, lors même qu'il n'y a pas un grand
sujet de le craindre, et à plus forte raison s'il est fort vraisemblable qu'on y sera exposé. Il ne faut mépriser ni la raison tirée
du consentement de presque toutes les nations sur cet article, ni
celle qui est prise du désir naturel de l'immortalité. Cela seul

serait donc déjà plus que suffisant pour nous faire aimer et pratiquer la vertu.

Parmi les *néantistes* (qu'on me passe ce mot, dont j'ai besoin) il y en a qui ont voulu tirer des conséquences du sommeil. Ils ont prétendu que cet état était la véritable image de la mort; et qu'après le décès, ce que nous appelons l'âme humaine était absolument nul, insensible, du moins en apparence, comme celle de l'homme enseveli dans un somme profond; c'est-à-dire rien, à leur avis. Mais d'abord il y a les rêves, qui, tout bizarres qu'ils sont parfois, heurteraient fort la supposition des *néantistes*. Cela prouverait que l'âme n'est pas entièrement absente; ou n'a pas entièrement cessé de fonctionner, en agissant seulement beaucoup plus faiblement sur la matière. Cela prouverait même son union continue avec le corps, puisqu'elle agirait encore sans le secours ni les instruments de nos sens parfaitement inertes comme la matière en cet état, sauf les fonctions vitales et purement animales qui ne cessent pas pour cela. Mais qu'est-ce qui leur a appris que l'âme ne pensait point, et n'agissait point pendant le profond sommeil? Que fait-elle? que devient-elle? Ah! voilà un de ces mille millions de mystères que nous saurons plus tard; mais qu'il ne nous est pas donné de connaître en cette vie, pour bonne raison sans aucun doute, de la part du Créateur. Si nous pouvions pénétrer clairement celui-ci, nous verrions trop distinctement dans l'autre monde par sa grande porte tout ouverte. Pour le présent, ce qui me paraît physiquement démontré, c'est que si l'âme ne faisait pas une séparation, ou une trêve quelconque, soit de fonctionnement, soit autrement, quand nos sens sont appesantis par la veille ou la fatigue; si elle pensait ou agissait toujours avec le corps, il nous serait impossible de nous livrer au sommeil, comme nous le voyons souvent dans les maladies du corps et les grands travaux et tensions de l'esprit. Rien n'est plus contraire à notre économie animale. Les rêves même la troublent quelquefois. Or, le sommeil étant un de nos premiers besoins, nous ne pouvons qu'admirer encore ici l'infinie sagesse du Créateur. Mais, si tout ce que l'on nous dit du somnambulisme et du magnétisme est vrai, quelles autres inductions n'en pourrions-nous pas tirer pour prouver que dès ici-bas même l'âme peut agir sans le secours des sens? Car dans cet état, tel qu'on nous le rapporte, elle montrerait une vie qui lui est propre et infiniment plus pénétrante seule qu'avec les yeux du corps, puisqu'elle verrait dans le passé, le présent et l'avenir, sans que les distances et les obstacles intermédiaires l'empêchassent. Ce serait là une démonstration *à fortiori* des plus grandes facultés qu'elle aura ou reprendra quand elle quittera tout à fait le corps pour retourner à Dieu.

D'autres *néantistes* ont argué du texte de la Genèse, où il est dit que Dieu forma l'homme du limon de la terre qu'il venait de créer. Ce passage, ainsi que beaucoup d'autres du récit de Moïse, leur a donné quelque avantage dans les esprits superficiels. Il est difficile, en effet, de concevoir que ce qui a commencé d'être puisse exister éternellement ensuite; et j'avoue que j'ai été moi-même, en mon jeune âge, ébranlé de leurs argumentations de physique rigoureuse. Mais en approfondissant le sujet depuis, j'ai compris parfaitement que si Moïse eût parlé aux Hébreux, encore dans la barbarie, comme il aurait pu le faire, étant inspiré, devant Platon, Aristote, Descartes ou Newton, il n'eût pas été entendu du tout; et il y eût absolument perdu son temps, comme quelqu'un qui parlerait la langue d'Euclide ou de l'algèbre devant un rustre illettré. Le texte sacré signifie tout simplement que Dieu créa l'homme avec un peu de matière, et qu'il l'anima de son souffle, c'est-à-dire de sa propre substance. Pour moi, cela ne fait plus l'ombre d'aucun doute; et il y a 50 ans que j'y réfléchis dans toutes les hypothèses et sous tous les aspects les plus divers. Je dirai plus : il ne m'est plus possible de m'imaginer aujourd'hui que les choses à cet égard aient pu se passer autrement que selon le récit de Moïse, à la vérité très-sommaire et très-concis.

Proprement, il n'y a point de néant possible pour ce qui est, et ce qui par conséquent a toujours été et sera toujours, sous une variété de formes et de transmutations infinies, selon la cohésion et la fixité des substances. Il n'y a de néant que pour ce qui n'est point, et n'a par conséquent jamais été ni ne sera jamais, sous aucune forme. J'ai beau me creuser l'esprit, je ne puis concevoir la première proposition autrement; et la seconde, j'ai bien de la peine à m'en faire une juste idée. Car comment bien comprendre ce qui n'est point; ce qui n'a ni corps, ni étendue, ni intelligence? Dans les sciences naturelles c'est un axiome aussi incontestable que deux et deux font quatre, que *rien ne se fait de rien : de nihilo nihil.* C'en est un autre non moins certain qu'aucune partie de la matière, aucune molécule, si petite, si infiniment divisée qu'elle soit, ne peut être anéantie. Il en est des corps organisés tout comme de la matière dont ils sont formés, et qui a été leur véritable matrice. Quand ils périssent, ils se décomposent, leurs parties se divisent, et s'agrègent à d'autres parties de la matière similaires ou différentes, soit pour y rester, soit pour passer et contribuer à d'autres organisations nouvelles; mais elles ne sont point, elles ne peuvent être anéanties. C'est encore un autre axiome, que nous ne pouvons concevoir que rationnellement, attendu la faiblesse et la grossièreté de nos sens, que la matière est divisible jusqu'à une extrême ténuité; quelques-uns même veulent que ce soit à l'infini, et ont dit qu'un grain de moutarde pouvait être divisé sans fin : mais j'avoue que je ne le saurais comprendre, et je crois que la ténuité des parties trouverait bientôt des bornes qui approcheraient du néant.

Or, la divisibilité n'est point du tout l'anéantissement. Que mon corps après ma mort soit séparé en des centillions de parties, qu'il soit réduit en poudre impalpable, et semé au vent par tout l'univers, ses parties seront bien éloignées les unes des autres ; mais elles ne seront point anéanties pour cela : elles ne feront, comme je l'ai dit plus haut, que subir des combinaisons nouvelles dans ce grand et perpétuel laboratoire du monde, où tous les êtres passent et repassent sans cesse à son creuset. C'est ainsi que ceux qui paraissent à nos yeux se volatiliser, ne sont point pour cela anéantis. Ils suivent la loi commune. Mais, me dira peut-être quelque théologien étranger à la physique : « Est-ce que vous prétendriez que Dieu ne pourrait pas anéantir un corps ? » Certainement il le peut, et même des mondes tout entiers. Je n'en doute nullement. Rien de tout ce que nous pourrions concevoir ne lui est impossible. Mais je doute qu'il puisse le vouloir, et que cela convienne à ses lois éternelles. Car, je vous prie, du moment qu'il a la puissance infinie d'arranger toutes les parties de la matière comme il le juge convenable, et qu'il en est l'unique maître sans limites, que gagnerait son pouvoir à les anéantir, et à opérer le vide à la place de l'harmonie de l'univers, en supposant qu'il existe dans le monde un vide absolu ; ce dont je doute aussi ?

C'est pourquoi Salomon dit bien dans l'Ecclésiaste : « Après la mort, le corps retourne à la pousssière d'où il a été tiré ; comme l'esprit retourne à Dieu, qui l'a donné. »

Voilà pour le néant prétendu appliqué à la matière. Elle est éternelle dans sa variété de formes infinie. Le temps la modifie, mais ne la détruit point.

Quand je dis que la matière est éternelle, c'est physiquement que je l'entends ; c'est-à-dire qu'aucun corps, aucune molécule ne sauraient être créés ni anéantis par les forces de la nature toute seule sans le secours exprès de son divin auteur, pour qui vouloir et pouvoir ne sont qu'un en toutes choses imaginables. J'ai déjà reconnu que Dieu, mais Dieu seul, pourrait anéantir le monde sensible à nos yeux, et tous ceux que nous n'apercevons pas, sans aucune difficulté pour sa puissance infinie ; mais que je ne concevais pas que cela pût convenir à ses lois. Or, s'il a la puissance d'anéantir le monde, c'est bien aussi une conséquence nécessaire qu'il ait eu la puissance de le créer : *Omnia ex nihilo.* Que personne ne me mette donc en opposition avec le récit de la Création, que je révère profondément. Ce récit est d'une simplicité si sublime, qu'aucun autre n'en approche dans tous les faits purement humains, même les plus épiques. Mais il est en même temps d'une concision et d'une réticence impénétrables sur les procédés et les matériaux que Dieu a employés lorsqu'il forma tous ces grands globes lumineux et opaques qui attestent dans le firmament sa gloire et sa puissance. Les a-t-il formés de globules ou d'amas de matières analogues, perdues ou semés confusément dans l'espace, pour en faire des corps réguliers, et leur donner des lois ? Ou bien, contrairement à l'axiome des sciences naturelles, *de nihilo nihil,* aurait-il créé toutes les particules qui les composent ? Et avant cette création, c'est-à-dire pendant la moitié de l'éternité, celle écoulée en arrière, n'y aurait-il eu aucun atome de matière dans l'univers ? Dieu eût-il été seul avec lui-même remplissant l'immensité du néant de sa pure intelligence ? Voilà des questions insolubles pour nous en cette vie. Moïse raconte seulement le fait que *Dieu crea le ciel et la terre,* etc. : il n'a pu dire ni comment ni avec quoi, parce qu'il n'eût point été entendu des hommes de son temps ; parce que, malgré toute notre science acquise depuis, nous ne serions peut-être pas encore aujourd'hui en état de comprendre l'élaboration du grand œuvre si tous ses détails étaient exposés à nos yeux ; parce que notre infime importance et notre destination ici-bas ne nous donnent aucun droit à en savoir davantage ; parce que l'infini ne saurait être conçu par le fini ; parce qu'enfin ce court sommaire suffisait à perpétuer parmi nous la tradition du seul et vrai Dieu avec sa toute-puissance.

Le mot *néant* ne se trouve pas dans ce récit, et cette idée a fort bien pu se confondre dans celle du chaos. Le mot *créa* peut signifier aussi la formation des êtres avec des matières préexistantes ; comme quand un horloger fait une pendule avec un peu de cuivre et de fer, ou Dieu une orange avec les sucs de la terre et de l'air. Ces analogies seraient conformes aux lois toutes divines que nous observons dans les travaux de la nature. Je ne crois pas que ces conjectures, que je ne donne au surplus que comme telles, heurtent la Révélation, à laquelle j'ai foi et amour, et limitent la puissance du grand Architecte ; puisqu'il est aussi bien le maître de la matière créée ou à créer qu'il l'est de sa suprême intelligence. Et quand bien même Dieu aurait créé *ex nihilo* nos deux substances pensante et matérielle, en procéderaient-elles moins de la source éternelle, à laquelle il est impossible d'attribuer un commencement ? L'idée de l'éternité de l'âme me semble aussi plus favorable à la doctrine de l'éternité des récompenses et des peines dans l'autre vie ; car l'éternité de ces biens et de ces maux ne serait-elle point excessive, appliquée à des êtres créés d'hier, et qui n'ont bien ou mal usé qu'un moment de leur libre arbitre ? Bien qu'on puisse y répliquer qu'il ne s'agit pas non plus de l'application de la sentence suprême pour l'éternité écoulée, mais seulement pour celle à venir.

Enfin j'avertis encore une fois que dans ce que je viens de dire comme dans ce qui va suivre, je n'entends nullement raisonner dogmatiquement ; mais humainement, d'après les lois que nous observons dans la nature, dont les apparences pourraient fort bien nous tromper, et que nous sommes d'ailleurs si loin de pénétrer à fond. En tout cas, quel est l'auteur de ces lois ? Dieu, Dieu seul évidemment. Il peut donc et il a pu les modifier, les interrompre et les changer quand et comme il lui a plu et lui plaira. Est-ce qu'il aurait moins de pouvoir dans sa sphère infinie que les législateurs humains dans leur étroite domination ? N'en avons-nous pas des preuves multipliées dans les prodiges de l'Ecriture et dans beaucoup de phénomènes de la nature ? C'est en vain que les impies ont voulu nier tout cela. Chacun sait que les panthéistes, bâtissant un monde fantastique et mesquin comme leurs passions, n'ont cherché qu'à mettre en contradiction apparente la révélation et la physique : cette dernière science dont ils font leur seule règle, toute incomplète qu'elle est, et encore fort hypothétique en beaucoup de ses rapports ; cette science qu'au reste ils faussent, violentent ou obscurcissent, pour l'accommoder à leurs détestables desseins. Chacun sait que ces sophistes de nos jours, brochant sur les anciens, ont poussé leur utopie jusqu'à refuser à Dieu sa personnalité, et à ne placer la suprême intelligence que dans l'absurdité manifeste des prétendues émanations spirituelles de la matière ; en un mot, dans le plus grossier réalisme infusé d'un vague spiritualisme où le délire de l'imagination le dispute au blasphème. Chose bien étrange ! ces prétendus apôtres de la nature, examinez l'extravagante audace des écrits dont ils inondent et empoisonnent impunément nos villes et nos campagnes, et vous verrez que ce sont eux-mêmes qui sont en opposition aux lois naturelles autant qu'ils le sont aux bases et aux principes de toute civilisation ! Et ce sont ces Protées qui osent accuser de discordance et d'erreur la religion révélée, le seul frein qui nous reste contre les méchants ! C'est ainsi que, par la funeste philosophie enseignée dans nos écoles, nous avons été conduits tout droit au scepticisme, puis à l'affreux athéisme, puis au matérialisme le plus désespérant, puis à son irruption dans nos lois, et enfin à l'immense désordre où nous sommes.

Mais après les raisonnements *supra et infra*, est-il bien vrai que l'Ecriture soit en opposition réelle avec la physique au point où elle est maintenant arrivée ? C'est ce que je ne saurais admettre. Cuvier lui-même, le plus vaste cerveau et le plus savant naturaliste du siècle, a été favorable à la cosmogonie de la Genèse, quoique protestant. Remarquez que Moïse dit simplement : « *In principio creavit Deus cœlum et terram*, etc. » Il n'est point dit *ex nihilo*. A la vérité, le quatrième concile de Latran, tenu en 1215, déclare « que Dieu a tiré du néant, et non point de sa propre substance ni d'une matière préexistante, mais par la vertu seule de sa toute-puissante volonté, tous les corps visibles et invisibles, corporels et spirituels ; et c'est une doctrine reçue je crois par toute l'Eglise, bien que la création

ex nihilo ne soit pas littéralement dans le texte mosaïque.
Certes ce n'est pas moi, enfant respectueux de l'Eglise, qui
irai contre. Tout est possible à Dieu : les choses même qui
nous paraîtraient les plus incroyables, ne seraient qu'un jeu
pour son infinie puissance. Je m'en fais une idée si grande, que
je crois que les vérités mathématiques elles-mêmes ne lui
résisteraient pas, s'il lui plaisait de les bouleverser, quelque
contraire que cela puisse être au sentiment des géomètres, qui ne
pourraient le concevoir. Si Dieu voulait que 2 et 2 fissent 5, et
qu'un triangle ou un carré fût un cercle, qui l'empêcherait?
Il n'aurait qu'à changer toutes les lois naturelles que nous connaissons et leurs rapports, ou peut-être simplement nos organes,
ou notre entendement, ou que sais-je? Mais, encore une fois,
qu'y gagnerait son pouvoir et sa gloire? Rien, pire que rien !
Cette pensée pénible me répugne comme la doctrine du néant,
si Dieu devait l'opérer un jour, et s'il y eût existé dans le vide
absolu avant la Création. Dans cette dernière hypothèse, le monde
sensible ne serait donc qu'un fantôme fugitif qui n'apparaîtrait
qu'un instant, avant et après lequel l'univers ne serait que l'analogue de l'intérieur de la machine pneumatique ! Que peut-on
concevoir de plus aride qu'un pareil empire? Au lieu que dans
celui de la matière éternelle le champ, la fécondité et l'atelier
des merveilles divines sont infinis. N'est-il pas permis d'en conclure que la sagesse de Dieu ne saurait vouloir tout ce qu'il
peut, ou qui serait absurde et contraire à lui-même ?

Nos néopanthéistes n'imaginent pas un Dieu si puissant; ou,
pour mieux dire, ils n'en reconnaissent réellement pas du tout.
Ils veulent, eux, que ce soit le monde qui est Dieu, que tout
est en Dieu et Dieu en tout. C'est le grand Pan des païens. Et
voilà la vague et fruste divinité que nous propose le philoso-
phisme actuel, jusque dans nos écoles, avec un égarement et
un fanatisme vraiment incroyable de la part de gens qui se
donnent comme des esprits savants et positifs. Selon eux, l'esprit
et la matière c'est tout un; et Dieu ne ferait que s'incarner sans
cesse dans la nature et dans l'humanité, laquelle serait la plus
haute expression de sa science et de ses manifestations. A ce
compte, toutes les merveilles de la Création, et les grandes lois
découvertes par Képler, Newton et autres, c'est-à-dire ce prodigieux pouvoir qui fait mouvoir en divers sens et retient dans
leurs orbites ces globes immenses qui roulent sur nos têtes, ne
seraient qu'une bagatelle en comparaison de notre importance
et de nos manifestations humaines ! C'est l'homme de cette
terre-ci, de ce petit grain de sable et de boue, qui est le vrai
souverain de l'univers, le suprême chaînon de la grande chaîne
des êtres, le but, la fin et la dernière perfection du grand Pan !
Et ces insensés se disent et se croient peut-être de profonds
philosophes ! Quelle démence ! Ah ! que la saine raison et la
doctrine catholique soient bien tranquilles ! ce ne sont pas ces folies

effrénées qui les renverseront. Elles feront sans doute beaucoup
de ravages chez les peuples déjà corrompus, et surtout dans les
jeunes cerveaux mal meublés de leurs coupables enseignements
publics; je ne le sais que trop. Mais ces immondes utopies
retomberont certainement dans la réprobation où elles ont été
tant de fois plongées et replongées depuis plus de trois mille ans,
et surtout depuis la venue de Jésus-Christ; non sans avoir
causé la perte de plus d'un empire.

J'ai dit et je soutiens qu'il serait aisé de concilier les principales difficultés de l'Ecriture avec nos connaissances physiques,
c'est-à-dire avec le peu que nous avons découvert jusqu'ici des
lois de la nature. Mais pour cela il faut d'abord tenir compte à
Dieu, et un très-grand compte, de sa toute-puissance, de sa
justice et de sa bonté; à quoi nulle science humaine et nulle
logique sage ne sauraient se refuser sans une insigne témérité.
En second lieu, il ne faut considérer le récit de la Création que
comme un sommaire de chapitre historique extrêmement réti-
cent, mais suffisant et uniquement pour nous conserver la tradition de ce grand fait. Quant au mode de la production des
êtres, c'est bien en vain que nous nous efforcerons d'en faire la
démonstration géométrique. Nous n'y atteindrons pas avant la
vie future; et en attendant nous ne pouvons établir que des
conjectures. Mais entendons-nous bien. Je ne dis pas que le
monde est éternel; je n'ai garde. Je crois parfaitement que Dieu
l'a créé, le gouverne, pourra le détruire un jour, le laisser dans
le chaos, ou le réédifier sous d'autres formes, d'autres lois et
avec une symétrie nouvelle, tant et tant qu'il lui plaira dans
son éternité. Nos docteurs humanitaires qui prétendent nous
avoir mis dans la voie du progrès infini, refuseraient-ils à
Dieu la même science et puissance? Mais c'est pour sa plus
grande commodité et convenance même que l'on pourrait
croire éternelle la matière de ces mondes, comme l'ont admis
Platon et tous les physiciens anciens et modernes. Au reste,
l'éternité de la matière n'implique pas son infinité suivant
l'avis des théologiens, qui pour cela la nient. Bien loin de
là. Le nombre des corps peut bien être infini dans le sens
de leur divisibilité et de leur quantité dans l'espace; mais
l'idée des corps implique trop celle de leurs limites et des
intervalles qui les séparent, pour que l'on puisse concevoir
la matière comme infinie, et lui prêter cet attribut de Dieu.
Le grand, le seul mal de l'opinion de l'éternité de la matière coexistante à l'éternité de Dieu, c'est que les panthéistes
s'en sont audacieusement et fallacieusement emparés pour faire
de la suprême intelligence infinie, et de la matière brute et
finie, tantôt un dualisme rival, tantôt un absurde amalgame
des deux substances se pénétrant ou s'absorbant l'une l'autre,
et procédant par d'aveugles facultés sous l'empire de la nécessité, suivant les uns, et de la fatalité ou fortuité, suivant les

autres. Voilà probablement aussi ce qui a contribué à faire rejeter par les théologiens l'éternité de la matière. Je ne prétends pas m'y entêter : mais je ne puis dissimuler que mon esprit s'accommode mal de l'idée que toute la matière qui a servi à la formation des mondes, n'a été créée *ex nihilo* que depuis environ six mille ans, date de la Genèse; c'est-à-dire, il n'y a pas une seconde comparativement à l'éternité. J'avoue que j'ai peine à me persuader que pendant toute l'éternité en arrière de cette date, Dieu se soit complu seul avec lui-même dans sa spiritualité, remplissant stérilement un néant, ou, si vous voulez, un vide infini, sans rien produire, dans l'ordre matériel, de tous ces prodiges qui nous frappent d'admiration sur la terre et dans le ciel. Enfin je regrette que les théologiens n'admettent pas l'éternité de la matière, parce que cette conviction des physiciens est en même temps l'argument le plus fort et le plus propre à démontrer l'immortalité de l'âme jusqu'à la certitude mathématique. L'exécrable abus qu'en ont fait les sectes panthéistes et polythéistes n'est pas une raison suffisante pour mettre cette lumière sous le boisseau. Du moment qu'il est hors de doute, et de toute contestation sérieuse, 1° que la matière, par elle-même, est inerte, incapable de sentir, penser, agir ni rien produire seule; 2° qu'elle est en tout absolument l'esclave passive de son tout-puissant promoteur, et qu'il peut à son gré la mettre en œuvre, la modifier, l'anéantir même et en créer de nouvelle; 3° qu'elle est bornée, et non point infinie comme son grand architecte; 4° que la personnalité de Dieu (s'il est permis de s'exprimer ainsi dans notre pauvreté de langage à l'égard de l'Auteur de tous les êtres) est infiniment supérieure à l'égard de tous les corps sensibles; ces quatre thèses bien nettement posées et bien entendues, je ne vois dans la théorie de l'éternité de la matière aucune idée attentatoire ou restrictive à la toute-puissance divine, et aucun argument favorable à l'abus qu'en ont fait odieusement les panthéistes. Comme c'est à ces sophistes de malheur que j'ai affaire ici, je prie qu'on me laisse raisonner avec eux d'après les seules règles de la physique et de la logique; puisqu'ils ne reconnaissent que celles-ci, et encore tant bien que mal.

Si la matière est éternelle, ou simplement impérissable, une fois qu'elle a été créée, comme toutes les œuvres sorties des mains de l'Eternel; en nous réduisant à cette dernière proposition, à combien plus forte raison l'âme ne l'est-elle pas aussi? Quoi! cette substance simple, inétendue, indivisible, incorruptible, qui commande à la matière, la fait mouvoir et la modifie à son gré par le seul acte de sa volonté, sans avoir besoin d'intermédiaire; cet être sans organes, sans parties, que nous sentons en nous, que nous étudions en vain depuis plus de quarante siècles sans pouvoir le connaître et le bien comprendre; cet être sublime, d'origine évidemment divine, qui constitue tout notre moi, périrait, quand la matière, son humble et passive esclave, ne le peut pas! Cela serait absurde; et je ne crains pas de dire ici à tous les néantistes, savants ou non, qu'ils sont ou des esprits sans profondeur ou des esprits sans bonne foi. L'intelligence qui pense, l'âme humaine, en un mot, est un être si précieux, si infiniment supérieur à la matière, que l'âme d'un seul homme vaut incomparablement mieux que la matière brute de tout un monde. L'être pensant n'a pas seulement sur la matière le privilége de la commander, de la modifier et faire mouvoir, et de n'être point comme elle divisible et décomposable; il a bien d'autres prérogatives dans un ordre infiniment plus élevé, qui attestent sa céleste origine, sa véritable source et son retour à elle. L'être pensant parcourt en un clin d'œil des distances immenses dans la durée et dans l'espace, avec une vitesse des millions de fois plus grande que celle de la lumière. Bien plus, mille fois plus, l'être pensant s'élève jusqu'à la connaissance de Dieu, son seul auteur possible : toutes choses infiniment au-dessus de la matière évidemment. D'aussi prodigieuses facultés ne sont-elles pas déjà la preuve surabondante que l'âme humaine ne peut être émanée que de Dieu, et ne peut qu'y retourner? Et, encore une fois, l'on voudrait que l'âme pérît, quand la matière brute ne le peut pas !

Il y a plus encore. Nous avons vu que la matière, sauf ses métamorphoses infinies, ne peut pas être anéantie, parce qu'elle n'a point eu de commencement. Il en est ainsi, *à fortiori*, de l'être pensant, d'un ordre infiniment supérieur. A proprement parler, l'âme n'a point eu de commencement, puisque sans aucun doute elle ne peut être qu'une émanation divine, c'est-à-dire de la source éternelle, tant dans le passé que dans l'avenir. Voilà pourquoi l'Ecriture dit que Dieu créa l'homme à son image et ressemblance, pour parler aux humains des premiers siècles un langage qu'ils pussent entendre : *Faciamus hominem ad imaginem et similitudinem nostram.* L'âme vient un moment animer un peu de matière, et s'unir à elle; après quoi elle s'envole bientôt vers son auteur. Parce que nous ne concevons pas les lois de l'union de l'âme avec le corps, ni comment elle y opère, ni ce qu'elle était ou faisait avant cette union, ni comment elle s'envole, ni ce qu'elle devient ou fait après sa séparation du corps : toutes choses que notre curiosité téméraire voudrait expliquer géométriquement; nous prenons le stupide parti de nier cette âme, et de vouloir limiter dans un cercle aussi étroit que celui d'un tonneau, c'est-à-dire à un commencement et à une fin à peu près comme hier et demain, une intelligence qui s'étend à des distances prodigieuses dans le temps et l'étendue, qui a peine à y être contenue, qui cherche encore à les franchir pour concevoir l'infini, qui s'élève jusqu'à Dieu même, l'ineffable auteur et maître de tout! Encore un coup, cela est absurde; et c'est ainsi que nous faisons des jugements sur toutes les sublimités au-dessus de notre portée, quand, ne nous contentant pas des lumières de la révélation, nous entreprenons d'une main profane de lever le voile de ces grands mystères. Dieu y a placé, pour cause, un halte-là dès leur entrée, et, croyez-le bien, toute notre ardeur n'est ni de taille ni de force à violer jamais cette consigne en cette vie.

Il est donc vrai, incontestablement vrai et certain que ce que nous appelons la mort n'est nullement un anéantissement ni de l'âme ni du corps. C'est tout simplement d'abord une séparation des deux substances, quand l'un cesse de contenir les conditions nécessaires à la demeure de l'autre, comme quand un locataire quitte une maison en ruine. Pour le corps, ce n'est qu'une décomposition de parties qui ne sauraient être annihilées pour cela. Elles peuvent seulement se diviser à l'infini, rester dans la matière inerte en y rentrant, ou bien entrer dans d'autres organisations animales ou végétales, par un roulement sans fin, ainsi que je l'ai dit. Nous rendons ainsi en gros à la matière ce que nous lui avons pris en détail depuis notre formation jusqu'à notre décomposition. A l'heure de la mort, notre corps est tout le résidu des parties que nous nous étions assimilées et que nous avions retenues en grandissant ou consommant chaque jour. Il est naturel que ce résidu retourne aux éléments dont il est emprunté. Cela est même nécessaire; car sans cela la nature s'épuiserait dans la suite des temps. Elle s'épuiserait bien plus vite encore si l'anéantissement était possible. Or, si la matière est éternelle et impérissable, et si toutes les parties de notre corps décomposé y retournent évidemment, où veut-on que l'âme retourne sinon à son auteur, sa seule source, sa seule substance similaire ? Où pourrait-elle aller ailleurs, elle qui n'a rien de commun avec la matière, qui lui est infiniment supérieure, qui est encore plus indestructible, s'il est possible, puisqu'elle est indivisible, indécomposable, incorruptible, impalpable ? Où pourrait-elle s'envoler sinon au sein de Dieu d'où procèdent toutes ses qualités ? L'analogie du retour de nos deux substances, l'une pensante et l'autre matérielle et non pensante, chacune à sa grande matrice d'essence similaire, est si frappante que la conséquence en est forcée, et qu'elle me paraît impossible à imaginer d'une autre manière satisfaisante et raisonnable. Car je ne pense pas qu'il soit besoin de discuter ici longuement la fragile opinion de ceux qui ont supposé plus ou moins timidement que la matière pourrait être susceptible de penser. C'est une absurdité trop démontrée, et incapable de soutenir l'examen pour quiconque y voudra réfléchir avec application. La preuve que la matière ne pense point est dans les organes mêmes de l'homme. Ce sont assurément les plus perfectionnés et les plus savants dans leurs détails, leur ensemble et leur concours. Ils sont très-sensibles au plaisir et à la douleur, tant qu'ils sont unis à la substance pensante. Cela était nécessaire à notre conservation, pour nous tenir sans cesse en garde et en éveil contre la multitude d'accidents semés sur nos pas : mais ils ne pensent point sur les impressions qu'ils reçoivent des objets extérieurs ou intérieurs ; toutes leurs sensations sont renvoyées instantanément droit au cerveau, siége de la pensée, qui seule juge et compare. Et dès que l'âme s'absente, tous les organes tombent immédiatement dans une insensibilité complète, et ils ne sont plus que matière inerte et sans aucune fonction. La brillante découverte récente des effets de l'éthérisation et du chloroforme, est venue prouver surabondamment la complète insensibilité de la matière quand l'être pensant en est éloigné seulement un instant.

Puisque, avec les raisonnements que je viens d'exposer, nous pouvons connaître presque mathématiquement la fin dernière, je veux dire la destination finale de tous les êtres organisés, il serait important de connaître aussi leur origine, leur formation ou génération, ou, si l'on veut, leur commencement. C'est un de ces grands mystères longtemps cherché, qui, si on pouvait l'éclaircir, jetterait beaucoup de lumière nouvelle sur nos démonstrations. Les naturalistes ont tous observé que dans ses opérations la nature, comme ils l'appellent, procédait toujours par les voies les plus simples et les plus courtes. Rien n'est plus vrai. Mais les athées et les *néantistes*, qui sont bien à peu près la même secte, attribuent à cette nature aveugle, dont ils font une divinité panthéiste, la profonde science qu'on y admire dans toutes les œuvres de la création, et qui ne peut appartenir qu'à son auteur. Et quel auteur ! Tout ce que l'imagination la plus vive s'efforcerait de concevoir de sagesse, de science, de pouvoir et de prévoyance, n'approcherait pas de la somme qu'il a fallu de toutes ces qualités pour créer la nature et lui donner les lois que nous apercevons, sans parler d'un beaucoup plus grand nombre que nous ignorons. Et, ce qui n'est pas moins surprenant, il y a autant et plus d'artifice, autant de bonté envers l'individu dans l'organisme d'une puce, d'un ciron et de tous les animaux microscopiques, que dans un éléphant ou une baleine. L'organisme de l'homme en première ligne n'est-il pas une merveille prodigieuse ? Il y a 40 ou 50 siècles que nous l'étudions avec la loupe et le scalpel, et nous ne le connaissons pas encore parfaitement ! Et c'est pourtant la maison que nous habitons, le logement de notre âme depuis notre formation ! Nos fibres sont innombrables, et aucune n'est inutile. Tout y est à la fois faible et fort, fragile et durable, élastique et onctueux, pour empêcher l'usure par les frottements ; et les organes des cinq sens, placés exactement aux lieux les plus avantageux ! Et cette subordination graduée entre toutes les espèces d'animaux, qui se conservent sans qu'aucune nouvelle espèce y puisse être intruse ; et l'harmonie de tous ces grands corps qui roulent dans l'espace ! et la magnificence du firmament ! et tous les phénomènes que nous apercevons dans le ciel et sur la terre, etc., etc. ; est-il possible d'attribuer sérieusement tout cela à la nature aveugle ? Je dis que de tous les faux systèmes il n'y en a point de plus insensé que le panthéisme, et qu'il ne méritera jamais le nom de croyance, parce qu'il est impossible à la raison de s'y arrêter. J'ai déjà fait observer que, dans une pareille hypothèse, l'ordre et l'harmonie de l'univers ne dureraient pas deux jours. Pour la création et son maintien, il faut que Dieu ait au contraire infiniment plus de puissance encore que nous n'en pouvons concevoir. Ceux qui ont professé que le monde que nous connaissons depuis 6 mille ans et toutes les créatures étaient le produit du hasard, une sorte de combinaison fortuite après une longue suite de siècles, sont des faiseurs de systèmes qui se moquent de la vérité, et ne méritent pas le nom de philosophes. Ils se moquent aussi de leurs lecteurs ; car il n'y a qu'à ouvrir les yeux pour apercevoir partout dans ce qu'ils appellent la nature, l'intention la plus formelle unie à l'intelligence la plus sagace. Ces gens-là ne voient que la forme extérieure de l'horloge, et pensent stupidement qu'elle s'est faite toute seule. Ils ne tirent que d'absurdes inductions du mécanisme intérieur, parce que leur esprit ne s'élève pas jusqu'au soupçon de l'horloger qui a fait l'ouvrage, et à son but, qui est de montrer l'heure et la division du temps pour notre usage. Ces sortes de panthéistes-ci ne reconnaissent point de créateur suprême ; et ils se font des dieux de toutes les créatures qu'ils encensent, comme font les poètes en donnant un corps à leurs divinités imaginaires. Cette religion-ci est répandue dans la plupart de nos écoles. C'est du fétichisme tout pur. Aussi vous en voyez les fruits ! La secte panthéiste qui place sa foi dans les combinaisons de la matière intelligente et du hasard, n'est pas nouvelle ; elle a seulement outré cette conception extravagante, comme font tous les utopistes de nos jours des vieilleries des temps passés ; et c'est là tout leur génie : car ils n'inventent rien, pas même dans le champ de l'erreur, qui est pourtant bien plus vaste et plus facile à remuer que celui de la vérité.

Dans le siècle dernier on a assimilé les sectaires de la nature fortuite et déifiée à un fou qui raisonnerait ainsi : « Prenez » autant de caractères d'imprimerie qu'il y a de lettres et de » même espèce dans l'Iliade ou l'Enéide. Mettez tous ces ca- » ractères dans un grand cornet, et jetez-les sans cesse comme » des dés sur un tapis pendant un nombre de siècles indéter- » miné, jusqu'à ce que vous ayez obtenu l'Iliade ou l'Enéide ; » vous les obtiendrez nécessairement à la fin, et c'est ainsi que » ces deux poèmes ont été faits. » Encore la comparaison est-elle bien faible ; car qu'est-ce que les poèmes de l'Iliade et l'Enéide, tout beaux qu'ils sont, comparés au poème de l'univers, qui chante éternellement la gloire de son ineffaçable maître dans l'infini de la durée et de l'espace ? Il n'y a point d'autre sublime que dans la région de cette vaste pensée, dans ce qu'il nous a été donné d'en concevoir ; et tout ce que nous en pouvons imaginer sur la terre est mesquin, en comparaison de ce que nous en ignorons encore. Saint Paul et les prophètes l'ont beaucoup mieux dit que moi ; et c'étaient à coup sûr de plus grands philosophes que tous les profanes qui ont pris depuis ce nom, et qui n'ont fait que s'éloigner de la source de toutes vérités, en cherchant à embellir l'erreur.

Je reviens à la Création et au récit de Moïse. De savants ignorants, par égarement, passion ou mauvaise foi, ont critiqué jusqu'à mettre en question les faits et le texte même de la Genèse. Et sur quoi se fondent-ils ? Ils argumentent sur ce que Moïse n'a point parlé aux enfants de Jacob, comme Leibnitz, Descartes, Newton et Cuvier ont parlé plus de 30 siècles après lui aux Allemands, aux Anglais et aux Français. Mais, de bonne foi, encore un coup, le pouvait-il faire sans vouloir n'être point entendu ? Et que savons-nous ce que la postérité pensera, dans 30 siècles d'ici, de nos théories et de nos prétendues lumières actuelles ? Il est fort à croire qu'elle en rejettera beaucoup. Mais ce n'est pas tout : qu'est-ce que la science profane a détruit des principaux faits de la Genèse ? Rien, absolument rien. Ils subsistent tous dans leur sublime simplicité. Il y a plus, et cela est bien frappant, c'est que la cosmogonie de Buffon et toutes celles qui ont été fabriquées ou imaginées avant et depuis ce grand naturaliste, sont incroyables, insoutenables, invraisembles, et toutes fondées sur des suppositions évidemment gratuites, sans aucune autorité. Tandis que la cosmogonie de la Genèse remonte majestueusement à Dieu même, incontestablement le seul ouvrier capable de faire le monde et la moindre de ses parties. Voilà déjà une vérité dont je défie qu'on renverse jamais la base, qu'on entasse pour l'obscurcir tant de doutes et de sophismes que l'on voudra. En second lieu, la création des êtres par le seul commandement de Dieu, telle qu'elle est rapportée sommairement dans la Genèse, est plus que toutes celles imaginées depuis, conforme à cette loi que nous observons dans la nature, *qui procède toujours par les voies les plus simples.* J'en appelle ici à tous les esprits sérieux. Qu'ils se dégagent de tous les préjugés qui nous accablent dans le fatras de la vie que nous nous sommes faite, à force de perfectionnements prétendus ; qu'ils songent attentivement à une tradition qui remonte à nos premiers parents, au premier couple humain, qui descend à Noé après le grand cataclysme du déluge, dont il nous reste encore tant de traces ; elle se poursuit dans les déserts jusqu'aux familles d'Abraham, d'Isaac et de Jacob, qui vécurent en pasteurs nomades ; la famille de Jacob est amenée par la famine, et l'épisode tout providentiel de Joseph, au milieu des Egyptiens, peuple idolâtre au plus brutal degré, adorant les oignons, les reptiles, les chats, etc. Au sein de cette barbarie, les Hébreux, dans la race de Jacob, se multiplient, et croissent aussi en idolâtrie. Moïse, l'un d'eux, les en arrache et les pousse dans le désert; là il leur rappelle et leur burine sur des tables d'airain cette auguste et magnifique tradition qui s'était conservée parmi eux pure et intacte, malgré leur barbarie, comme le seul phare du salut futur du genre humain; cette tradition qui proclame le vrai et le seul Dieu, la création du monde, et celle d'Adam et tous les autres êtres; cette tradition qui s'était perdue chez tous les autres peuples de la terre issus du sang de Noé! Je le demande, si Moïse n'avait pas été inspiré et fortement suscité de Dieu même, où aurait-il pris une science si profonde et si imprimée du cachet divin? S'il l'eût devinée au milieu des ténèbres épaisses qui couvraient alors l'humanité entière, et s'il l'eût prêchée de son seul chef avec toute l'autorité qu'il y déploya, certes il eût été un prodige beaucoup plus grand que Newton et que tous les prophètes tant sacrés que profanes. Bien qu'il ait été aidé de la tradition impérissable et du secours divin, il n'en est pas moins resté un grand homme, et peut-être le plus grand de tous : car Jésus-Christ n'est pas un simple mortel; mais un Dieu incarné, un messie évidemment envoyé du sein du grand auteur de toutes choses, pour perpétuer l'antique tradition et indiquer à tous les habitants de la terre les nouvelles voies de salut éternel que les temps avaient amenées. Tous les systèmes politiques qui s'en écartent, ne sont que des théories éphémères, souvent même anarchiques et funestes, en dehors de ce grand corps des traditions mosaïques et chrétiennes. L'expérience ne l'a que trop prouvé et le prouvera toujours. Il n'y a point à en douter.

Je laisse de côté les grandes merveilles du firmament. Il me serait impossible d'expliquer leur création contrairement à l'Ecriture, qui n'a voulu m'en dire que ce qui convenait alors. Les découvertes que de grands génies ont faites depuis, quant aux volumes des corps célestes, leur densité, leurs distances, leurs mouvements, et leur vitesse, etc., m'ont fort touché sans doute; et je ne les nie point, quoiqu'elles ne soient point certaines, et que nous n'aurons probablement jamais les moyens d'en vérifier l'exactitude. Mais quant à la formation primitive de ces globes, aucune cosmogonie profane ne m'a satisfait; et je suis forcé d'en revenir toujours à celle de la Genèse comme la meilleure, je dis plus, comme la seule simple, croyable et probable, quoique remplie de réticences et n'exprimant que les principaux faits. Sauf à nous à découvrir, tant bien que mal, dans la suite des temps, les explications et les anneaux intermédiaires de la grande chaîne que Dieu voudra bien nous permettre suivant notre état social. Car, ainsi que je ne cesse de le dire, si nos progrès possibles sont extrêmement bornés en sciences morales et gouvernementales, il n'en est point ainsi en sciences naturelles, où le progrès peut être non pas infini, mais indéfini. Arrêtons-nous donc plus près de nous, à la formation des êtres organisés que nous palpons. Nous n'aurons pas besoin de nous écarter de la Genèse, car elle est conforme à la raison et à l'observation. Nous avons vu que la nature opérait toujours par la voie la plus simple, et qu'elle y puisait toute sa fécondité. Or, qu'y a-t-il de plus simple et de plus fécond que le système découlant du récit de la Genèse ? Voici absolument comme je le conçois. Dieu ne tira peut-être pas le premier couple humain du néant, comme on le dit communément pour l'intelligence du vulgaire; mais il le forma avec un peu de la matière éternelle dont il dispose à son gré par le seul acte de sa volonté, et qu'il peut modifier avec une puissance et une intelligence infinies. Il donna à Adam et Ève la forme extérieure et l'organisme interne que toute leur innombrable descendance a merveilleusement conservés jusqu'à nous, sans qu'il y manque jamais une seule pièce, une seule fibre; excepté dans les monstres qui en ont plus ou moins, mais qui ne se reproduisent pas. Sans quoi l'espèce s'altérerait et périrait bientôt. Il mit dans la matière de ce premier couple un germe contenant la faculté de se reproduire et d'enfanter le genre humain jusqu'à la fin des temps, comme nous le voyons procéder en effet du père au fils, et ainsi de suite, de génération en génération, sans jamais s'épuiser. Ce couple étant ainsi formé matériellement, Dieu l'anima de son souffle divin, c'est-à-dire d'une particule, inappréciable pour nous, de sa propre substance impalpable, immortelle, éternelle dans le passé comme dans l'avenir; substance qui commande à la matière, et qui lui est infiniment supérieure. *Mens agitat molem.* Il plaça dans cette émanation de sa substance, ou, pour mieux dire, dans cette première âme, le germe de toutes les âmes qui devaient venir dans la suite animer tous les corps humains au moment même de leur formation; c'est-à-dire qu'il dota les deux premiers germes, matériel et intellectuel, de la même vertu prolifique et inépuisable. Et pour assurer la multiplication de l'espèce, il attacha à l'opération simultanée de la transmission d'un corps et d'une âme un très-grand appétit et un très-grand plaisir naturels, à quoi il ajouta ce commandement : Croissez et multipliez. Après avoir ainsi formé l'homme des deux substances matérielle et intellectuelle; après l'avoir ainsi doué de la raison et de la pensée, Dieu le dota aussi du beau don de la parole, qui devenait en effet indispensable à l'émission des premiers dons, et à la nécessité qu'ils impliquaient de vivre en société, sans doute pour mieux adorer et remplir les fins du Créateur. Cette création du premier couple dut être l'affaire d'un moment; car pour Dieu vouloir c'est pouvoir à l'instant, si cela lui plaît. Voilà donc l'homme formé de deux substances également éternelles, et par conséquent indestructibles; mais dont l'une est infiniment subordonnée à l'autre et lui obéissant à tout vouloir, sans que nous connaissions la loi de cette obéissance et de cette union de deux natures si diverses. Il est donc démontré non-seulement que l'âme est immortelle, répétons-le cent fois, mais encore qu'il est impossible qu'elle ne le soit pas, impossible qu'elle périsse et retourne au néant; puisqu'elle n'en est point sortie, et qu'elle est au contraire émanée et ne peut absolument être émanée que de l'esprit de Dieu seul, aucun corps dans la pure matière n'étant capable de la pensée, comme le voudraient follement les panthéistes, qui prennent apparemment les poètes à la lettre. Ces gens-ci ne se croient point d'âme; mais seulement des sensations et des pensées temporaires. Ils se déshéritent eux-mêmes de leur meilleur, ou, pour mieux dire, de leur seul bien durable, pour ne s'attacher qu'au bagage de leur enveloppe corruptible. Mais puisque la matière est éternelle, que deviendra dans leur système leur pensée, lors de la dissolution du corps? Si elle s'évanouit, comme ils le pensent d'après Epicure, c'est donc l'intelligence qui serait l'inférieure et qui n'aurait pas dû commander à la matière !

Voilà une belle philosophie, et une belle logique ! Quelques-uns ont prétendu qu'il avait dû être créé divers premiers couples humains en divers pays. Mais par qui? Ils ne savent que dire. Ils bégaient la nature, toujours la nature aveugle, mais intelligente selon eux. Quelle folie, quand tout prouve le contraire ! Ils excipent de ce qu'il y a plusieurs espèces d'hommes, des blancs, des noirs, des rouges, des cuivrés, etc. Oui, mais c'est toujours le même genre qui a pu et dû se varier en traits et en couleur, selon les climats et les croisements de race, etc., ou par la seule volonté divine. Il eût été aussi facile à Dieu de créer mille couples à la fois que d'en créer un seul; mais cela s'éloigne du récit de l'Ecriture, et de la simplicité des voies naturelles. Ils ajoutent contre l'histoire d'Adam et Eve, que le monde eût été trop longtemps à se peupler. Alors ils devraient dire que Dieu, ou bien la nature intelligente, comme ils parlent, aurait dû commencer le genre humain en créant des peuples tout entiers. Mais tel n'a pas été le dessein du Créateur. Il a voulu laisser le temps à la terre nouvellement formée de devenir habitable, dont il y a des parties qui ne le sont pas encore. Dieu n'est pas pressé comme nous de jouir de ses œuvres; les siècles ne sont pour lui que des instants. Au temps des patriarches, les hommes vivaient plusieurs siècles et avaient de nombreuses postérités. La terre était déjà peuplée au temps du Déluge. La famille de Noé a suffi pour la repeupler bientôt. Le midi et le centre de l'Asie, berceau du genre humain, ont été très-peuplés dès les temps reculés. Témoin les empires des Mèdes, des Babyloniens, des Assyriens et la Chine. Si tout le globe était peuplé comme Paris ou le département du Nord, est-ce que nous pourrions y vivre ni nous y endurer? Aussi voyons-nous que lorsque nous devenons trop nombreux et toujours en même temps trop dépravés sur quelques points, notre grand Souverain prend soin de nous envoyer la famine, la peste, la discorde et la guerre; fléaux nécessaires de temps en temps, à ce qu'il paraît, pour éclaircir et châtier nos fourmilières. Tous les empires que je viens de citer, sans parler des Romains et de bien d'autres plus anciens que nous ignorons, ont péri par ces lois; et je crois que nous y voici à notre tour en bon train d'aller, entraînés comme nous le sommes dans ce vaste *Capharnaüm* par le *caput mortuum* des plus détestables sectes présentes, entées sur celles du siècle précédent. Ainsi toutes les arguties faites contre l'Ecriture par les voltairiens et les panthéistes ne sont que des chicanes d'Allemand, et d'audacieux démentis donnés à l'esprit de Dieu. Mais ils auront beau faire, ils ne détruiront pas l'Ecriture; elle leur survivra jusqu'à la fin des temps: d'autant plus que tout ce que les impies ont essayé de mettre à la place, est vertige, incapable de satisfaire la raison, sans autre fondement que leurs suppositions toutes gratuites; et leur autorité porte sur le front l'empreinte de la réprobation. En effet, rejeter, pour quelques difficultés, une tradition qui porte en mille endroits un caractère tout divin; qui remonte aux premiers temps et au vrai Dieu, que sans elle nous serions hors d'état d'apprendre jamais; qui depuis plus de quatre mille ans qu'elle est écrite n'a cessé d'être crue et vénérée par les plus sages et les plus savants des hommes qui ont eu le bonheur de la connaître; qui a été en vain combattue par l'hérésie, et persécutée par la tyrannie la plus puissante et la plus violente; qui a été attestée par de grands prophètes, et l'accomplissement historique et certain de leurs prophéties; qui a été confirmée mieux encore par la venue de Jésus-Christ longtemps prédite, et par des miracles et prodiges authentiques; qui a été enfin fermement confessée dans la violence des tourments par une foule innombrable de martyrs pleins de science et de vertus : rejeter, dis-je, tout cela pour mettre à la place sa petite imagination de deux jours, sa petite utopie très-grosse de suffisance et d'orgueil, très-vide de probabilité, n'est-ce pas là le comble de la démence?

J'ai déduit l'origine, la formation et la lignée du genre humain comme je les comprends sur le récit de la Genèse et comme je ne saurais les comprendre autrement; car je n'ai jamais pu admettre ni l'harmonie préétablie de Leibnitz, ni l'opinion de Mallebranche, l'un voulant que Dieu mette, une fois pour toute la vie dans chaque individu, les rapports de l'âme avec le corps; l'autre voulant que Dieu soit occupé sans cesse à régler les mouvements et l'harmonie des deux substances. A ce compte, il faudrait que Dieu intervînt à la formation de chaque homme et à toutes ses actions. Une pareille théorie, de quelques brillants qu'ils l'aient semée, n'est point digne de ces deux grands esprits ; ce qui prouve combien le génie même est sujet à errer quand il s'écarte de l'Ecriture, et prétend dire mieux ou plus qu'elle en traitant les mêmes sujets.

La théorie que j'indique y est beaucoup plus conforme, à mon avis ; ainsi qu'à la puissance de Dieu : elle l'est aussi à l'observation des voies simples de la nature. Tout indique que la même origine et la même déduction sont applicables à tout le règne animal, dans les espèces ovipares comme dans les vivipares. Dans chaque genre, Dieu forma un premier couple avec de la matière ; il y déposa un premier germe avec une fécondité encore beaucoup plus grande que dans notre espèce, parce que les animaux sont destinés à se substanter les uns les autres, et à contribuer aussi à la nourriture de l'homme, qui en consomme beaucoup, et de plus à l'aider et à le servir de leurs forces et de leurs dépouilles. Voilà pourquoi Dieu n'insuffla dans ces premiers germes que le sentiment, certains désirs, certaines passions nécessaires à leur reproduction, conservation et destination, quelque chose comme un extrême diminutif de notre âme, que nous nommons instinct, et qu'il nous est encore plus impossible de connaître que l'être véritable que nous sentons en nous ; parce que nous ne pouvons que soupçonner ce qui se passe dans leur organisme avec des variétés infinies. Ce quelque chose, cet instinct périt avec leur décomposition. Toute leur destination est alors remplie. Dieu leur refusa la raison, la pensée, l'âme en un mot, et pour des raisons palpables pour nous-mêmes. Il leur refusa aussi la parole, qui, sans le don de l'âme, leur était complètement inutile, et même impraticable ; il ne leur accorda que des cris pour s'entre-reconnaître. Quelques philosophes beaucoup plus innocents que les panthéistes, ont supposé plutôt que cru que les bêtes pouvaient bien avoir une âme ; mais seulement moins parfaite que la nôtre. Cette opinion n'est pas soutenable. Si les animaux avaient été doués d'une âme plus ou moins perfectionnée, mais de même essence que la nôtre, nous n'aurions pas le droit de les asservir, de les dépouiller, de les tuer et de nous en nourrir, sans commettre de barbares injustices et des meurtres cruels. Ils seraient trop malheureux sans l'avoir mérité, puisqu'ils sentiraient leur malheur dans notre cruauté. Ils seraient en droit de crier contre nous et contre Dieu même. Il y a plus, leurs espèces étant très-nombreuses, et quelques-unes beaucoup plus fortes et mieux armées naturellement que la nôtre, elles nous feraient une terrible concurrence. Il y a longtemps qu'elles auraient détruit notre espèce, et beaucoup d'autres parmi elles. Dieu a visiblement voulu que l'homme fût le seul souverain de la terre ; mais le souverain responsable, entendez-vous ! Prenons bien garde à l'abus que nous ferons de notre royauté, qui est évidemment toute dans notre don de l'âme et du libre arbitre qui nous a été laissé. Nous aurons certainement à en répondre; car, sans cette responsabilité, nous ne serions point au-dessus des animaux, et Dieu n'aurait été ni juste ni sage à nous doter si incomparablement mieux qu'eux. Or, comme il est partout présent, et nous pénètre au cerveau, au cœur, au fond de nos entrailles, il n'a besoin ni de témoins, ni de mouchards, ni de rapports de police, pour savoir exactement ce qui se passe en notre logis. Tous les délits que nous commettrons en pensées, paroles et actions, ne lui échapperont pas, et nous en rendrons compte quand nous retournerons à lui; il en sera ainsi de nos bienfaits, *benefacta*, et de nos vertus, malheureusement beaucoup plus rares. C'est donc une conséquence forcée, irréfutable, que la conduite de toute notre vie recevra à la mort le châtiment ou la récompense qu'elle aura méritée. Les conspirateurs et tous les méchants s'abusent grossièrement en méconnaissant ces vérités, qu'il est impossible à la raison de rejeter, pour se réfugier dans le fantôme blafard du néant. Ce qui étonne le plus dans leur triste point de vue, c'est que la plupart d'entre eux, incapables de mieux, aspirent avec ardeur à la célébrité d'Erostrate. Mais si leur âme périt avec leur corps, si le tout va au néant, que leur importe que leur nom soit prononcé des milliards de fois dans des milliers d'années? La cendre d'Homère aurait-elle la moindre conscience, le moindre sentiment de l'admiration des hommes? Le génie comme le crime ne seraient-ils pas des fous et des dupes de tant s'agiter pendant une si courte existence, pour obtenir, sur leurs restes froids et insensibles, de vains sons qui se perdent dans l'air. Mais si, comme il n'est point douteux, les *malefacta* et les *benefacta* ne sauraient absolument éviter les regards et la justice du grand Dispensateur, que les méchants tremblent, et que les gens de bien se fortifient dans leur douce et juste espérance!

L'ordre que nous venons d'examiner dans la formation des êtres, la reproduction, la destination, la subordination et une foule d'intentions que nous ne connaissons pas toutes, est d'une si sublime simplicité, et en même temps d'une sagesse, science et puissance si prodigieuses, qu'il est impossible de n'y pas reconnaître la main du grand Auteur, et qu'il faut être littéralement insensé pour l'attribuer à l'aveugle nature. Dans le règne végétal nous allons voir les mêmes lois et les mêmes merveilles. Dans le premier grain de blé, dans le premier gland, et généralement tous les végétaux qui viennent de semence, il a été placé dans ces premiers germes une faculté de reproduction infinie. Cette même faculté existe dans ceux qui viennent de racines, de boutures, etc. Dans ce règne, la variété est immense, parce qu'il est chargé de toute la nourriture du premier règne, hommes et animaux, et en outre d'assainir, d'embellir notre séjour, et de nous fournir les matériaux nécessaires à nos demeures, à nos entreprises, etc. Comme nous ne cessons d'en détruire et mutiler pour notre usage leur fécondité et leurs variétés sont extrêmes. Dieu les doua d'une faculté prompte et puissante de germination et de végétation, en pompant les sucs de la terre et de l'air : mais il les priva de tout sentiment, parce qu'ils auraient trop souffert, ils auraient éprouvé sans raison la douleur, sous nos attaques et celles des saisons. La locomotion spontanée leur fut aussi interdite, parce qu'elle ne pouvait convenir à leur nature. Dans ce règne encore les merveilles, ou, pour mieux dire, les miracles les plus étonnants se multiplient chaque jour sous nos yeux, sans que nous daignions seulement les apercevoir, parce que nos regards y sont habitués dès notre enfance.

Les miracles de l'Ecriture et ceux de Jésus-Christ, contestés par les incrédules, sont cent fois plus faciles à croire et moins étonnants. Qu'est-ce que ressusciter des morts qui ont encore tous leurs organes, guérir des lépreux, changer l'eau en vin, multiplier le pain, marcher sur les eaux, etc. ? C'est fort supérieur à notre pouvoir, sans doute ; mais ce n'est qu'un jeu pour le Fils de Dieu, et cela suffisait à sa divine mission. Mais d'un gland gros comme une noisette faire en peu de révolutions solaires un colosse et une multitude infinie de colosses de cent pieds de haut, et des millions et myriades de glands pareils au premier ; mais d'un petit grain de blé gros comme une puce ensemencer la terre habitable en peu de siècles, et de tout ainsi dans la nature organisée et inanimée ! Si nous tombions avec nos facultés présentes d'un autre monde où de pareilles merveilles n'existeraient pas, et si on nous les montrait tout à coup, nous serions stupidifiés de surprise ; nous nous croirions tout au moins dans un pays de fées et de magiciens : et si, sans nous les montrer, on se bornait à nous les raconter, nous n'y croirions pas du tout, et nous serions beaucoup plus excusables que ceux qui nient les miracles de Jésus-Christ. Devant de pareils prodiges réitérés chaque jour à foison sous nos yeux volontairement aveugles, que l'on cesse donc d'insulter et d'attaquer les plus saines croyances et les plus saintes traditions. Que l'on cesse de crier à la superstition, au fanatisme, à l'ignorance ! Les vrais fanatiques et les vrais ignorants sont les méchants qui mettent en question et en péril la religion et la société, et qui n'ont jamais pénétré, du moins consciencieusement, dans les hautes vérités de la pure intelligence. Les fanatiques et les ignorants sont ceux qui croupissent dans les passions matérielles et violentes, et qui déchirent leur patrie sans pitié, en s'y donnant effrontément comme des modèles de patriotisme et de vertu ! Voilà les fanatiques ; et cette lèpre qui sèche et ronge toutes nos forces, est devenue tellement envahissante que la société est menacée prochainement du plus honteux de tous les naufrages, c'est-à-dire d'un échouage dans les récifs de la plus barbare des jacqueries. Car de toutes parts on ne parle de rien moins que de spolier tous ceux qui possèdent, et de leur couper sans pitié la tête, au nom de l'égalité et de la fraternité, entendez-vous bien? Nous aurions beaucoup plus de sécurité dans les bagnes: on y tient en vérité un langage plus modéré et plus honnête que dans les bacchanales du socialisme. Ah! qu'il est urgent d'y mettre ordre! *Caveant consules!*

En attendant, consolons-nous du moins en invoquant la Providence qui peut toujours nous sauver. Consolons-nous dans l'espérance d'un meilleur avenir, qui dépend de nous. De tout ce qui précède concluons encore une fois avec la plus entière certitude les grandes vérités capitales qui suivent; le tout sauf la volonté de Dieu, qui peut changer toutes les lois de la nature: 1° Il n'y a de néant que pour ce qui n'a jamais été, n'est point et ne sera par conséquent jamais. 2° Il ne peut y avoir de néant pour ce qui est et a par conséquent toujours été et sera toujours matériellement, sauf des transformations sans fin. 3° La matière est donc éternelle, et aucune partie n'en peut être anéantie. 4° Quand les corps organisés se décomposent, aucune de leurs parties ne peut aller au néant, impossible pour elles; mais elles retournent à la matière, qui les a momentanément prêtées à l'organisme pendant son existence. 5° L'âme existe, nous la sentons en nous invinciblement sans pouvoir l'expliquer; nous sentons ses opérations en nous-mêmes sans savoir comment elle opère; son siège nous paraît être dans notre cerveau, mais elle y est impalpable. Tous ces mystères sont pour nous impénétrables pendant cette vie, malgré la conscience que nous ne cessons d'avoir de notre hôte et ses opérations continuelles, parce qu'elle est d'une essence toute divine infiniment supérieure aux perceptions de nos sens grossiers, qui ne sont que matière; mais nous saurons infailliblement ces mystères à la mort quand l'âme, dépouillée de son enveloppe, verra Dieu elle-même et tout le monde de la suprême intelligence. 6° Si l'âme humaine n'avait pas été envoyée pour commander à la matière, il n'y aurait sur la terre ni crime ni vertu, ni bien ni mal, ni ordre ni désordre; mais seulement un chaos inutile et désert, tout à fait indigne de la sagesse de Dieu. 7° La matière étant impérissable, mais seulement décomposable, parce qu'elle est formée de parties divisibles jusqu'à l'extrême ténuité qui subsistent toujours dans la masse, l'âme est encore plus impérissable, s'il était possible: car sa substance est infiniment supérieure à celle de la matière; car elle est simple, inétendue, et par conséquent incorruptible, indivisible. Donc, *à fortiori*, l'âme est nécessairement immortelle. Donc elle est aussi éternelle; c'est-à-dire, que sa sublime essence n'a pas plus eu de commencement qu'elle n'aura de fin, puisqu'elle est sortie de celle de Dieu même et qu'elle ne peut retourner ailleurs qu'à la source divine. Seulement, il nous est interdit de savoir géométriquement ce qu'elle faisait avant son union à notre corps, et ce qu'elle deviendra enfin après sa séparation : nous en savons une partie de la dernière importance à notre salut; mais nous le savons avec certitude par les lumières de la foi, solidement appuyées par la raison attentive. Donc la doctrine sacrée des récompenses et des peines de l'autre vie est une conséquence nécessaire, et malheur à toute âme souillée de crimes qui retournera à Dieu sans s'être purgée en recourant à temps à sa miséricorde! Donc la religion chrétienne, qui seule nous a enseigné ces augustes et formidables vérités, est la seule véritable. Donc ce grand corps de l'Ecriture sainte est la plus ancienne tradition du monde, et la plus vénérable et la plus sublime. Donc les faits divins et les faits humains qui y sont contenus sont avérés, et trop au-dessus des attaques des incrédules et des impies pour être jamais infirmés. Donc ces faits sont la plus haute expression de toute la science humaine. Donc toutes les théories qui les rejettent sont indignes des noms de science et de philosophie, et ne sont qu'un amas de suffisance, de témérité, de vertige et d'erreur. Donc toute société qui ne tiendra pas un très-grand compte de la vraie religion révélée, et qui n'appuiera pas son gouvernement et ses lois sur ces bases inébranlables, est une société qui ne saurait manquer de périr bientôt dans les convulsions de tous les genres d'anarchie.

Je borne ici mes déductions. Il me serait aisé de les multiplier encore; car ces hautes vérités premières sont aussi fécondes que les premiers germes des corps organisés, et c'est d'elles que découlent toutes les vérités secondaires. J'y ajouterai pourtant une démonstration qui me frappe. J'ai prouvé que la mort n'était que la séparation des deux substances de l'âme et du corps, et le retour de chacune d'elles à son origine similaire. Si la substance de nos âmes périssait, la suprême intelligence, qui est la source de toutes les âmes, irait incessamment en s'énervant et s'épuisant. Si les parties corporelles périssaient, tous les globes iraient toujours en perdant de leur poids et de leur volume. En sorte qu'au bout d'une longue suite de siècles il n'y aurait plus ni Dieu ni matière; il n'y aurait plus d'univers. Il ne resterait que le néant et la durée, qui se mesureraient l'un par l'autre. Or, ce sont là des pensées non moins absurdes qu'inconcevables. Ainsi l'incrédulité et l'irréligion peuvent être combattues par la philosophie et la physique, en parfait accord avec la tradition révélée. Je prie encore une fois qu'on me pardonne mes redites et mes longueurs. Je sais bien que j'en commets; mais j'ai dit la raison que j'avais de me presser, et j'écris au pas de course. Je n'ai pas le temps de me revoir et corriger. Je le ferai plus tard s'il y a lieu, et si je donne suite à cet ouvrage. J'attaque de tout mon petit pouvoir le socialisme et la terreur. Mais ces deux hideuses plaies ne sont pas les pires, c'est l'irréligion qui les a enfantées; c'est l'irréligion que de funestes sophistes ont implantée parmi le peuple, au moyen de la fausse instruction universitaire. Voilà pourquoi je me suis arrêté à cet important sujet. Je voudrais que de plus habiles que moi traitassent à fond certaines matières que je ne fais guère qu'effleurer plus ou moins mal. Les prêtres sans doute font leur devoir; ils n'épargnent pas les saines instructions dans la chaire et ailleurs, ainsi que par leurs exemples. Mais on les calomnie indignement, parce que quelques-uns se sont laissé fourvoyer plus ou moins, quoique rarement. On est en garde contre eux et leurs vertus; on dit c'est leur métier, c'est leur intérêt, etc. Cela les affaiblit beaucoup dans leur lutte contre le sophisme antireligieux et antisocial. Ils sont souvent réduits à une situation purement défensive, quelquefois même au silence, tant l'hypocrite impiété cherche à les opprimer en criant contre eux au fanatisme et à l'intolérance! Je voudrais donc que de bonnes plumes laïques surgissent de toutes parts pour les aider, en traitant à fond la matière avec les armes de la saine philosophie profane. Elles auraient plus de succès dans certains esprits, où la défiance a pénétré avec la gangrène. Du reste, qu'on ne se préoccupe pas du caractère de celui qui écrit ces lignes. Je ne suis ni un congréganiste ni un jésuite, comme on dit vulgairement en pensant faire une injure. Je ne suis pas même un simple dévot. Je n'ai point, hélas! les vertus nécessaires à cet heureux état. Je me sens autant et peut-être plus de faiblesse que mon cher lecteur. Mais renier ou déserter, dans les circonstances importantes, ma foi religieuse et ma foi politique, c'est une lâcheté que je n'aurai jamais. Je m'imagine même que si la tyrannie venait un jour à vouloir m'y forcer, j'aurais le courage d'imiter Polyeucte, et je m'écrierais : Je suis chrétien! je suis.......! Permettez-moi de ne pas articuler le dernier mot. Je ne sais pas s'il reviendra jamais de saison parmi nous; mais comme il ne l'est point en ce moment, je m'en abstiens. Il serait vain de s'exposer à chamailler inutilement avec Messieurs du parquet; et, ce qui est beaucoup plus dangereux, avec mes concitoyens de la rue : bien que mes bons sentiments pour eux soient beaucoup plus propres à leur rendre le bien-être présent et futur que les funestes utopies qui les égarent, s'ils étaient plus en état d'apprécier les uns et les autres.

Je reviens à vous et à votre Constitution, honorables constituants.

« Article 8. Les citoyens ont le droit de s'associer, de s'as-
» sembler paisiblement et sans armes, de pétitionner, de ma-
» nifester leurs pensées par la voie de la presse ou autrement. »
Nous avons déjà récolté de beaux fruits de ces semences! Chacun les connaît par l'expérience des clubs et des orgies et de l'affaire du 15 Mai. Gare le reste! C'est ici le cas de le dire; vous avez semé du vent, vous n'en recueillerez que des tempêtes. Je n'ai pas besoin d'en dire davantage. « L'exercice de ces

» droits n'a pour limites que les droits ou la liberté d'autrui, et
» la sécurité publique. » Hélas! ces limites et ces droits sont
bien vagues, et susceptibles d'une appréciation bien élastique!
Qui ne voit tout d'abord la grande facilité de les restreindre ou
de les enfreindre, suivant les nécessités ou les intérêts du parti
dominant? Déjà vous n'y pouvez plus suffire. Vous avez cru
renfermer l'anarchie dans le cercle de Popilius, et vous avez été
forcés d'en sortir vous-mêmes avec elle. Témoin vos débats
avec la Montagne sur les moyens de refréner ses clubs furieux.

« La presse ne peut être, en aucun cas, soumise à la censure. »
En aucun cas est charmant. Le principe est bien joli : il est bref,
et n'en contient pas moins une défense absolue. Cependant le
héros du *National*, le citoyen Cavaignac, s'en est aussitôt moqué. Il ne censure pas, il est vrai; mais il supprime. Si j'ai
quelque intelligence, il me semble que c'est beaucoup pis, ou
du moins beaucoup plus. Serait-ce que la défense de l'un n'implique pas la défense de l'autre? A la bonne heure! Mais quelques-uns diront, avec apparence de raison, que cette doctrine
est un peu judaïque. Je ne dis pas que l'honorable général
Cavaignac a mal fait. Il aurait même eu, à mon avis, de fort
justes motifs s'il s'était borné aux journaux qui s'efforcent de
mettre le feu aux poudres. Il importe de ne pas sauter en l'air :
nécessité n'a point de loi; mais je dis que votre délégué a forfait
au premier chef au principe que vous avez posé à tous risques
et périls, et que cela conclut fort mal pour l'avenir. Celui qui
a dit : « La liberté de la presse est comme la lance d'Achille,
qui guérissait les blessures qu'elle faisait, » a cru faire une belle
comparaison, et n'a fait qu'un pauvre calembour. Le mot n'en
a pas moins fait fortune, répété prétentieusement par tous les
échos inintelligents qui n'approfondissent rien. Toutefois, il y a
de la logique dans cette similitude; mais elle est renversée:
c'est-à-dire que les deux termes en sont aussi faux l'un que
l'autre. Encore les blessures de la presse sont-elles bien plus
malaisées à guérir que celles des armes de guerre sérieuse. La
digne conclusion de Basile ne passera point; car elle est tirée du
fond même de la nature humaine, et s'aggrave encore en temps
de révolution. « Calomniez, calomniez! il en restera toujours
quelque chose! » On peut être bien assuré désormais, au point
où en sont arrivées notre littérature cadavéreuse et l'imprimerie,
que la liberté de la presse, tant qu'elle existera en fait et en
principe, culbutera tous les gouvernements,—bons ou mauvais,
réguliers ou non. Je défie à aucun d'eux de subsister longtemps
à côté d'elle, sans être bientôt forcé de la violenter s'il est
assez fort, ou bien de subir ses lois s'il est faible, et d'être con-
traint de sortir de ses voies propres et de la politique qui lui
conviendrait le mieux. Je leur défie de manœuvrer sans un
très-grand désordre sous les feux croisés de cette meurtrière
artillerie. Tout le monde le sent et le dit, et tout le monde n'en

réclame pas moins cette liberté comme si elle était un droit naturel né avec nous! Que faire dans un aussi vertigineux tohu-bohu? Tous les partis qui ne sont plus ou pas encore au pouvoir, demandent à cor et à cri, pour l'attaquer à coup sûr, la liberté de la presse. À peine sont-ils arrivés à leur but, qu'ils sentent la nécessité et s'efforcent de briser le redoutable instrument dont ils se sont servis, retourné aussitôt contre eux. Il n'y a que les partis honnêtes et opprimés qui auraient la raison de leur côté, le droit de se plaindre. Dans l'état actuel, la presse n'est plus qu'une très-coupable, je dis plus, une criminelle industrie factice, qui ne cesse de mettre en péril toutes les autres les plus nécessaires, et qui ne produit plus guère que des fruits empoisonnés. Le journalisme surtout et le pamphlétisme, semblables aux harpies, infectent tout ce qu'ils touchent, à peu d'honorables exceptions près, qu'il faudrait encourager avec un sage discernement, mais que la violence des partis mauvais ne peut pas tolérer. Pour les autres, il n'y a point de régulateur en état de les contenir en de justes bornes. Il n'est que trop évident qu'ils ont besoin de frein. Il faudrait pour cela une magistrature spéciale et suprême, au-dessus de l'atteinte des partis. Mais où en prendre les membres assez forts, à moins de les demander aussi au suffrage universel? Lorsque Fust et Gutenberg inventèrent l'imprimerie, il y a environ quatre siècles, si tous les gouvernements s'en étaient dès lors arrogé le monopole exclusif, comme ils ont fait de l'invention de la poudre et du canon, ils auraient fait une chose prudente et sage. Nos progrès dans le bien auraient été peut-être un peu plus lents, bien qu'on puisse le nier par l'exemple des anciens, qui nous ont laissé les plus beaux modèles en tout genre; mais ils auraient été plus purs et plus solides, et nos progrès dans le mal n'auraient pas été si rapides et si immenses. Habitués à ce monopole tout comme à l'autre, nous ne murmurerions pas plus de l'un que de l'autre. Nous ne serions point arrivés à ce désordre inouï dans lequel nous nous débattons, sans qu'il soit possible d'y assigner un terme. Il y a même grand sujet de croire que nous posséderions plus de lumières véritables, parce que nous aurions été préservés de ce déluge de méchants écrits et de fausse science que le premier venu se permet de lancer sur le monde, comme s'il avait une mission et une capacité approuvées. Un des plus grands esprits du siècle précédent affirmait fort sérieusement que si un nouvel Esdras, ou un envoyé du ciel, descendait sur la terre exprès pour compulser tous les livres qui encombrent les bibliothèques de l'Europe, et en exprimait la quintessence de tout ce qui est réellement bon, juste, vrai et utile aux hommes, l'Écriture sainte et les monuments anciens exceptés, le résumé ne ferait peut-être pas la matière de 3 ou 4 volumes in-4°. Il ajoutait que si tout le superflu était livré aux flammes et plongé dans l'oubli, l'humanité y gagnerait beaucoup : attendu que cet excédant noyait la vérité, n'était propre qu'à faire perdre le temps du lecteur qui l'y cherchait de bonne foi; et, qui pis est, à dépraver les cœurs et les esprits peu robustes. Que dirait-il aujourd'hui que nous avons fait des montagnes de sots et mauvais livres, en ne faisant guère autre chose que de brocher sur les anciens? Que d'erreurs malfaisantes et de vices nouveaux n'y avons-nous pas ajoutés? Examinez vos meilleurs écrivains depuis 1789 que la liberté de la presse a été souvent régnante; qu'ont-ils ajouté de considérable à ce que nous tenons des anciens? Ils ne font guère autre chose que de rapporter les différentes opinions, partager un argument en plusieurs autres, changer l'ordre, tourner et retourner les termes. C'est par ce moyen qu'ils enfantent sans peine tant et de si inutiles volumes. Heureux encore quand ils ne sont pas dangereux!

Sous le grand roi, la presse n'était point libre; mais elle n'était pas non plus enchaînée. Elle était sagement soumise à une censure fort raisonnable, quoi qu'en disent ceux qui n'aiment que le dévergondage et qui ne font pas d'autre métier. Eh bien! la censure empêcha-t-elle de paraître les plus beaux, les plus durables monuments de notre littérature et du bon goût en tous genres? Au contraire, ils semblent s'être donné rendez-vous pour paraître sous ce beau règne, le plus magnifique de notre histoire sans comparaison avant ni depuis. C'est précisément l'admission exclusive du vrai et du beau, la répulsion officielle du dangereux et du faux, qui rendirent ces écrivains si sages et si parfaits. S'ils avaient vécu dans un milieu comme le nôtre, tiraillés en tous sens, ils n'auraient sûrement point atteint la perfection, et ils auraient perdu de vue la vraie gloire qui fut leur seul point de mire. A cette époque, il existait peu de mauvais livres, hormis les obscènes, que les libertins de la cour et de la ville lisaient à peu près seuls. Le poison ne pénétrait pas dans les masses, que la religion préservait encore alors, et qui n'avaient pas le malheur d'être demi-lettrées comme elles le sont aujourd'hui. Aussi voyez où nous en sommes à présent que des effluves de venin nouveau et beaucoup plus subtil nous débordent partout! J'ose dire que ceux qui ne le voient pas, ou ne le voient qu'à demi, ont des yeux habitués ou intéressés au désordre. Quand bien même les efforts de l'anarchie s'apaiseraient, dans l'état actuel, l'imprimerie armée de liberté me ferait encore l'effet d'un riche amphitryon qui réunirait chaque jour un grand nombre de convives devant des tables chargées de mets attrayants, et qui leur dirait : « Amis, faisons » bombance éternelle, et pas d'autre affaire. Prenez, buvez et » mangez comme des Apicius et des Lucullus. Voici des vins » exquis, des plats délicieux. A la vérité, il y en a beaucoup » qui sont mélangés de poisons mortels; mais il y en a aussi » dont l'innocuité est entière, d'autres qui contiennent des sub- » stances curatives. Ingurgitez donc indifféremment de tout,

» selon vôtre goût, et ne vous inquiétez pas du reste. C'est
» l'affaire de votre estomac, qui dans son élaboration saura
» bien rejeter le mauvais et garder le bon. » Je crois que le
sens de cette espèce de parabole ne manque pas de vérité.

Maintenant, il s'agit de savoir si nous sommes condamnés à
tout sacrifier éternellement à un art qui s'est dépravé en
s'étendant outre mesure; à un art qui date depuis si peu de
siècles, et qui en est venu déjà à tout envahir; à un art qui ne
produit plus de Sophocle, de Thucidide, de Virgile et de Tacite,
lesquels ont fleuri plus de 15 siècles avant lui; à un art incapable, de sa nature, de produire aucune œuvre de génie, et qui
ne fait plus que multiplier les échos du mal autant et plus que
ceux du bien; à un art dont à la rigueur, en faisant moins de
bureaucratie, nous nous passerions aussi bien que toute l'antiquité; à un art qui enlève à l'agriculture et aux arts nécessaires
des millions de bras : les uns, pour frabriquer des montagnes
de papier; les autres, pour le barbouiller; et un plus grand
nombre à perdre leur temps et leur âme à déchiffrer des lieues
carrées de grimoire; à un art qui, sans avoir aucune qualité
naturelle, absorde presque toutes les facultés de la génération
présente, en la portant aux chimères dangereuses ou oiseuses,
et en la détournant des choses utiles; à un art qui déclasse tous
les demi-lettrés, pour n'en faire qu'une masse flottante désœu-
vrée et dangereuse; à un art enfin qui ne fait plus que saper la
morale, les lois et l'ordre social tout entier, et qui en est venu
au point de rendre tout gouvernement régulier impossible. Qu'on
m'objecte tout ce qu'on voudra : je suis tellement convaincu par
mes propres observations, que je n'en persisterai pas moins à
soutenir qu'il y a urgence et nécessité de ramener cet art dans
des bornes raisonnables, sous peine de mort prochaine. J'entrevois bien un remède; mais je ne le dirai pas. Je ne suis point
curieux de mettre inutilement à mes trousses tous les limiers
de la mauvaise presse. *Irritabile genus*, comme celui des gens
de lettres, si fort multiplié et dégénéré de nos jours.

« Article 9. L'enseignement est libre. La liberté d'enseigne-
» ment s'exerce selon les conditions de capacité et de moralité
» déterminées par les lois, et sous la surveillance de l'Etat. Cette
» surveillance s'étend à tous les établissements d'éducation et
» d'enseignement sans aucune exception. » Si vous accordez
enfin la liberté entière de l'enseignement, réclamée de toutes
parts depuis longtemps; si tout homme digne et capable peut
fonder un établissement enseignant; si tout père de famille devient libre de faire élever ses enfants, et leur faire faire telle
étude et prendre tel degré qu'il jugera à propos dans une
maison de son choix; ce qui est juste et naturel; si chaque
commune qui voudra avoir un instituteur est libre de le choisir
et surveiller; oh! alors vous aurez fait un grand pas vers le bien
et la vraie liberté! Vous pourrez, à la grande décharge de nos

finances, supprimer l'Université, qui deviendra à peu près nulle ; car tous les pères sages la déserteront. On connaît assez les doctrines et les produits amers du tyrannique monopole qu'elle s'est arrogé depuis trop longtemps. C'est incontestablement à ses funestes enseignements que nous devons cette multitude de têtes détraquées, d'esprits irréligieux et ingouvernables, d'aspirants qui encombrent les abords de toutes les carrières au centuple du nécessaire, et qui, n'y pouvant arriver, se jettent à corps perdu dans les révoltes antisociales, dans l'espoir de s'y créer une position. Oui, il y a cent prétendants pour une place à donner ; et ce mal va toujours en empirant, avec votre instruction publique si diffuse. Vous vous plaignez de cette foule incroyable qui assiége les antichambres à chaque événement, affamée de places, affamée d'une faim canine. Ils vous crient à peu près : Des places, des places, ou la mort ! C'est le *panem et circenses* des Romains. Et vous vous croyez souvent obligés d'en créer de nouvelles, la plupart inutiles ou nuisibles même au service public, pour éviter quelque trouble. C'est assurément une plaie dangereuse pour le corps social. Aucune nation n'en a vu chez elle une pareille. A qui la coulpe ? A l'Université, sans contredit ; à l'aveugle imprévoyance du Gouvernement, depuis et y compris la Restauration, en multipliant trop les colléges et les écoles à bon marché ; à l'absurde nécessité légale, obtenue habilement par la hiérarchie universitaire, de passer par la filière de ses degrés et de ses diplômes, pour devenir apte à quoi que ce soit ; enfin, aux doctrines de ce despotisme intolérable qui n'a pas encore produit un seul génie remarquable.

Voilà la trop féconde mine d'où sort cette énorme masse de demi-savants et de demi-lettrés ; d'athées ou de sceptiques, sur toutes choses ; de sybarites luxurieux ne rêvant que jouissances au-dessus de leur portée ; d'orgueilleux ennemis de toutes les supériorités, jaloux de leurs pairs et foulant aux pieds ceux qu'ils croient au-dessous d'eux ; de mécontents de leur condition native ou acquise, et voulant en sortir pour monter plus haut, à tout prix ; d'ingrats méprisant leurs parents après les avoir ruinés dans les folles exigences d'une éducation supérieure à leur état, terminée par la stérilité la plus complète, l'incapacité pour le bien, et l'aptitude à tous les vices : toute cette foule a déserté les arts et les professions utiles, comme indignes d'elle, et l'on peut être assuré qu'elle n'y rentrera plus. Le plus grand nombre, ayant manqué son premier but, ne fera plus que tourbillonner sur lui-même, dans la sphère de l'anarchie chauffée comme une fournaise. Beaucoup y périront malheureux, en regrettant leur première innocence. Les plus habiles se tirent d'affaire en conspirant à leur manière en prose et en vers, en griffonnant d'odieuses utopies exhumées des Gémonies, où les anciens les avaient condamnées. Combien de têtes faibles et

ignorantes n'ont-ils pas renversées avec ces détestables engins !
Combien de cœurs innocents sans eux n'ont-ils pas dépravés ?
Le mal moral qu'ont fait impunément ces sycophantes mis de
côté, que leur resterait-il encore de tolérable sous le rapport du
talent ? On en peut bien dire comme le poète :

> « Gens qui de leur savoir paraissent toujours ivres ,
> » Riches pour tout mérite en babil importun ,
> » Inhabiles à tout , vides de sens commun ,
> » Et pleins d'un ridicule et d'une impertinence
> » A décrier partout l'esprit et la science. »

Tels sont les fruits qu'a produits en grande partie l'Université,
avec l'organisation qu'elle s'est acquise. L'ancienne du moins,
qui n'avait pas le même despotisme, malgré quelques vaines
disputes, produisit de grands hommes et de vrais savants. Mais
elle fut dirigée par des Ramus et des Rollin ; mais elle n'était
pas aussi accessible et aussi prodiguée à toutes les classes ;
mais elle n'avait pas ce comble de tyrannie exigeante pour tout
attirer à soi; mais la religion y était en honneur. Chez les Anglais,
beaucoup plus sages que nous, sur ce point comme sur tant
d'autres, on se garde bien de cette rage d'instruction diffuse
qui s'est emparée de nous, pour notre irréparable malheur. Il en
coûte cher pour prendre ses degrés aux universités de Cam-
bridge et d'Oxford. Il n'y a que ceux qui, par leurs facultés pé-
cuniaires et intellectuelles , sont en état de pousser à fond l'é-
tude de nos connaissances , qui vont les y chercher. Ces hautes
écoles sont plus que suffisantes pour entretenir abondamment
les Trois Royaumes d'hommes remarquables en tous genres , et
beaucoup plus complets que chez nous. Aussi les vrais hommes
d'Etat et les grands industriels y fourmillent. On ne voit point,
comme chez nous, sortir annuellement dans une progression
effrayante cette foule de demi et faux savants qui sont pour
notre pays un si grand péril et un si grand embarras.
Notez qu'on n'y connaît pas cette vaste et dispendieuse
organisation d'écoles primaires et secondaires, d'inspections
et d'académies, etc., dont les produits ajoutent beaucoup à
nos éléments de perturbation. Les Anglais manquent-ils pour
cela de bons politiques, de savants, d'habiles économistes,
financiers, artisans, commerçants, agriculteurs, etc. ? Au contraire, ils nous surpassent de bien loin en connaissances utiles
et solides; et c'est précisément par la sage raison inverse de
celle qui nous a inspiré l'instruction diffuse, dans laquelle nous
ne trouverons que le chaos après d'épouvantables désordres.
Cette raison imprudente a été imaginée par le vieux libéralisme
comme un moyen de renverser la Restauration et la salutaire influence du clergé, qui offusquaient alors la bourgeoisie. Tant y
a été procédé, que ce même moyen fort agrandi se retourne
maintenant fort dangereusement contre cette bourgeoisie et son
vieux libéralisme. Juste, mais malheureux retour des choses

d'ici-bas. Encore y en a-t-il qui ne voient pas le péril. Ah ! vous voulez autant de capacités que d'individus ! Qu'en ferez-vous, et que leur donnerez-vous à faire quand vous les aurez ainsi tous enlevé aux travaux manuels, et qu'ils seront forcés de rester oisifs, faute d'emploi et d'aucune spécialité en rapport avec leurs prétentions ? Je sais bien que l'égoïsme universitaire, appuyé sur ses nombreux échos et aidé puissamment par ceux de l'anarchie, me contestera vivement le mal que je signale. Certes, je ne m'attends point que tous ces gens-là en conviennent. Je suis bien sûr, au contraire, qu'ils ne cesseront de le représenter comme une nécessité tout à fait bienfaisante et sans aucun inconvénient. « L'instruction ! l'instruction diffuse dans les masses ! » c'est un de leurs mots d'ordre, et leurs plus grands moyens. Pour l'anarchie, elle a bien raison; quoique ces mêmes moyens culbuteront sans aucun doute les meneurs à leur tour. Plût à Dieu que notre Gouvernement en eût autant dans le rôle qui lui est départi pour la conservation de la société ! Il est trop certain qu'avec ses doctrines, ses productions, sa presse et une instruction suffisante pour consommer tous ces poisons, l'anarchie ne saurait manquer de triompher de l'ordre dans un temps donné et fort rapproché. Nous n'en sommes déjà plus aux simples symptômes; mais bien en pleine marche vers une complète dissolution. Il n'y a plus qu'un pouvoir ferme et fort qui pourrait y mettre un temps d'arrêt. En attendant, Messieurs, voici une règle générale que j'oserai humblement vous proposer. Tenez pour certain que toutes les fois que certain parti exigera de vous, d'un ton impérieux ou insistant, une chose quelconque, c'est qu'il s'agira de nous conduire plus vite à notre perte. Par contre, toutes les fois que ce parti criera haro sur vous, vous pouvez être assurés d'avoir bien fait, dans l'intérêt de l'ordre. En d'autres termes, toutes les fois que ledit parti voudra mettre le feu quelque part, il incriminera avec fureur vos précautions pour l'empêcher. Et toutes les fois qu'il y aura réussi, il ne rougira point de vous opposer les plus bouffons scrupules d'observance des règlements sur la manière d'éteindre l'incendie qu'il aura allumé lui-même; et, la torche encore sous le bras, il hurlera contre vous les mots tyrannie et illégalité. Ainsi ses clameurs d'applaudissement ou de censure sont le véritable thermomètre du mal ou du bien que vous aurez fait.

Tous les grands peuples de l'antiquité n'ont fait aucun cas de l'instruction diffuse, et paraissent l'avoir dédaignée, comme uniquement propre à neutraliser une nation et à absorber toutes ses forces en luttes de rivalités intestines; ce qui est absolument le triste état où nous voici tombés. C'est bien aussi ce que les méchants ont voulu. Je reconnais qu'il y a dans l'Université quelques savants niais assez candides pour s'imaginer qu'ils pourraient faire de nous des Athéniens. Pauvres théoriciens;

Ils ne prennent pas garde que les Athéniens furent localement et numériquement un fort petit peuple, comparativement à nous; qu'ils avaient de florissantes colonies, et des multitudes d'esclaves chargés de tous leurs approvisionnements et travaux manuels, et qu'il leur était par là fort aisé d'absorber leur vie dans les luttes du forum, et dans les jouissances des belles-lettres et des beaux-arts, pour lesquels ils avaient un goût déterminé et exquis. Est-ce là notre situation, à nous? Cependant nous avons proportionnellement cent fois plus qu'eux de pédagogues, d'écrivains et de docteurs; mais ils ne sont pas si bons, et les temps, les mœurs et le climat sont loin d'être les mêmes. Notre décadence de nos beaux jours et de nous-mêmes est telle, qu'avec une population plus nombreuse que jamais, nous ne pouvons plus rien de grand, ni au dehors ni au dedans. Nous ne savons seulement pas dompter la voix de ces misérables énergumènes qui se sont fait un métier de mettre tout en question et en péril: et c'est tout au plus si nous suffisons, je ne dis pas à réprimer; car il semble assez que nous ne l'osons pas; mais à contenir les révoltes qu'ils soufflent partout de leur haleine empestée. En sorte que si l'édifice social ne subsistait pas encore un peu par son propre poids sur les seules bases solides et difficiles à détruire sans une extermination générale, attaqué avec rage et mal défendu comme il l'est, il serait déjà renversé de fond en comble.

Si les anciens s'étaient comme nous aujourd'hui abandonnés à cette monomanie de diffusion des soi-disant lumières, ils n'auraient sûrement point légué à notre admiration ces beaux monuments en tout genre, qui ont bravé et braveront encore longtemps la destruction des siècles, pour lesquels ils paraissent avoir principalement travaillé. Les Romains eux-mêmes, venus beaucoup plus tard que les grands empires de l'Orient, dédaignèrent la fondation de ces milliers d'écoles, sans lesquelles il nous semble que nous ne pourrions plus vivre, et qui dans le fait nous infestent. Ils ne savaient que vaincre et gouverner: *regere gentes*, et ils s'en vantaient. « *Hæc tibi erunt artes Romane.* » C'est ainsi qu'ils subjuguèrent et policèrent le monde connu. C'est ainsi qu'ils fondèrent le plus bel empire qui ait existé, et qu'ils l'ornèrent sur tous les points des plus magnifiques et des plus utiles monuments, dont les restes échappés à la fureur des barbares attestent encore le génie et la puissance. C'est quand ils devinrent plus lettrés qu'ils perdirent tout cela avec leurs mâles vertus. Bientôt après, ils ne firent plus rien qui soit digne de mémoire. Observons en passant que ces maîtres du monde, ce peuple roi, comme il s'appelait justement, ne connaissait pas cet individualisme étroit et sauvage qu'a introduit chez nous l'aride système dit constitutionnel, démocratique et égalitaire. Ils ne vivaient que de la puissante et glorieuse vie de leur gouvernement. Excepté les princes, formés d'avoir des palais pour recevoir de grandes foules de clients, d'affranchis et d'esclaves, de très-grands citoyens étaient aussi simples dans leur vie retirée qu'ils étaient magnifiques dans leur vie publique. Nous ne nous accommoderions pas de leurs chambres à coucher; l'espace d'une couchette, d'un siége et d'une table, 8 à 9 pieds carrés, et voilà tout. Nous-mêmes, si tout notre grimoire à l'ordre du jour avait régné dans notre grand XVIIe siècle, le beau règne de Louis XIV n'aurait été qu'une époque bâtarde qui ferait autant de pitié que la nôtre en inspirera sûrement à nos neveux. En remontant un peu plus haut, Bayard excepté, Dunois, Xaintrailles, Lahire et une foule d'autres n'étaient pas des demi-lettrés; beaucoup ne savaient pas seulement lire. Ils n'en battirent que mieux les Anglais; ils les chassèrent de France, et nous n'avons pas vu depuis de chevaliers plus brillants et plus accomplis. Nous regarderons toujours avec raison leur mémoire comme une noble et précieuse propriété nationale, et comme de dignes modèles à suivre toutes les fois que notre patrie aura des ennemis intérieurs ou extérieurs à combattre. Hélas! nos infatuations présentes auraient été capables de ravaler les siècles de Périclès, d'Auguste et de Louis XIV. Elles auraient mis à néant toutes les splendeurs de Rome, d'Athènes, de Thèbes et de Memphis, qui ont attesté si longtemps des peuples glorieux. Oui, nos infatuations égoïstes auraient été plus dévastatrices que le vandalisme des barbares, qui eurent du moins l'excuse de grandes injures à venger. Je ne conçois que trop bien le plan des détestables sectaires qui veulent opérer un monde renversé sans aucun risque pour eux; mais je ne comprends pas de même ceux qui, sans prendre aucune part à la conspiration, s'obstinent à fermer les yeux sur un danger si manifeste en faits et en menaces de toute espèce. Malgré cette abondance de preuves, combien de gens s'imaginent encore naïvement que l'instruction diffuse dans les masses est un bienfait pour elles et pour l'Etat? combien qui la réclament à l'unisson des voix de l'anarchie, et qui font même des sacrifices pour une propagande destinée à les culbuter?

Politiquement et philosophiquement parlant, c'est une grande erreur de croire que l'état actuel de nos connaissances et de nos progrès, hormis les arts utiles et d'agrément, soit une chose bien avantageuse à la société. C'est en très-grande partie tout le contraire qui est la vérité. Qu'on ne s'arrête pas à des illusions d'optique, et qu'on veuille bien approfondir la situation où nous sommes; et l'on verra que ces prétendus progrès, toutes ces trouvailles dites libérales, constitutionnelles, républicaines, radicales, socialistes, etc., ne sont que des vieilleries rebattues, usées et rejetées par les anciens, et qui pourraient tout au plus s'accommoder à une seule ville ou à un tout petit peuple. Chaque fois qu'on a voulu nous imposer, bon gré mal gré, ce triste bagage en loques ou en totalité, comme aujourd'hui, nous nous en sommes on ne peut plus mal trouvés ; et cela nous a déjà ruinés et mutilés cinq ou six fois en moins de soixante ans. Nous avons été lancés dans des agitations extrêmes, et nous n'y avons guère trouvé que des trèves, sans lesquelles nous aurions tous péri, les partis les uns après les autres successivement et inévitablement. En ce moment nous en sommes plus menacés que jamais, et c'est incontestablement l'effet de notre prétendu progrès social. Quand, vers le milieu du XVIIIe siècle, où la civilisation était beaucoup plus solide et plus brillante qu'aujourd'hui, le Philosophe de Genève soutint éloquemment la négative sur la question posée par l'académie de Dijon, savoir : si les lettres et les sciences étaient utiles à notre bonheur, il crut peut-être ne faire que des paradoxes propres à piquer la curiosité de ses lecteurs ; ce qui eût lieu en effet. La thèse fit grand bruit ; et le plus piquant fut de voir la solution négative couronnée par un corps savant. Je ne sais pas si l'académie et son lauréat furent bien sincères et bien convaincus dans toute cette affaire ; mais je ne doute point que s'ils pouvaient renaître parmi nous, en voyant où nous en sommes, ils auraient plein sujet de s'enorgueillir de leur jugement à une époque qui ne nous présageait pas autant de mal. Pour le bien connaître, descendons dans les mêmes détails, et ne craignons pas de nous répéter.

L'invention de l'imprimerie en première ligne est devenue de tous les arts factices celui qui détourne le plus de bras et de capitaux des arts naturels et utiles. Je reconnais qu'il fait vivre, tant bien que mal, une très-grande multitude, et que son extrême développement a envahi presque toutes les classes dans ses ramifications diverses. Depuis le fondeur de caractères, le chiffonnier, le marchand de guenilles, le fabricant de papier, celui qui le barbouille, l'imprimeur, le relieur, le libraire-éditeur, le colporteur, l'afficheur, etc., etc., jusqu'au plus méchant écrivassier dans son galetas ; race devenue nombreuse comme celle des étourneaux, jusqu'à l'utopiste, le plus malfaisant de tous. Ajoutez-y le journalisme, le charlatanisme et toute la pédagogie qui ne vivent absolument que de ces arts-là, on ne saurait nier que toute cette basoche forme une masse d'intérêts et surtout d'intéressés vraiment énorme. C'est justement ce que je condamne de toutes mes convictions et de toutes mes forces ; parce que c'est devenu un abus débordé ; parce que cette puissance est plus grande que celle de l'Etat, et qu'elle n'en devrait être que la servante ; parce que c'est elle qui fait les révolutions, renverse les gouvernements et cause la misère des peuples ; parce qu'elle est incapable de discipline, ni envers les autres intérêts ni dans son propre sein ; parce qu'elle ne produit plus pour tous chefs-d'œuvre que des éléments d'immoralité et de guerre civile ; parce qu'elle est hors de proportion avec l'utilité de son invention et les besoins de la raison et de l'intelligence ; parce qu'elle prétend dominer toutes les autres professions et industries, les énerve et les met en péril et en ruine ; parce qu'elle envahit la société entière, pour la plonger dans une complète dissolution. Telle est la vaste association solidaire qui nous dicte ses lois, et que ses innombrables prédicants appellent le progrès. C'est une nation dans une nation, et qui a une si vive intelligence de ce qu'elle croit ses intérêts, qu'elle prétend avoir le droit de monter partout ses boutiques et de nous forcer à consommer obligatoirement sa marchandise sous toutes les formes qu'il lui plaît d'imaginer. C'est la grande armée des charlatans. Dans Paris seulement elle compte près de cent mille suppôts de près ou de loin, dont la plupart, incapables d'autre chose, meurent de faim dans les fréquents chômages de leur métier, si fort étranger aux besoins de la nature.

A la moindre apparence qui tend à surveiller ou à restreindre l'émission de ses denrées et de ses dangereux produits, la masse se jette dans la rue, se met à la tête d'une révolte et opère parfois une révolution. Aussitôt on la voit se plonger dans des bacchanales et les plus dégoûtantes débauches de l'esprit dépravé. Encore est-on heureux quand elles ne sont pas sanglantes. On compte qu'aux journées de Juillet il y eut plus de 30 mille typographes et autant de cousins intéressés qui décidèrent du résultat. Il y en eut beaucoup aussi aux dernières affaires de Février et de Juin ; et il n'en manquera sûrement point encore à celles qui auront lieu contre la République, sous l'étendard du socialisme. La gent barbouille-papier, ne pouvant manquer d'aspirer une forte dose des poisons qu'elle y répand, sera toujours la catégorie la plus facile à faire insurger contre tout gouvernement que les meneurs lui signaleront comme ne lui sacrifiant point assez. C'est cette vaste exploitation qui, d'accord avec la secte socialiste écarlate, vous demande aujourd'hui impérieusement, comme un droit conquis par la victoire de Février, sous des formules qui équivalent clairement à celles-ci :

1º L'instruction diffuse et obligatoire jusqu'au fond des campagnes.

2º La liberté illimitée, *id est* la licence de la presse.

3º Les sociétés secrètes, les clubs, les banquets et toutes les autres associations affiliées sans entraves.

4º L'abolition du propriétaire, et son remplacement par le prolétaire.

5º L'abolition du curé, de l'Évangile et de toute la Bible, et leur remplacement par l'instituteur et le catéchisme socialistes ; et cent autres *droits et progrès* qu'il est inutile d'énumérer, parce que ceux-ci sont fort suffisants pour nous mener promptement au dernier des *progrès*, la mort de la société. On prend si peu la peine de nous déguiser ces belles formules, qu'il faudrait que nous fussions bien obtus pour n'en pas sentir la portée. Vous voyez que le mal, ou, si vous entendez mieux, le *progrès* déjà fait marche joliment, et ne manque pas de graves conséquences. Là-dessus je ne crains point de passer pour un visionnaire ; et plût à Dieu que je le fusse ! Je ne demanderais pas mieux pour toute ma longue exposition. Si j'y commets quelque erreur, c'est bien possible ; mais qu'on me la prouve, et je suis prêt à la reconnaître et à la rétracter aussitôt sans nulle difficulté, et même avec plaisir. Hélas ! je n'en commets point assez, ou bien mon expérience et mes yeux m'abusent.

Depuis que la grande coalition dont je parle est parvenue à mettre à la portée des plus vulgaires intelligences les notions les plus dépravées et les plus subversives de la fausse science et de la fausse politique, personne ne veut plus s'occuper d'autre chose. Cela promet tant d'importance au premier abord ! Tout le monde veut *ab hoc et ab hac*, régenter, juger, administrer, gouverner, contrôler, critiquer et renverser pour se caser. Tout le monde néglige la moitié ou les trois quarts de ses affaires essentielles et de ses anciennes habitudes naturelles, pour se livrer aux doux rêves du progrès infini, à l'ambition qu'ils excitent, aux chimériques espérances d'une autorité et d'un bien-être beaucoup plus grands, sans s'apercevoir qu'on recule encore plus qu'on ne croit avancer. On n'en trouvera bientôt plus guère qui consentent à déroger pour subvenir aux pénibles exigences des arts et des professions indispensables ; et nous risquons de nous trouver bientôt dans un état analogue à celui des nouveaux habitants de la Californie, qui meurent de fièvre jaune et de faim en courant après l'or. Encore si c'était de l'or que nous ayons, nous, sous nos pas ! Nous en avons bien aussi la faim, *auri sacra fames;* mais nous n'avons que des mines d'arsenic, et c'est là que nous cherchons notre or. Nos chercheurs ont fait de leurs trouvailles des denrées de première nécessité, et c'est ainsi qu'ils ont empoisonné le monde. Il n'y a presque plus personne, jusqu'à la plus infime condition, qui ne sacrifie une bonne partie de son argent et de son temps, toute affaire cessante, à l'absorption indigeste de ces funestes aliments. Il ne reste plus guère de sobriété et de salubrité qu'à l'innocent labourage, où le temps et l'argent manquent et où le colportage est plus difficile ; le mal y a moins pénétré : et voilà pourquoi l'on vous demande si vivement de grands frais et de grands soins pour pouvoir aller infecter plus promptement à domicile cette partie de la nation dont on sent la récalcitrance, et qui est aujourd'hui, sans contredit, la plus honorable, la plus saine et la plus sage, comme la plus considérable. On peut dire même que c'est elle seule qui empêche l'édifice social de crouler tout à fait. Mais voyez dans le désœuvrement de vos villes, marchands, artisans, portiers et portières, savetiers et savetières, cuisiniers et cuisinières, valets et femmes de chambre, tailleurs, modistes, couturiers et couturières, etc., etc., on s'y passerait de son déjeuner et de son café plutôt que de la pâture quotidienne de son journal politico-socialiste ou romantique. Et si la famille est tant soit peu mécontente de son sort, ou mal·disposée contre le frein de la morale et des lois, s'il lui tombe sous la main quelque échantillon de ces faméliques pamphlets qui pullulent de toutes parts, tenez pour certain que le Code civil, le catéchisme chrétien et les Heures de messe sont à jamais décriés dans tous ces pauvres cerveaux détraqués, trop faibles pour discerner le venin de pareilles substances. Cependant leur besogne et leur service vont comme ils peuvent. Qu'importe? Ce n'est plus l'essentiel, ce n'est qu'un vil accessoire, la détestable *exploitation de l'homme par l'homme ;* et l'on promet de rendre tout le monde généralement maître, riche, heureux et oisif. On sent bien quelque peu que cela est impossible radicalement ; mais cela est doux à se figurer, et en attendant on prend du bon temps en ne se gênant plus en rien, ainsi qu'on y est invité par nos réformateurs. Douce invitation aussi, et bien philanthropique en apparence aux yeux des pauvres d'esprit. C'est dommage qu'au fond ce ne soit que le chemin de la barbarie, et, qui pis est, une rubrique odieuse dont les inventeurs ne se servent que dans d'exécrables desseins, tout en en sentant aussi bien que nous le faux et la malice. Voilà ce qu'a produit la trop grande extension donnée à la presse et à l'instruction publique. Donnez-lui-en donc encore davantage si vous voulez être submergés plus tôt. L'anarchie eût été bien bête de ne pas s'en emparer, après avoir perverti la chose à son usage. C'est assurément le plus formidable des instruments meurtriers que ses coupables mains manient, il faut le dire, avec autant de dextérité que d'audace et d'excès.

Dès avant la révolution de Février, il était reconnu que l'instruction publique et la presse enlevaient plus de bras et de capitaux à l'agriculture et aux arts nécessaires que tous les recrutements militaires. Il est prouvé que la plupart des fils de laboureurs et d'artisans, qui ont appris la lecture, l'écriture, un peu de calcul, et quelques notions d'almanach sur la philosophie et la politique, que ne manquent guère d'y ajouter nos imberbes instituteurs imbus de socialisme ; il est prouvé, en dépit des nombreux intéressés à soutenir le contraire, il est prouvé matériellement, aux yeux de l'observateur impartial, que la plupart de ces malheureux enfants quittent bientôt avec mépris le toit et la profession de leur père, pour n'y plus rentrer, mais non pas sans pressurer leur famille, pour satisfaire à leurs vices nouveaux. C'est là le seul fruit des idées hétéroclites qu'on leur a inculquées, sous prétexte de les rendre meilleurs. Ces enseignements fussent-ils vrais et sains, ils auraient encore le défaut d'être de trop dans une condition où l'on n'en a pas besoin, et où ils ne sont réellement propres qu'à dérouter des rudes travaux utiles et à les faire prendre en dégoût. L'expérience le prouve abondamment tous les jours : il n'y a que les anarchistes qui ont leur raison de le nier. Quant aux esprits superficiels, je n'hésite pas à leur dire que c'est une grande erreur ou un grand mensonge de soutenir, comme font les suppôts de l'Université et les grimauds de la presse, que les habitants des campagnes sont trop arriérés en civilisation. Nous pouvons, nous qui les aimons de cœur et les voyons tous les jours, assurer au contraire avec vérité que tout le milieu où ils vivent aujourd'hui n'est déjà que trop avancé pour l'office important qui leur est destiné par la nature, et qui nous nourrit tous. Et c'est, hélas ! ce qui commence à altérer leur bonheur. Auparavant, ils se trouvaient heureux au sein de leur famille et de leurs pénibles mais tranquilles travaux, exempts de tout chômage. Ils avaient en abondance le vivre et le couvert qui suffisent au sage ; ils étaient remplis de bon sens, de jugement droit, de conduite et d'équité naturelle, avant d'aller à l'école. C'est là qu'ils ont oublié ou perdu tout cela. C'est là qu'on leur a perfidement enseigné qu'ils se trompaient, « qu'ils croupissaient trop docilement sous la direction de leurs parents, de leur pasteur, de leur patron ou de leur bailleur; qu'ils avaient beaucoup mieux à faire; qu'il fallait qu'ils entrassent dans la théorie du progrès, et qu'ils avaient été malheureux jusqu'ici, sans s'en être doutés. » On a fini par le persuader à beaucoup ; et c'est assurément le plus funeste service qu'on pût jamais leur rendre. Il semblerait, au dire et aux exemples des Louis Blanc et autres réformateurs de cette force, que la vie innocente, religieuse et patriarcale n'a été qu'ignorance et misère, et qu'il n'y a d'intelligence et bonheur combles, que dans la vie de sybarite ! Etrange philosophie que celle de ces docteurs dévorés par l'envie, usés dans les mesquines jouissances d'un milieu plus corrompu et plus fétide que la peste ! On les reconnaît bien là. Cependant, ils ont l'hypocrite audace de faire sans cesse parade de leur prétendue sollicitude pour cette lamentable misère du peuple qu'ils osent nous reprocher, quand ce sont eux-mêmes qui l'ont le plus amenée, et eux seuls qui l'aggravent par système, pour en venir à leurs détestables fins ! Et moi aussi, j'aime le peuple; mais c'est tout autrement, tout à l'opposé d'eux : c'est tout de bon, cordialement, efficacement, sans m'en vanter orgueilleusement, sans le corrompre et le soulever par de lâches adulations, par de criminelles excitations à des choses impossibles et absurdes de leur nature, à des actes désastreux pour la patrie. Depuis près de vingt ans que l'événement de Juillet m'a rendu inutile politiquement, je me suis retiré au milieu des travailleurs des divers états. Je n'ai cessé de leur consacrer tout mon revenu, et puis la plus forte partie de mon faible capital. Il m'en reste à peine le nécessaire, et cela est assez notoire: aussi j'ai tout lieu de croire que je suis aimé des classes ouvrières comme je les aime, du moins ceux qui me connaissent; et je le dis sans vanité, mais non pas sans un vrai plaisir, puisque c'est ici le lieu de le dire en passant. Je les connais donc bien, et certes beaucoup mieux que ceux qui se font atrocement un jeu de les tromper. J'en connais l'esprit, les défauts, les qualités et les vrais besoins nécessaires à leur bonheur; et personne n'en tient un plus grand compte que moi, je l'ai assez prouvé. Je gémis de leurs souffrances, et c'est précisément là ce qui m'indigne si fort contre ceux qui en sont les auteurs. Je ne suis pas le seul, grâce à Dieu. Dans les classes proscrites, ou signalées au pillage et au meurtre par la secte dévastatrice, je vois beaucoup de personnes qui font tous leurs efforts pour soulager ces misères, dans la mesure de leurs facultés, et quelques-uns au delà. Ils pensent, comme moi, que les travailleurs, aussi bien que les consommateurs, sont également nos frères en Adam et en Jésus-Christ. Ce n'est pas chez nous une fraternité de parade qui disparaît dès qu'elle est imposée par les lois et la violence; mais une conviction profonde qui règle notre conduite depuis longtemps. Mais il ne faut pas non plus trop exagérer la condition des uns et des autres; et c'est très-perfidement qu'on le fait. J'ai vécu quelquefois auprès du luxe et de ses agitations; il porte avec lui ses peines.

> « Des soucis dévorants c'est l'éternel asile,
> » Véritable vautour que le fils de Japet
> » Représente enchaîné sur son triste sommet. »

Je puis assurer que j'y ai souvent regretté de n'être pas né le fils d'un honorable artisan ou d'un bon laboureur, dont les besoins et les désirs ne vont pas au delà du pouvoir de ses bras, et qui par là même se trouvent presque toujours en deçà. Si je pouvais reculer mon existence à 4 mille ans en arrière, et si j'étais le maître de choisir ma destinée, tout bien considéré, je demanderais à Dieu d'envoyer mon âme en ce monde sous l'enveloppe d'Abraham, ou d'Isaac, ou de Jacob, qui moururent en paix après avoir vécu saintement et honorés pendant des siècles; ou bien de la loger chez quelque sage anachorète de nos premiers siècles chrétiens, mieux assuré que moi de la paix présente et de la paix future, plutôt que dans la dépouille d'un Sardanaple ou d'un Tibère, qui périrent en damnés dans l'orgie et les sales voluptés, tout couronnés qu'ils furent. D'où l'on peut inférer, si l'on veut, que je n'ai pas une extrême foi dans les avantages des progrès que nous avons faits depuis; quoiqu'il y en ait auxquels j'applaudis, mais sans m'en exagérer le bonheur. Combien de fils de famille suivent les traces de ces âmes infortunées, et dissipent ainsi la fortune de leurs pères, en sortant des bancs de l'Université! Combien d'enfants d'artisans et de laboureurs se font le même sort en quittant leurs écoles. Suivons ces pauvres jeunes têtes mal meublées, débutant dans le monde avec toute la présomption que donne une fausse instruction ébauchée. En quittant aventureusement le bonheur primitif dont ils jouissaient dans leur famille, le premier besoin qu'ils se font est d'avoir de plus beaux habits, une nourriture plus chère, et par-dessus tout le désœuvrement. Puis ils vont dans les cabarets et pires lieux ; puis ils lisent avec confiance les mauvais livres et journaux qui leur sont offerts gratuitement par les nombreux agents de certain parti ; puis ils crient et s'ameutent contre leurs autorités locales, en leur demandant des emplois, la menace à la bouche ; emplois qu'on n'a pas vacants à leur donner, et qu'ils seraient incapables de remplir. Puis, quand ils ont dissipé dans leur fiévreuse oisiveté ce qu'ils ont arraché à la gêne de leurs parents, ne pouvant plus trouver dans leur pays rien à leur convenance, et s'y étant rendus impropres à tout, ils s'en vont au loin chercher fortune dans les villes qui déjà regorgent de leurs semblables. Très-peu y réussissent. Les autres se casent un moment comme ils peuvent, pour ne pas mourir de faim, dans les ateliers, les chemins de fer, les industries équivoques, les associations dangereuses, les lieux suspects, etc. ; et tous y achèvent de perdre leur probité et leurs mœurs originelles. Habitués à l'orgie plusieurs jours par semaine, aux lieux de débauche, à la facilité de faire des dettes, aux exemples des floueries, il est bien rare qu'aucun retourne au modeste atelier de son père, encore moins aux travaux des champs, que leur grossier sybaritisme leur a rendus tout à fait antipathiques ; où il leur faudrait d'ailleurs reprendre l'habit de bure, une nourriture frugale et des travaux sérieux. C'est dans cette masse, devenue trop malheureuse à tous égards, que l'anarchie a établi sa conscription : c'est là qu'avec très-peu d'argent et de magnifiques promesses irréalisables elle est assurée de trouver, au premier coup de sifflet, de véritables armées de soldats entreprenants et fanatisés, versant le sang ami qui ne leur voudrait pouvoir faire que du bien, et le leur propre, en vrais dupes ; le tout pour servir les criminels projets d'intrigants qui ne leur feront jamais que du mal. Pour moi, je les plains sincèrement, je ne crains pas de le dire ; car, en vérité, leur malheur n'est pas tant leur faute que celle de notre Gouvernement et des funestes tentations et enseignements qu'il leur a fait ou laissé donner dans leur enfance. Je ne fais aucun doute que sans cela la plupart seraient restés innocents et heureux, et que beaucoup regrettent ces premiers temps. S'il était convenable de citer ici des noms propres, je le pourrais faire par centaines dans le seul petit rayon visuel où je suis maintenant.

Une autre erreur encore, c'est de croire que le fils d'un artisan ou d'un laboureur demi-lettré, qui voudra bien rester dans sa famille au sortir des écoles, sera un meilleur travailleur, un meilleur fils, un meilleur voisin, en un mot un meilleur citoyen ; que son frère qui serait resté chez lui sans avoir mis le pied dans aucune école, qui ne saurait que son catéchisme. Ici l'observation prouve encore partout le contraire, à de rares exceptions près, celles des bonnes natures qu'il est plus difficile de corrompre. Le demi-lettré, le demi-savant, tel que les factions vous le façonnent, n'est pas même le plus intelligent dans la suite des meilleures pratiques éprouvées dans son métier. Il décline les rudes travaux, pour les rejeter sur les autres membres de sa famille. Il veut être mieux vêtu, et aller plus que les autres au cabaret. Il méprise et malmène ses vieux parents, en dépensant leur fait aux foires et marchés ; il veut du Monsieur : et allez donc, vous autres démocrates qui avez voulu le faire ainsi *éduquer*, car il est très-fier de ce qu'il appelle *son éducation*, allez lui donner du citoyen, et vous verrez comme il vous recevra. Il ergote, il chicane contre ses parents et ses voisins ; interprète le Code, qu'il est incapable de bien entendre ; fait des procès sur des vétilles ; il devient le plus turbulent fléau de son quartier ; il compromet enfin la paix et le bien-être de sa famille, au point que celle-ci maudit la fatale instruction qu'elle lui a donnée à ses trop regrettables dépens. J'en connais personnellement beaucoup dans ce triste cas. C'est ce qui fait, à la vue de tant d'exemples autour d'eux, qu'un si grand nombre de sages pères de famille ont tant de répugnance à hasarder leurs enfants dans les écoles. Ils n'ignorent pas l'esprit des leçons qu'on y donne, ni celui de la plupart des instituteurs, qui n'ont ni ne méritent réellement leur confiance. D'ailleurs, ils voient un si grand changement en mal dans leurs enfants au bout d'un ou deux mois seulement d'école, qu'ils ne peuvent plus, comme ils disent, *s'en aider* ; et qu'ils sont souvent forcés de les retirer. Alors ils le renvoient au curé pour le ramener par l'instruction religieuse, et celui-ci a beaucoup plus de peine à *s'en aider* à son tour. Ceux qui ont un peu appris sans trop se gâter, ont bientôt tout oublié. C'est le sort de tout ce qui est mal appris ; c'est graver sur le sable. Au reste, cela ne leur est point usuel. Est-ce qu'un bon laboureur a le temps de lire les feuilles de la Montagne et les romans de Lamartine et de Sue, que l'on peut bien mettre aujourd'hui sur la même ligne, par l'effet qu'ils ont produit et le décri où ils sont ? Il faut qu'un laboureur veille et travaille tout le jour, souvent la nuit, et en tout temps, soit dans ses champs, soit dans ses étables ; et il n'a nul besoin de chiffrature pour bien faire ses affaires, qui se bornent à ses foires et marchés. Il s'en est toujours bien passé. On le voit compter aussi bien qu'un arithméticien. Il n'est même pas aisé de l'attraper. Je vais plus loin : toutes les fois que j'ai eu une ferme ou une métairie à donner, et que deux concurrents se sont présentés, l'un sachant lire, etc., l'autre illettré, j'ai donné la préférence à ce dernier, toutes choses égales d'ailleurs, et je m'en suis bien trouvé.

L'expérience m'a prouvé que j'avais acquis un meilleur travailleur, un plus honnête homme, et qui fait le mieux ses affaires. Si vous regardez ceci comme un paradoxe, ou un parti préconçu d'attaque systématique contre l'Université, je ne m'en étonnerai pas dans la grande préoccupation où vous êtes; mais ce n'en est pas moins une vérité. J'en appelle à tous les hommes non prévenus qui habitent les campagnes; du moins, pour ce qui regarde ma province. Quant aux villes, je sais qu'un peu plus d'instruction peut y être avantageux; mais placez-là donc en bonnes mains.

L'homme a été créé pour travailler à la terre et aux métiers qui le nourrissent et le mettent à l'abri des injures de l'air. C'est pour lui la première loi, sans laquelle il périrait bientôt. Après cela, s'il a bien employé ses facultés de façon à s'assurer à lui et aux siens un certain amas de ressources pour l'avenir, il n'y a plus de nécessité pour lui et les siens de travailler autant, ni du tout si cela leur convient. Rien n'est plus naturel ni plus juste que de jouir du fruit de ses travaux et de sa conduite. Mais l'homme n'est point né pour barbouiller ou déchiffrer du papier. C'est une industrie factice; il en est ainsi de toutes celles qui se réduisent à répandre ses idées bonnes ou mauvaises pour endoctriner les autres. Ces industries-là, par elles-mêmes, ne font point vivre; elles ne peuvent convenir qu'à ceux qui ont leur existence assurée. Elles sont d'ailleurs fort dangereuses de plus d'une façon; et si un trop grand nombre d'individus s'y portent, il est bien sûr qu'une nation se trouvera mal de cet équilibre rompu. C'est au Gouvernement à y veiller, et à faire refluer l'excès de celles-ci vers les autres industries plus utiles ou moins nuisibles, par tous les moyens en son pouvoir. Supposez un peuple entièrement composé tout à coup de philosophes, de savants et de typographes, avec des vivres pour un mois; je garantis qu'il serait dissous avant quinze jours. Composez votre peuple de laboureurs et d'artisans en proportions sages, et vous le verrez prospérer d'année en année; il se passerait parfaitement des premiers. Il n'en faut qu'un bien petit nombre de leur espèce. Pour qu'une nation soit paisible, puissante et prospère par ses lois, son commerce, ses productions et ses armes, il lui faut un très-grand nombre de prolétaires illettrés et de manœuvres assidus au travail; mais il faut avoir soin de leur en donner d'utile, et qu'ils n'en manquent pas. Pour les travaux de la terre, ils n'ont jamais assez de bras : mais il n'en est pas ainsi des corps de métiers; ils souffrent et deviennent un danger quand leur nombre excède les besoins de la consommation intérieure et des débouchés extérieurs, et leur trop grand accroissement n'a lieu qu'aux dépens de la culture du sol. C'est le cas périlleux où nous sommes, et c'est la faute de l'incurie de notre Gouvernement depuis vingt ans. Encore une fois, tous les grands peuples anciens et modernes prouvent ce que je répète ici. Ce n'est pas avec des demi-savants que les Romains devinrent le peuple roi. Ce n'est pas avec des échappés des écoles que l'Angleterre est devenue la reine des mers et la souveraine sans rivale du commerce universel. Combien, chez les plus florissants peuples, compte-t-on de grands hommes dont le nom ait été digne de mémoire? Infiniment peu. Un enfant en pourrait apprendre la liste en deux heures. Et cependant ils ont suffi à la gloire de leur pays. Ils y ont même suffi d'autant mieux qu'ils étaient moins entravés par un trop grand nombre de talents jaloux et rivaux. Il est donc vrai que si la nature n'en produit qu'un petit nombre de loin en loin, c'est que sa politique est beaucoup plus sage que la nôtre : nous qui, à force de vouloir multiplier les lettrés et les savants, pour arriver tous à la célébrité, n'engendrons plus que des pygmées et des médiocrités dangereuses. L'époque la plus brillante des petites républiques grecques, et celle de César et Pompée, prouvent encore ce que je dis ici. Ces Etats périrent par leur trop grand nombre de rivalités puissantes. Dans nos boutiques d'esprit, comme dans les autres fabriques et débits, l'excès de la concurrence tue.

Nous avons vu, par mes citations précédentes, qu'il eût été facile de beaucoup étendre, combien nos vaniteuses célébrités actuelles sont au-dessous de celles du siècle de Louis XIV. Jusque dans les crimes et les méfaits, nous sommes fort inférieurs aux anciens. Est-ce qu'un Robespierre, un Marat, un Danton et nos Montagnards actuels, leurs plats imitateurs, approchent des qualités guerrières et du grand caractère d'un Manlius, d'un Spartacus et d'un Catilina? Ils en ont bien l'insolence, mais non pas la grandeur; et cependant nous les avons tous vu se poser en Romains : *Risum teneatis amici!* Si quelqu'un peut me montrer quelque chose de grand dans leur caractère, leur conduite, leurs discours, leurs conceptions et leurs moyens dans tout le désordre qu'ils font, il me fera surprise. Jusqu'ici on n'y voit que du grotesque arrosé de sang, de triviales passions et un galimathias d'utopies absurdes. Cependant ils jouissent, eux, de l'impunité, et ils ne manquent pas de compères au pouvoir. Il est bon que les voyants ne s'endorment pas à leur endroit.

Je l'ai dit, et je ne me lasserai point de le répéter, leurs principaux moyens de destruction sont dans l'instruction diffuse parmi les masses avec la presse dévergondée. Ces armes-là ne demandent pas, comme celles d'Ulysse ou la lance d'Achille, beaucoup d'héroïsme pour les manier. Aussi n'y font-ils pas faute, puisque vous les laissez faire et même les aidez. Je sais bien que, tôt ou tard, il leur en arrivera comme il en est arrivé aujourd'hui à la bourgeoisie; ces mêmes armes se retourneront contre eux. Mais aussi comptez bien qu'ils ne feront pas comme vous, ils ne les toléreront pas dans d'autres mains que les leurs. Toutefois, l'imprimerie a acquis tant de moyens que malgré leur terrorisme il s'en fabriquera, tant à l'intérieur qu'à l'extérieur, qui les blesseront à leur tour. En sorte que cette invention n'est plus guère qu'un instrument de destruction alternative contre tous les partis, et de ruine permanente pour l'Etat. Pour le moment, c'est le fin mot de tous nos entrepreneurs de conspirations ; et il faut convenir qu'ils sont merveilleusement secondés par les intérêts universitaires et presque tous les faiseurs de livres et de journaux, qui tous ensemble sont parvenus à faire une nation dans une nation, un Etat dans un Etat, et l'on peut dire la puissance dominante. C'est cette gent qui veut à toute force que tous les humains des deux sexes, jusqu'aux plus infimes, appliquent leurs facultés, négligent leurs travaux nécessaires, et perdent leur meilleur temps pour acquérir la capacité de dévorer sa marchandise. Que dirait-on d'une profession quelconque, même des plus utiles, qui voudrait, dans un Etat, soumettre toutes les autres à ses intérêts et à ses vues ? La corporation des cordonniers, par exemple, si elle voulait que la principale affaire de ses concitoyens fût d'acheter ses souliers et de les user ? Cela pourrait paraître quelque peu révoltant. Telle est pourtant l'exigence de la basoche *démocratique et sociale* dont il s'agit. « Votre comparaison cloche, me direz-vous, et le deuxième terme manque de noblesse. » Je vous répondrai, moi, qu'il ne manque pas de citoyens et de citoyennes qui aimeraient beaucoup mieux se passer des fournitures universitaires et socialistes, que d'être obligés d'aller pieds nus pour les acquérir, à quelque vil prix qu'on les mette. Tous les consommateurs des autres professions, plus ou moins relevées, vous en diront autant.

Vous voulez, dites-vous, cultiver mon intelligence, et m'en faire une obligation dans mon propre intérêt ; merci, c'est trop de bonté. Si je préfère, moi, rester dans ma douce ignorance ; si je m'y trouve plus innocent, plus heureux et mieux à mes affaires, je vous prie de m'y laisser. Vous voulez me faire déserter les tendres enseignements de mes parents qui m'ont élevé et comblé de leurs soins, les sages instructions de mon charitable curé que j'ai toute raison de vénérer, et qui est toujours prêt à me ramener de mes écarts, à me consoler dans mes maladies, à me fortifier dans mes peines ; vous voulez vous substituer à tous ces objets de mes affections qui me suffisent, vous et vos gagistes que je ne connais que par des productions et des tendances dont j'ai toute raison de me défier, moi et les miens : mais c'est une tyrannie impertinente, et je m'en moquerai ; car quel moyen avez-vous de me contraindre à la subir, si je m'entête dans mon innocence, à moins de vous jeter dans des violences qui révolteraient tout le monde contre vous, soyez-en sûrs ?

Excusez-moi, honorables constituants, si je m'étends autant sur ce sujet ; c'est le plus capital de notre époque à mon avis, et je ne l'épuiserai pas, il y aurait encore trop à dire. Je laisserai le reste à de plus habiles que moi et moins pressés d'achever.

Du reste, il va sans dire que dans le système d'instruction dissolvante que j'attaque, fût-il même organisé sagement, la surveillance de l'Etat, relativement à la moralité et à la capacité, ne doit jamais être abandonnée ni négligée, pourvu qu'elle ne soit pas livrée à la discrétion de l'ennemi, ni des concurrences rivales. Autrement, on verrait bientôt s'élever de tous côtés des écoles d'immoralité, d'impiété et d'anarchie déclarée. Je ne puis donc que vous louer d'avoir consacré en principe cette surveillance dans votre article 9. Mais il paraît, par le dernier paragraphe, que vous avez entendu l'étendre aux séminaires et à tous les établissements religieux, qui sont d'une tout autre portée que celui du pouvoir temporel. Ah ! Messieurs, vous n'aurez jamais de surveillants aussi sûrs que les évêques, où que vous les preniez. Et que faites-vous en ceci ? Vous les mettez on ne peut plus ostensiblement en suspicion. Vous ravalez leur autorité et leur caractère, au point de les exposer aux chicanes des laïques hargneux qui surgiront dans nos incessantes crises sociales. C'est procéder graduellement à la destruction du christianisme et de ses églises. C'est, en un mot, une large concession faite à la secte écarlate et sociale. Je crois que les partis honnêtes en jugeront ainsi avec le clergé énervé si intempestivement. N'est-ce pas là un vrai suicide politique ? Est-ce là qu'est le mal présent et le danger futur ? Et n'est-ce pas au contraire de ce côté que sont vos plus fortes barrières contre la destruction qui menace la France entière ? Espérons que vous ou vos successeurs, cédant enfin à l'esprit du grand scrutin de Décembre et à celui qui s'approche, vous réformerez cette déplorable décision et bien d'autres.

Rendez donc, Messieurs, sous les indispensables conditions que je viens de dire, rendez l'instruction pleinement libre, tant pour ceux qui se sentiront les facultés de la donner, que pour ceux qui en voudront ou n'en voudront pas acquérir, selon leur goût, leur convenance et leurs moyens. Les familles seules sont les juges naturels de la chose. Toute immixtion de votre part, en cette affaire, serait une tyrannie révoltante. Autrement, il en arrivera comme du beau chef-d'œuvre de Louis Blanc, qui, sous le bizarre prétexte de l'organisation du travail qui doit rester libre entre les ouvriers et leurs patrons, a détruit le travail même, et a ruiné pour longtemps les uns et les autres. Ou bien comme de l'Icarie, où cet autre grand floueur, Cabet, a envoyé périr six cents pauvres familles honnêtes de Paris, après leur avoir extorqué, dit-on, 5 ou 600 mille francs, et qui s'est ensuite enfui à quinze cents lieues, pour éviter de leur rendre gorge et les poursuites du parquet. Abandonnez donc l'instruction à de pareils charlatans, dont nous connaissons déjà les rudiments et les livres élémentaires ; vous verrez bientôt une belle cacophonie ! Croyez-moi, abandonnez le choix de l'instituteur aux communes qui en voudront faire les frais, sauf l'approbation convenable. N'ayez pas peur qu'elles s'y trompent, en fait de moralité. Elles y seront trop intéressées. Les pères ne s'y tromperont pas non plus. Il s'élèvera bientôt des maisons d'éducation aux divers degrés, beaucoup plus près des parents, et moins chères que les colléges. Là, les parents choisiront à leur guise le genre et le degré d'instruction qui conviennent à leurs moyens, et surtout à la partie à laquelle ils destinent leurs enfants, en écartant avec raison tout ce qui leur est inutile et trop long à apprendre. Ils obtiendraient par là une double économie de temps et d'argent; et, qui mieux est, des sujets utiles et spéciaux, au lieu de cette foule de désœuvrés qui n'ont rien acquis que des erreurs et des passions. Les pères ayant un tel choix, qui ne leur est point permis dans le pêle-mêle des colléges organisés comme des écoles de bataillon, ne feront pas préparer leurs enfants pour des carrières déjà trop obstruées. Ils s'arrêteront aux choses accessibles, aux notions solides et usuelles; et ils sont toujours assurés d'en trouver l'emploi, en ne sortant pas trop de leur sphère d'activité ordinaire. Ils cesseraient de se ruiner pour des ingrats et souvent de mauvais sujets. L'État et les familles deviendraient plus tranquilles. Les carrefours, les bastringues et les clubs se videraient peu à peu. L'équilibre des forces sociales se rétablirait ainsi de lui-même. En adoptant tout ce système, vous feriez de la vraie liberté. Mais la Montagne, qui vous domine, ne veut de libertés que pour elle seule. Il y a longtemps qu'elle vous crie : « Semez l'instruction dans les » masses, et elles vous le rendront au centuple! » J'entends bien: ce sont des coups de fusil qu'elle sous-entend; et je m'en doutais fort dès lors. Chacune de ses leçons nous a en effet envoyé des milliers de balles fraternelles, et ce n'est pas fini, si je ne me trompe.

Supprimez donc, Messieurs, cet énorme budget universitaire que le ministre socialiste Carnot a élevé à 47 millions par an; alors que, par la plus sanglante dérision, il demandait dans ses circulaires qu'on n'envoyât à Paris, pour faire la Constitution, que des prolétaires illettrés, comme ayant un jugement plus droit que la population sortie de ces écoles. Apparemment que lui et ses amis comptaient voter et signer pour eux. Le citoyen Carnot disait mieux qu'il ne le pensait; il n'en a pas été aussi bien qu'il le voulait. Nous ne sommes pas encore tout à fait la tête en bas. Mais une contradiction de cette force restera comme un des plus curieux monuments de ces derniers temps à la gloire de la logique et des bonnes intentions de M. Carnot. Son père eût bien pu penser peut-être comme lui; mais il n'aurait à coup sûr pas raisonné de même. D'après ces derniers faits, citoyens représentants, tous les voyants pensent généralement que notre Carthage, à nous, n'est plus en Angleterre; mais dans la Montagne, au milieu de nous, armée de l'instruction publique et de la presse : et l'on vous crie de toutes parts comme Caton, *delenda Carthago !* Bien qu'elle n'ait point d'Annibal à sa tête, elle n'est pas si fort à dédaigner que quelques-uns disent. Au train dont vont les choses, je crois, moi, qu'elle vous entamera quelque part à la fin, et que si elle ne vous livre pas quelque nouvelle bataille de Cannes ou Thrasimène, elle vous appliquera pour le moins de rudes coups de Jarnac.

Soulagez le Trésor de cette grosse dépense inutile et dangereuse. Que les membres de l'Université aillent monter des maisons d'éducation pour leur compte particulier ; du moins ceux qui s'en sentiront la vocation, car jusqu'à présent on ne leur en connaît guère qu'une officielle. La plupart n'y cherchent que le traitement, l'avancement, les honneurs et les grades, et non point la meilleure culture possible de l'esprit et du cœur de la jeunesse. Cela leur est bien égal. Ils sont trop loin de ce généreux mobile qui dirigeait jadis la sainte mission de l'enseignement de l'enfance. Mais puisque vous avez établi hiérarchiquement tant de mondains appas dans cette institution, qui n'en devrait point avoir, il n'est pas étonnant qu'ils en fassent leur but principal, et que tout autre ne soit pour eux qu'un accessoire qui leur importe peu. Leurs élèves le démontrent assez. Vous n'auriez besoin de conserver de ce personnel que ceux qui vous en paraîtraient les plus propres à bien remplir vos inspections des écoles libres. Et si vous n'osiez pas encore supprimer cette université si chère, abandonnez-là à elle-même, et vous la verrez bientôt succomber devant l'enseignement libre. C'est ce qu'elle pressent bien, en faisant tous ses efforts, mal dissimulés, pour empêcher cette liberté. Mais, vous diront les Josses de toute la basoche : « Si l'on nous supprime, ou si l'on nous abandonne à la concurrence des établissements libres, c'en est fait de l'instruction publique ; elle diminuera en nombre d'élèves, et en force des études. » D'abord, quant aux étudiants, ma conviction, à moi et à bien d'autres, c'est que ce serait un grand bien pour l'État que le nombre en décrût beaucoup. J'y aiderais même en supprimant toutes les bourses. Pour la plupart des boursiers, il est prouvé que la demi-instruction qu'on leur donne est un très-mauvais cadeau. Ils n'ont pas les moyens de la pousser plus loin et de parvenir. Ils n'ont appris ainsi qu'à être inutiles et à charge à leurs familles et à eux-mêmes. Il n'ont de recours que dans les factions, et deviennent de mauvais citoyens. A cette suppression près, je ne vois pas pourquoi le nombre des élèves diminuerait. Je craindrais plutôt le contraire ; car l'enseignement libre, devenu une carrière, ne manquerait pas de multiplier les établissements à meilleur marché que les colléges. Quant aux études, pourquoi donc deviendraient-elles plus faibles ? Est-ce que les forts de l'Université n'auraient pas la faculté de se faire aussi eux chefs d'institution ? Est-ce que la concurrence et l'émulation entre eux ne serait pas un plus puissant véhicule pour produire de bons élèves, que toute cette hiérarchie graduée où l'on ne fait que traverser et permuter sans avoir d'intérêt particulier aux bons produits, dans le faux système actuel? Je ne doute point, moi, que l'intérêt privé et l'amour-propre des chefs d'institution n'apportassent une bien plus grande surveillance que les colléges sur les études et sur les mœurs de leurs élèves. Autrement, leur établissement serait bientôt à bas. Les écoles préparatoires de Paris en sont la preuve. Ce sont elles qui ont les plus forts disciples. On peut savoir, par ceux des élèves qui sont sortis des colléges sans y avoir laissé toute leur pureté, combien les vices y sont nombreux et dépourvus de surveillance. J'en ai entendu bien des récits qui m'ont contristé. Mais ce qui devrait encore mieux ouvrir les yeux sur ces trop grands établissements, ce sont les révoltes qui s'y répètent si fréquemment presqu'en tous. Voilà de belles préparations pour ces malheureux enfants qui doivent entrer bientôt dans la vie civile! Voyez-vous ces choses-là dans les séminaires, et dans les établissements tenus par des particuliers capables, qu'ils soient religieux ou laïcs? Jamais. Voilà déjà une présomption fort rassurante pour les parents en faveur de ces derniers, autant qu'elle est effrayante à l'égard des premiers. Il y a donc évidemment dans les colléges un vice radical, soit dans leurs doctrines, soit dans leur personnel ; et c'est un des plus grands abus du monde que de surcharger les contribuables pour leur dotation. N'en déplaise à la docte cabale, les 7 colléges de jésuites valaient beaucoup mieux qu'elle à tous égards. *Indè iræ.* Mais on cria tant à la congrégation! à la jésuitière! au parti prêtre! qu'on en fit un grand Croquemitaine, et que l'on en fit peur aux vieilles femmes des deux sexes du vieux libéralisme. C'est ainsi que l'on força Charles X de renvoyer fort arbitrairement, et contre sa conscience, les bons Pères, coupables de trop de mérite et de saintes intentions. Notez que la chose se fit au nom de la liberté, et que celle de l'enseignement était réclamée dès lors de toutes parts. On y coupa court de cette honnête façon. Nous n'en faisons pas d'autre depuis longtemps en toutes choses. Il semble que notre pays ne puisse plus vivre que de suicides, de gaspillages et de contre-sens. Sous le rapport des mœurs, de la tenue, de la discipline, des paternelles directions, les jésuites furent et seront toujours, comme corps enseignant, infiniment supérieurs à l'Université ; parce que chez eux l'éducation de la jeunesse est une vraie mission sainte, un ministère grave, consciencieux, auquel ils sont voués pour cette vie en vue de l'autre, sans autre récompense mondaine ici-bas. On les a représentés comme une société envahissante, dangereuse pour l'État, un milieu ultramontain travaillant à asservir la France à la cour de Rome. N'est-ce pas se moquer de nous, et des intelligences les plus ordinaires? On a fait de chaque jésuite un Escobar, un Malagrida, un Letellier; et, attendu que nous avions un roi pieux, on est parvenu à faire de ce manége un grand épouvantail.

A force de clameurs, on fit tant et tant de dupes qu'il s'en trouva jusque dans quelques membres du clergé. On se crut bonnement menacé, comme si nous en étions encore au temps d'Alexandre VI ou de Jules II, au temps où les foudres de Rome faisaient trembler les rois! Comme si la puissance des papes, au point où elle est réduite depuis un siècle, pouvait être désormais un danger pour tel peuple ou tel gouvernement que ce soit, grand ou petit! Enfin, comme si ç'avait été un grand mal d'avoir un roi pieux dans un siècle comme le nôtre. Hélas! la papauté, abattue en apparence en ce moment, sera une grande lacune et un grand malheur, si elle n'est bientôt relevée, pour la paix et la civilisation de tous les peuples chrétiens! Mais ce qui n'est pas le moins curieux, c'est cet autre manége que je ne puis résister au doux plaisir de vous rappeller ici. Souvenez-vous de la grande conspiration qui renversa la monarchie restaurée. Ourdie sous la raison *Aide-toi le ciel t'aidera*, elle joua pendant quinze ans la comédie, de son propre aveu. *Habemus confitentes reos.* Elle ne cessa de faire représenter le *Tartufe* sur nos théâtres, pour masquer sa propre hypocrisie et se débarrasser des jésuites, qui la gênaient. Elle y réussit si bien que tout le gros du public battit des mains en prenant complètement le change. O Français! chers concitoyens, qui vous dites et vous croyez bonnement le peuple le plus spirituel de la terre, n'en êtes-vous pas les plus grands Béotiens? Toutes les fois que d'habiles roués ont pris la peine de s'emparer de votre faible raison, ils n'ont guère manqué d'en faire tout ce qu'ils ont voulu. C'est sous le rapport politique que je l'entends ainsi; car sous celui des relations de société je reconnais que vous étiez en première ligne, et vous aviez conservé votre atticisme jusqu'à l'avénement du socialisme, qui est venu apparemment pour varier et aplatir vos excentricités. Donc, dans la peur qu'on nous fit du pape, et en sacrifiant les sept colléges jésuites au vieux libéralisme et à l'Université, nous ne fûmes que de vrais badauds. Nous nous privâmes d'une grande ressource; car dans les familles où il vient un enfant d'un naturel vicieux, d'humeur intraitable, ou chassé des colléges, que faire? Il n'y avait qu'à l'envoyer aux jésuites; ils ne chassaient jamais, eux. Ils vous transformaient bientôt votre enfant par les voies de la douceur et de la persuasion, et surtout par celles de l'exemple. Ils vous l'assouplissaient, et ils vous le rendaient enfin parfaitement bien élevé. Trouvez-vous cela dans la plupart de vos échappés de collége? Je ne dis pas tous; car il en est que leur bon naturel ou leurs traditions de famille ont préservés de la contagion. Ah! que vous feriez une chose sage, si vous en aviez le courage, de rendre aux religieux de profession plus de part qu'ils n'en ont dans le corps enseignant; au lieu de vous laisser dominer par les clabauderies révolutionnaires, qui n'ont d'autre dessein que de faire la guerre à la religion et à la stabilité de l'ordre social ! Nous n'aurions pas tant de fils pervertis et de mauvais citoyens. L'enseignement libre, par une conséquence nécessaire, permettra aux jésuites de rentrer dans leurs établissements, et la faculté d'y recourir pour les parents jaloux de prévenir ou guérir la gangrène de quelques-uns de leurs membres. Qui est-ce qui s'élèvera contre ? Un peu de rumeur pendant un certain temps, il n'en faut pas douter. De quel côté viendront ces cris ? Du socialisme et de la Montagne uniquement. Or, je n'en demande pas davantage pour justifier et rendre urgente la liberté de l'enseignement. Les plus sages esprits et les plus pénétrants sur l'avenir ne regardent plus l'Université et son ministère de l'instruction publique, institués comme ils le sont, que comme une loupe, une énorme excroissance, un gros bubon de peste implanté au cœur du corps social tout exprès pour le dissoudre. Ne serait-il pas temps que cette France jadis si illustre cessât d'agoniser, en extirpant résolument tous les cancers qui la rongent à leur plus grande commodité ? Ne vous inquiétez nullement de l'affaiblissement des lumières. Les choses sont agencées de façon que vous aurez sur les bras beaucoup plus de capacités que vous n'en pourrez admettre dans tous vos services publics. Vous aurez désormais toujours trop de demi-lettrés et de demi-savants. Vous en aurez à la fin plus que de laboureurs, avec cette fureur d'instruction diffuse qu'on a propagée à si méchants desseins par les uns, et par les autres avec tant d'étourderie.

Il n'y a que les hautes études à destination du génie civil et militaire où il semblerait, au premier aperçu, que le Gouvernement devrait mettre la main : eh bien, encore à cet égard, ce serait de sa part un soin superflu. La plupart des admis aux écoles militaires et polytechnique ne sortent pas des collèges, mais bien des établissements préparatoires dirigés par des capacités particulières, qui ne seront nullement atteints par la liberté de l'enseignement. Bien au contraire. L'affluence des aspirants est déjà si grande, que les 4 ou 5 sixièmes sont refusés annuellement. On ne prend que les plus forts, du moins en apparence ; car cela dépend beaucoup de l'aplomb que tous n'ont pas au même degré dans l'épreuve suprême de leur examen, d'autres disent de la protection. Un grand nombre de refusés ont réellement la capacité suffisante si vous aviez assez de places à donner. Ils sont forcés de retourner comme fruits secs dans leur famille, à laquelle ils ont tant coûté, après avoir dépensé eux-mêmes huit ou dix de leurs plus belles années.

Est-ce là une disposition bien paternelle et bien prévoyante de la part d'un État qui n'a déjà que trop d'emplois rétribués, et qui fait encore d'énormes sacrifices pour obtenir des lettrés et des savants inutiles en nombre illimité ? Que deviennent nos pauvres refusés ? Ils ne savent que faire de leur science exceptionnelle, et de peu ou point d'usage dans le commun des affaires. C'était bien la peine de l'apprendre! A quoi leur serviront les binômes de Newton, le calcul de l'intégral et de l'infini, etc.? A moins qu'ils ne se fassent astronomes. C'est bon pour les grands géomètres qui cherchent dans la profondeur des cieux les lois des vitesses et des distances des astres, et leurs perturbations réciproques en raison de leur masse, etc. Mais combien faut-il d'astronomes à la plus grande nation? Quatre ou cinq c'est assez. Mettez-en cent si vous voulez; ce sera beaucoup, et ils n'y feront pas fortune. A ce sujet il est bon de dire encore que le pédantisme universitaire en est venu à un point peu justifiable. On exige des aspirants une foule de connaissances tellement superflues, qu'après leur admission dans les services publics, ils n'ont rien de plus pressé que de les oublier ou mettre *à remotis*, n'ayant jamais occasion de les appliquer sur le terrain. Nos meilleurs ingénieurs, après plusieurs années d'exercice, seraient fort embarrassés si on les obligeait de démontrer au tableau la résolution des figures et de tous les problèmes qui les ont fait admettre.

Je vais terminer mes réflexions sur le très-important sujet de l'enseignement public. De toutes parts, Messieurs, on vous demande des réformes. Il y en a, en effet, beaucoup à faire; mais il faut distinguer. Toutes celles que l'anarchie vous réclame impérieusement seraient funestes; car elles ne sont autre chose que des destructions préméditées. Les honnêtes gens vous en demandent aussi; mais ils voudraient qu'elles ne portassent que sur les criants abus qui minent la société, et non pas, comme nous le voyons si souvent, contre les salutaires institutions qui la défendent. Je crois qu'il n'a jamais existé d'abus aussi sérieux et aussi patents que ceux que j'ai l'honneur de vous signaler. Ce sont eux qui nous ont jetés dans l'inextricable confusion politique et financière où nous sommes plongés jusqu'aux oreilles. Il n'en est donc point qui mérite aussi vivement votre attention. Ce n'est point dans un esprit de caste ni d'intérêt privé que je m'en indigne. Je ne suis point le fils d'un homme titré ni privilégié; mais seulement le fils d'un honorable magistrat. Je n'ai jamais eu de rapport avec les jésuites, je n'en connais pas un. J'ai fait toutes mes études dans les écoles centrales, qui étaient les colléges de la première République, et en même temps sous des maîtres libres, et même fort libéraux. Ensuite j'ai beaucoup plus et beaucoup mieux appris du peu que je sais, de mon chef dans mon cabinet, et surtout en observant fixement le monde. J'invite tous ceux qui tiendront à avoir un jugement sain et libre, des idées justes, utiles et pratiques, à en faire autant, parce qu'ils n'acquerront jamais ces qualités sous les inspirations seules des pédagogues officiels. Poursuivons notre ingrate tâche.

« Article 10. Tous les citoyens sont également admissibles » à tous les emplois publics, sans aucun motif de préférence » que leur mérite, et suivant les conditions qui seront fixées

« par les lois. » En pure démocratie, c'est logique, sinon toujours bon. Car, on aura beau faire, il y aura toujours des positions où il n'est point indifférent de placer un homme avec ou sans naissance ni fortune. Le pauvre de ces moyens-là, à moins d'une réputation personnelle et d'un mérite supérieur, ne peut représenter à l'étranger un puissant Etat, aussi bien qu'un homme favorisé sous les premiers rapports. A l'intérieur aussi il ne sera pas aussi bien agréé de ses administrés, ou il n'aura pas sur eux la même influence. Il boursillera s'il est sage, et ne dépensera que la plus petite partie possible de son traitement; et il n'aura pas tort. Car si après 15 ou 20 ans de hautes fonctions il était renvoyé dans ses humbles foyers, sans avoir rien mis de côté, il serait plus malheureux qu'il ne l'était avant de les avoir quittés pour servir l'Etat, n'ayant alors aucune des habitudes et des relations qu'il a dû contracter depuis. A partir de 1830, presque tous les fonctionnaires ont été sans fortune; les gens riches s'en écartant d'eux-mêmes, pour ne pas s'impliquer dans des systèmes pleins d'inconséquence et d'instabilité. Les fonctionnaires ont donc boursillé. Il en est résulté un très-grand vide, un très-grand dommage pour le commerce et l'industrie. On s'en est plaint partout, si bien que ce système prétendu démocratique est aussi lui loin d'être populaire. Si un préfet ou un sous-préfet donne le branle, tout le suit, de près ou de loin. Un bal qui lui coûtera 3 ou 4 cents francs, en fera dépenser à ses invités, qui d'ailleurs veulent rendre, des 3, 10 et 20 mille francs, et plus selon les localités, en modes, en voitures, etc. Cela tourne tout au profit du peuple, et le fait prendre part à la fête et à la joie commune. C'est là une de ces choses qui maintiennent le mieux la confiance et la concorde. Napoléon voulait que ses fonctionnaires dépensassent leur traitement; mais il se gardait bien de les prendre parmi les prolétaires, hors le cas des grands services rendus, où alors il ne les lésinait pas. On rapporte de lui une anecdote fort piquante et qui fit son effet. Le comte C....., sénateur, était boursilleur et avare. Il allait à pied en tout temps au sénat, ou bien dans un fiacre. L'Empereur, informé de la chose, lui envoya un beau matin un superbe équipage, deux beaux chevaux bien choisis, livrée, etc. Le comte C..... n'eut rien de plus pressé que de courir au château pour remercier de la faveur insigne et délicate; puis, comme il se confondait en sentiments de reconnaissance, l'Empereur l'arrêta court en souriant, et lui dit : « Il n'y a pas de quoi, mon cher : rendez-vous de ce pas chez mon ministre des finances; il vous donnera le bordereau de cette dépense, que je n'ai fait qu'ordonner; et soldez promptement, car j'ai besoin d'argent pour mes petits projets d'expéditions en Allemagne. » Puis il ajouta d'un ton plus grave : « Monsieur le comte, je ne trouve pas bon que vous ensevelissiez dans vos caves les 36 mille fr. de la sénatorerie que je vous ai donnée.

Cela ne fait pas les affaires de mes peuples ni les miennes. Il faut que cela circule, entendez-vous ? Tenez-le-vous pour dit, vous et tous ceux qui vous imitent. »

Depuis ce temps le comte C... se garda bien d'aller à pied ni en fiacre. On dit même que pour mieux effacer la fâcheuse impression du maître, il se pavana avec son bel équipage dans tous les quartiers de Paris ; tellement qu'il eut bientôt mis ses chevaux sur les dents, et que cela divertit beaucoup l'Empereur. Je reconnais bien là cet homme rare. Il n'y allait pas par quatre chemins quand il voulait une chose, et cet à propos est un de ses meilleurs tours. Ainsi votre principe d'admission égalitaire *à tous* les emplois, généralisé d'une façon si absolue, s'il était appliqué de même, et s'il n'était pas parfois forcément éludé, aurait des conséquences désastreuses pour l'Etat. Vous en avez déjà bien des preuves depuis Février ; et j'ai lieu de croire que vous en pensez vous-mêmes comme moi. Mais il est clair que dans tout cet article nous sommes en plein communisme, et partout hors de toutes les voies des hommes d'Etat. Je ne sais pas jusqu'à quel point nous irons toujours en nous rapetissant et en nous abâtardissant pour plaire à une tourbe ignorante qui nous remercie par des coups de fusil, et à laquelle ce système nuit beaucoup plus qu'aux classes riches, qui s'arrangent en conséquence. Mais ce qu'il y a de très-démontré, c'est que depuis qu'elle est envahie derechef par la république rouge s'appuyant sur le socialisme, la France n'a jamais eu si peu de puissance et de considération, pas même à l'époque où elle fut possédée, plus de la moitié, par les Anglais. Et, ce qui est le plus prodigieux, nous avons 500 mille soldats soldés, 12 cent mille gardes nationaux bien disciplinés et armés, et nous dépensons deux milliards par an, sans pouvoir, sans un grand péril chez nous, aller faire la guerre au plus petit roitelet voisin ! Tout cela est forcé, et aux trois quarts employé à contenter ou à contenir les 3 ou 400 mille instruments de la Montagne socialiste. Et au lieu de remonter droit aux causes, qui seraient infiniment plus aisées à faire disparaître que les malheureux aveugles dont elle se sert, nous nous bornons à châtier à l'aventure ces pauvres égarés, qu'il serait peut-être possible de ramener autrement, en en prenant la peine ; car s'il y en a de méchants, il y en a beaucoup plus qui souffrent réellement, et qu'il faut aider. Tant y a qu'en fait de sortilége et de maléfice général, nous y sommes en plein. Les rouges peuvent se vanter d'avoir noué l'aiguillette à Jacques Bonhomme. Notre état actuel est sans contredit la plus étonnante merveille des temps modernes. Continuons.

« Sont abolis à toujours tout titre nobiliaire, toute distinction » de naissance, de classe ou de caste. » J'espère qu'en voilà de la démocratie sociale. Si ses généreux apôtres ne sont pas contents, ils sont bien difficiles à satisfaire. La concession est laconique; mais elle dit tout en ce peu de mots. Si les prédications de ces Messieurs s'arrêtaient en si beau chemin, ils seraient bien crétins pour des gens qui s'affament en mangeant. Mais la république rouge s'accommodera-t-elle de cette abolition ? J'en doute. Il est vrai que la Montagne n'est plus en première ligne dans le grand plan de destruction; elle n'est plus qu'au second rang. Pour le socialisme du citoyen Considérant, il n'est pas le plus dangereux; les gens auxquels il a parlé reconnaissent eux-mêmes que c'est bien la plus impraticable rêverie et la plus sotte niaiserie de ces temps-ci. Parlez-moi du citoyen Proudhon. Son système n'est pas plus possible : mais il vous a cherché dans les anciennes nécropoles historiques l'idée la plus forcée que l'on puisse concevoir; puis il vous déduit là-dessus un système et des conséquences plus outrées encore; le tout avec une logique inflexible, et sans en rire, du moins devant les gens, car *à parte* il n'est pas aussi absurde qu'il le paraît. Je ne serais point surpris qu'il finît tout comme le citoyen Cabet; car le voilà qui commence aussi lui à recevoir des souscriptions pour une banque populaire, où il ne lui faut, dit-il, que trois petits millions pour bien fonctionner, et faire disparaître la misère de........son ancien foyer. Gare les nouvelles dupes! Quoi qu'il en soit, comme il a le plus frappé par la violence des théories, je suis persuadé que la première révolution se fera en son nom, et que le citoyen Proudhon culbutera ou dominera un moment tous ses compétiteurs. C'est dans ce digne homme que j'ai le plus de foi pour les mettre à la raison. Aussi je ne veux pas qu'on lui arrache un cheveu. Conservez-le moi bien, je vous en prie. J'en ai besoin pour exécuter les châtiments que les honnêtes gens ne savent pas faire. Nous avons vu déjà un échantillon de ses bonnes dispositions à remplir mon but dans sa scène de pugilat avec le montagnard Félix Pyat. Il n'est ni bien fort ni bien brave, ce dit-on; mais Marat, Robespierre et consorts ne l'étaient pas non plus. En fait de destruction, on ne fait pas, on fait faire; on ferait trop peu par soi-même. Or, mon très-cher concitoyen Proudhon est aujourd'hui le premier pasteur d'un nombreux troupeau qui sait lancer des balles et jouer du couteau. C'est lui qui est le dieu du moment; et la Montagne est enfoncée, forcée de suivre le socialisme à la traîne. En écrivant ceci, on m'apporte un journal contenant la guerre allumée entre les deux principaux chefs du socialisme. Quelles aménités, quel jargon et quel amas de sanglantes vérités injurieuses. Des tiers calmes et bien nés ne sauraient arriver à une pareille joute. Mais en même temps quel pathos et quel galimathias. On veut paraître savant, et pour cela on se rend inintelligible au vulgaire que seul on peut abuser; car, pour les gens éclairés, on sait bien qu'on leur fait horreur et pitié. On ressasse des idées folles et coupables, on se dispute des formules et des symboles absurdes, on invente un tas de mots barbares que l'on croit être d'un grand effet; tels que ceux-ci, par exemple, à l'occasion du projet de banque d'échange : « *consignation continue, évaluation antérieure, compensations arbitrées, etc.,* » dont personne ne s'avisera de rechercher le sens pour en faire l'application à ses affaires. Puis on se vante de ses longues veilles pour trouver enfin le problème social, et le réduire à deux ou trois formules algébriques comme celles-ci : « Droit au travail; soumission ou abolition du capital. » Applique-les si tu peux, peu importe ; mais en attendant sers-t'en pour agiter les masses, et te faire à tout prix une célébrité telle quelle.

Voilà le fin mot de l'utopie : elle coûte cher aux nombreuses dupes, aussi bien qu'à ceux qui ne la partagent pas ; mais il paraît que c'est une épreuve dont nous avions besoin pour nous guérir de bien des infatuations. La lutte est donc ouverte entre le Vadius et le Trissotin du jour. La querelle semble venir de la souscription pour la banque d'échange ; opération toute cabétiste, dont l'un a pris les devants sur l'autre. *Indè iræ.* Nous pouvons nous attendre à une guerre acharnée. Je vous prie de me conserver aussi soigneusement le citoyen Considérant ; il fera aussi très-bien mon affaire. Lui et son rival extermineront d'abord la nouvelle Montagne après les riches, puis ils s'extermineront l'un l'autre. Ce sera une seconde édition de la vieille Montagne et de la Gironde ; et je prierai le citoyen Lamartine de me l'écrire, pour former le cœur et l'esprit des jeunes gens, et pour apprendre aux vieillards que les hideux scélérats qu'ils ont vus de leurs yeux n'étaient point tels, mais bien des héros et de saints martyrs de dévouement à la patrie ; et que leurs massacres n'étaient que des victimes nécessaires, comme les moutons à la boucherie. Merci d'un si honnête redressement, et de sa si convenante couleur poétique ! Revenons à notre texte. Je dis que la république rouge ne s'accommodera pas de l'abolition des titres ; et je me fonde sur l'histoire et *sur le cœur humain de ce parti*, ses appétits et sa marche ordinaire. Tout ce qui nous est resté des sommets de l'ancienne Montagne et de la Gironde, n'a rien eu de plus pressé, après l'orage, que de se pourvoir de titres superbes. Nous avons joui du duc d'Otrante, du comte François de Nantes, etc. etc. Ce n'est point là de la pacotille ; et c'est bien plus à la portée de la médiocrité si commune, qui se fait aussi elle un *droit au travail* et qui veut arriver aux grandeurs sans grands et vrais services au pays, souvent même par les plus mauvais. Il a été bien malheureux pour nous que MM. de Robespierre, de Danton, de Marat, de Carrier, de Fouquier-Tinville, de Collot-d'Herbois, et cent autres gentilshommes de cette illustration se soient fait l'amitié de s'entr'égorger, n'ayant plus d'autre cou notable à juguler. Si ces grands hommes, que quelques-uns de nos plus vertueux contemporains s'avisent un peu tardivement d'apothéoser, avaient survécu, nul doute qu'ils n'auraient pas été plus bêtes ou plus

Caton que leurs survivants. Le beau temps revenu, il n'eût plus été question de terreur, de meurtres en détail et en grand, de noyades, de mitraillades et de tout l'ingénieux cortége nécessaire pour faire sa place en tout rasant. A ces séduisantes images, quelque peu importunes aux parties qui en ont payé les frais de leur sang et de leur bien, nous aurions vu succéder, comme par enchantement, des ducs de Paris, des marquis de Lyon, des comtes de la Loire, et une foule d'autres dignités historiques si malheureusement mortes en herbe. Il faudrait être bien borné, bien arriéré pour ne pas sentir que celles-ci auraient bien soutenu l'antique gloire de notre nation, et très-avantageusement remplacé les Montmorency, les Condé, les Turenne, et rempli toutes les lacunes que l'intelligente guillotine avait faites dans les hauts rangs, pour le plus grand bien du pays en général, à ce qu'ils disaient, et en particulier pour celui des remplaçants, qui avaient le bon esprit de ne point s'en vanter en les palpant. Ote-toi de là, ou mieux encore, avec notre loi de progrès, je t'ôterai de là pour m'y mettre, avec le secours des sots ébahis qui n'y gagneront que misère. Voilà le but, la tactique et la fin de toute révolution politique et sociale. C'en est aussi sa formule algébrique réduite à sa plus simple expression. Aujourd'hui nous n'avons point du tout dérogé à la coutume et à l'usage. Nous allons même plus loin. Nous ne nous contentons pas de simples noms de ferme ou de village, nos nouvelles seigneuries s'étendent à nos départements tout entiers, sous prétexte d'être mieux désignées; mais une fois que nous nous sommes emparés de la chose, nous nous gardons bien de la quitter un seul moment, dans la crainte qu'il ne prenne fantaisie à quelqu'un de nous la disputer. Nous possédons des Dupont (de l'Eure et de Boussac), des Laurent (de l'Ardèche), des Mathieu (de la Drôme), et je ne sais combien d'autres seigneuries pareilles en attendant mieux.

C'est une rage, c'est une fureur dans ce tas d'obscurités parvenues tout d'un coup au sommet de notre société en pleine décadence. Et comme la curée est *ad libitum*, nous irons loin dans cette noble escalade. Je n'ai donc pas peur, malgré l'article 10, que nous manquions jamais chez nous de titres, et des plus sonores encore. Ils changeront de main comme de cause; ils seront burlesques, immensément immérités, et partant ridicules : voilà tout. Laissez tourner le vent, et je vous garantis que les Brutus, Louis Blanc, Ledru-Rollin, Marrast, Flocon et consorts, ne vous prendront point à la gorge, si vous en venez à leur offrir la duché, la comté ou le marquisat, un tantinet bien doté, sous tel nom qu'il vous plaira, pour mieux faire gober la chose au public. Pour les saints apôtres Proudhon, Considérant, Pierre Leroux *l'hirsutus*, Cabet, et je ne sais plus qui, auxquels revient apparemment l'honneur de l'article *abolitif*, je ne vous conseillerais pas de vous y frotter par la même offrande, en échange de leurs 25 francs par jour, et du bon denier de saint Pierre qu'ils perçoivent doucement sur la dévote Icarie. Ils vous arracheraient la langue. Ce bord-là est trop vertueux, trop austère. Je crois fermement à ses bonnes intentions inspirées d'en haut, à son incorruptible désintéressement et aux beaux résultats déjà acquis, sans parler de ceux qu'il promet, enfin à sa sincère philanthropie criée par-dessus les toits. Tout cela n'est pas contestable. Cependant, j'ai quelques soupçons qu'il ne faudrait pas mettre sa tête sur le billot dans un pari contraire. Autant ces diantres de propriétés sont des cas pendables aux yeux de certains amateurs qui n'y sont pas encore parvenus, autant ces mêmes cas sont véniels et licites pour ces mêmes amateurs aussitôt qu'ils y sont confortablement casés. Aussi, y trouvons-nous aujourd'hui le double crime de la tentation et de la possession, selon saint Proudhon.

Je dégage donc la pure Montagne de toute complicité avec le socialisme, dans cette affaire-ci. Je m'étonne qu'elle ne s'y soit pas opposée avec les titres qu'elle a pris jadis, et ceux qu'elle prend encore. Je m'étonne encore plus, Messieurs, que vous ayez concédé cette rédaction à une aussi infime et peu respectable minorité, dont vous paraissez si clairement avoir reçu la loi. Si vous croyez vous être popularisés par là, vous vous êtes grandement trompés. Vous avez atteint le but tout opposé dans l'idée dominante dans les meilleures parties des populations. C'est en vain que vous ferez des lois de circonstance contre les traditions enracinées, les mœurs et l'honneur d'un peuple ; les traditions, les mœurs et l'honneur sauteront à pieds joints par-dessus, en se moquant amèrement de vos capitulations. Il a plu à onze Messieurs, sans autorité, la plupart peu connus, portés un moment par le vent de la rue à un décemvirat éphémère, il leur a plu, dis-je, de décréter une République démocratique quasi-sociale, dégénérée aussitôt en cette couleur et même en cramoisi. Et vous l'avez subie et approuvée sans consulter la nation qui a toutes les habitudes et tous les intérêts d'une monarchie vieille de 15 siècles ! Qu'en est-il résulté ? Tous les maux que nous souffrons depuis un an, et le germe de tous ceux pires encore peut-être qui nous attendent, tant que durera ce mortel conflit entre les mœurs et les lois. Il n'y a pas une cinquantième partie de la France qui se dise républicaine, encore moins démocrate : et parmi ceux qui se disent l'être, il n'y en a pas un millième qui le soit véritablement, ni qui sache seulement ce que c'est ; c'est-à-dire dans la véritable acception du mot, avec toutes les vertus de désintéressement qu'il implique. Pour mon compte, je n'en connais pas un. Si quelqu'un peut m'en montrer qui soient susceptibles de soutenir l'examen, j'aurais bien du plaisir à en faire et cultiver la connaissance ; car il ne faut pas nous aveugler dans aucun système.

Si nous pouvions avoir une République sincère, juste et homogène, telle que Rome entre ses premiers rois et ses premiers empereurs, avec des Cincinnatus, des Fabricius et des Paul-Émile; ou bien comme Athènes, avec des Aristide, des Solon, des Miltiade, des Thémistocle et des Périclès, j'en serais de tout mon cœur, et je crois que tous les hommes de valeur en seraient aussi. Bien que nous soyons un peuple trop nombreux pour cette forme; comme il arriva aux Romains, et comme il arrivera un jour aux Américains du Nord, elle n'aurait pas de peine à valoir mieux qu'une monarchie bâtarde et fragile comme celle de Juillet. Sous ces anciennes républiques où nous avons été puiser l'idée, sans avoir rien de leurs mœurs et de leur personnel, on brilla en vertus, en vraie liberté, en gloire, en richesses, en puissance, en colonies florissantes, en monuments de l'esprit et de l'art, enfin en toutes sortes de splendeurs vraiment poétiques. Ces peuples célèbres étaient nés et élevés sous un climat enchanteur, dans les bonnes traditions républicaines qui ne menaçaient aucune classe libre : ils les suivaient d'instinct, sans effort, et avec un zèle que nous ne reverrons plus; comme Bayard, Sully, Turenne et Condé suivaient la vraie tradition monarchique. Mais vouloir faire une République sans républicains, et, qui pis est, avec une énorme masse d'antipathie extrême, et fort naturelle après les si malheureux essais de 93, dont pas un n'échappa au ridicule atroce, après s'être noyés dans le sang et la ruine générale; plagier encore une fois ces cadavéreux précédents maudits, et en faire une macédoine avec l'utopie socialiste, encore plus absurde et plus destructive; certes, cela est de bien mauvais cuisiniers politiques. J'aime mille fois mieux le Cuisinier bourgeois, qui me dit, « d'un ton aisé, doux, » simple, harmonieux, » et avec la vérité la plus touchante : « Voulez-vous un gigot à l'eau ? Prenez un gigot, etc. » Cet homme-là était beaucoup plus savant dans son art, et beaucoup mieux inspiré. Aussi, au fond de la pensée de nos soi-disant réformateurs, ne s'agit-il pas du tout d'une vraie République, qui respecte et encourage tous les droits acquis. Bien au contraire, il s'agit *d'organiser* une vaste jacquerie qui les renverse tous, en les faisant changer de main; ce qu'ils appellent « l'ordre dans le désordre. » Dans leur bouche, le mot République démocratique n'est absolument qu'une rubrique grossière, une batterie démasquée avec laquelle ils s'imaginent opérer la destruction générale, plus à leur aise et sans danger pour eux.

Connu! connu! illustres et chers novateurs! Un peu plus tard nous verrons bien! Car, je vous l'avoue humblement, on souffre tant de vos prouesses qu'on commence à s'en impatienter très-vivement. Je ne connais plus personne capable de vous abandonner passivement, comme devant, sa tête et son foyer; mais j'en connais une infinité très-disposés à renverser à coups de fusil vos premiers échafauds. Je dis vos premiers; car l'on sait fort bien que si dans une localité quelconque on vous permettait de jeter à bas une seule tête, il n'y aurait plus de raison pour que cela finît. Ainsi prenez-y garde, je vous en avertis, en ami dévoué. Vous avez pourtant une chance assez belle, et je ne cesse de la signaler aux gens à qui vous en voulez; c'est le défaut d'union et d'énergie de tous les partis honnêtes, qui pourra bien finir par leur perte, après d'horribles luttes partielles. Or, je le demande en bonne conscience, sont-ce des républicains que les citoyens Louis Blanc, Ledru, Proudhon, etc., et toute cette tourbe qu'ils font bouillonner servilement au doigt et à l'œil dans leurs clubs et leur soi-disant banquets fraternels? incroyables orgies d'irréligion, et des plus audacieuses immoralités politiques et sociales. Pourraient-ils seulement se dire de bons citoyens, sous tel régime que ce soit? Ne sont-ce pas eux, précisément et exclusivement eux, qui, par leurs désorganisations, leurs déprédations, leurs menaces officielles, leurs excitations au vol, leur négation de toute propriété, les immenses ruines qu'ils ont déjà causées et opérées en si peu de temps, et toutes leurs théories non moins iniques qu'insensées, ne sont-ce pas eux qui ont rendu parmi nous la République plus impossible et plus odieuse que jamais? Pensent-ils que tant de méfaits auraient été tolérés aussi impunément à Athènes et à Rome, quand ces deux républiques furent sages et puissantes? Que tout homme d'un sens droit descende en lui-même, et réponde à mes questions; je m'en rapporte à lui. Il y a plus : je reconnais que ce sont bien ces sycophantes qui, par un habile coup de main, ont renversé la monarchie; ce sont bien eux qui l'ont fait abolir avec des réminiscences de la Terreur. Ce sont bien eux qui ne cessent de la vilipender avec un plus ou moins de vérité qui ne leur importe guère. C'est une tactique pour empêcher ou retarder le sentiment du grand vide qu'ils ont fait. Eh bien, vous verrez que ce seront encore eux, précisément eux, qui forceront à relever leur victime renversée. Il ne faut pas être un grand sorcier pour le prévoir. Je les connais trop bien, eux et leurs devanciers. Maintenant la question de savoir si nous reverrons les beaux jours de la guillotine en permanence, et les confiscations révolutionnaires, semble jugée en dernier ressort par le grand jury du 10 Décembre. Le jeu ne serait pas sûr pour ces honnêtes flibustiers à vouloir passer outre ouvertement. Il en eût bien été ainsi en 93 si la nation avait été admise à juger, selon son droit, qu'on ne lui enlèvera plus; du moins je l'espère, quoiqu'on l'ait déjà fait bien des fois, soit en le refusant, soit en l'éludant par des tours d'escamotage. Toute la question, le vrai, le grand problème actuel est celui-ci; il n'est pas malaisé à résoudre : « Déterminer si la France sera plus heureuse, plus paisible, plus libre, plus glorieuse et plus prospère en persistant à rester placée sous l'invocation des mots à double entente : République démocratique, avec quelques centaines de

Montagnards en tête. » Dans le cas de l'affirmative, déterminer aussi dans combien de temps nous serons tout à fait à bout de toute ressource, de tout repos, de toute sécurité, et de toute considération et puissance au dehors et au dedans. Ou bien s'il ne serait pas plus sûr de retourner, sauf améliorations, à un régime sous lequel nous avions acquis tous les biens que nous avons perdus depuis un an et tout ce qui nous en reste. L'alternative est tellement rigoureuse, que je défie bien que nous sortions du stupide gâchis où nous pataugeons si désastreusement, sans avoir pris dans ce dilemme un parti net et tranché. J'en laisse le choix à un chacun, pour certaine raison qu'on excusera bien. Cependant qu'on ne se méprenne pas sur ma pensée : je critique, il est vrai ; mais, au point où en sont les choses, je déclare qu'il n'appartient plus à aucun individu ni à aucun parti de renverser la République ni la Constitution, telles qu'elles sont, parce qu'on pourrait tomber en pire, et qu'il n'y a plus que la France entière qui ait le droit d'y changer, ou réformer, ou modifier. Essayons-en donc loyalement, tout en pointant les défauts et les dangers.

On dit que le socialisme, à force de hâter la dissolution, opérait la cohésion ; cela est vrai jusqu'à un certain point, parce qu'il épouvante et indigne les parties saines : mais il augmente aussi chaque jour les parties gâtées ; et il ne peut manquer de se recruter sans cesse par la misère qu'il vous reproche, et qu'il entretient soigneusement en empêchant la reprise des affaires, au moyen de ses clubs permanents et de ses menaces périodiques d'attaques sérieuses. Là-dessus vous n'avez pu rien imaginer encore d'assez efficace contre les effets de sa terrible tactique ; et il vous frappe d'impuissance, vous, à la tête de 500 mille soldats et d'un million et demi de gardes nationaux, et de presque toute la nation. Une pareille paralysie, avec des forces aussi immenses, ne s'est jamais vue. Je sais bien que dans les parties saines il est demeuré encore, malgré les dangers de l'ennemi commun, de sottes rivalités de caste que l'on n'a pu malheureusement guérir, bien que les premiers rangs soient devenus accessibles à tous les mérites, et se soient fort mélangés et répandus dans la foule de manière à ne plus offusquer que les mauvais coucheurs. Ces vieux levains de rivalités sans doute affaiblissent beaucoup la cause des honnêtes gens en empêchant l'ensemble de leur action, qui sans cela serait bientôt irrésistible. Mais pour cette raison même, et pour une infinité d'autres encore plus impérieuses, tout indique que la conservation de notre société dépend de son prompt retour au pouvoir héréditaire. Tout indique que le pouvoir électif, avec toutes ses vicissitudes, sa faiblesse, la fièvre incessante dans les partis rivaux qui se le disputent, nous plongera en peu de temps dans un anéantissement bien pire que celui de la Pologne ! Le pouvoir électif, au train dont vont les choses, ne saurait manquer de tomber un jour ou l'autre aux mains du socialisme, ou d'en être dominé, puisqu'il en est déjà paralysé. Alors nous tombons en pleine dissolution, et dans une barbarie inouïe jusqu'ici. Ce serait peut-être s'abuser que de compter trop sur la résistance des provinces, qui manqueront probablement d'unité et qui n'ont encore pris sérieusement aucune précaution défensive. En tout cas, ce ne sera plus qu'une affreuse et immense guerre civile dont il est impossible de prévoir le terme et le résultat.

Le socialisme n'a pas beaucoup plus d'unité que les divers partis qui divisent la Société ; la rivalité et la discorde germent déjà dans son sein ; point de doute qu'on s'y disputera aussi un jour, s'il y a lieu, les lambeaux des vastes ruines qu'il aura faites. Mais au moment venu point de doute aussi que la faim commune à ses nuances ne le fera agir d'ensemble comme un seul homme et comme un torrent dévastateur. Le socialisme est aujourd'hui un peuple de Catilinas vulgaires tant que vous voudrez, mais en même temps d'Erostrates tout aussi capables de mal faire que l'ancien. Il n'en faut pas tant pour mettre le . feu partout, quand il n'y a plus ni danger ni obstacle assez sérieux pour lui. C'est une tourbe qui n'a rien à risquer, et qui n'aura jamais rien, parce qu'elle est incapable de bien user de quoi que ce soit. Quand elle se sera rendue maîtresse de tout ce qu'elle convoite, elle l'aura absorbé en quelques semaines ; après quoi elle sera beaucoup plus misérable et sans espoir qu'auparavant. Quelques-uns de ses meneurs seuls y trouveront leur compte, si elle ne retombe pas alors sur eux, ou s'ils ne s'égorgent pas entre eux. Ces meneurs jouent gros jeu en attisant sans cesse les passions et les appétits de cette malheureuse partie égarée du peuple, assez abandonnée de Dieu pour qu'elle semble ne vouloir plus être qu'un instrument de destruction. Mais aucune raison de logique et de morale ne peut plus retenir ces meneurs, parce qu'ils voulaient sortir de leur obscurité et acquérir une renommée quelconque, à tout prix, et que déjà ils en ont obtenu plus qu'ils ne devaient jamais l'espérer avec des théories aussi absurdes et des façons de les répandre aussi criminellement désastreuses. Si le socialisme s'empare enfin du point central, avec les éléments et les procédés que nous lui connaissons et tous ceux que j'entrevois, et que je me garde bien de lui indiquer ici (il les trouvera bien tout seul), je vous garantis qu'il ira plus loin, et qu'il pourrait trouver moins de résistance que vous ne vous le figurez peut-être. Vous lui avez trop aplani les voies, par votre défaut d'énergie. Vous le laissez encore trop pénétrer au cœur de la place qu'il assiége, pour qu'il n'y fasse pas quelque grande trouée, en dépit du suffrage universel. Car quel parti avons-nous tiré de cette signification pourtant si grande, si ce n'est d'y avoir pu compter nos forces éparses ? Et pourquoi vos dominateurs vous forcent-ils à prolonger votre mandat épuisé, sûrs de n'être point réélus, ou du moins en aussi grand nombre et avec autant de pouvoir pour mal faire? Veulent-ils, comme leurs devanciers, escamoter encore la souveraineté nationale pour la concentrer dans leur parti, à l'entière perdition de tous les autres? Veulent-ils vous convertir en convention qui placerait dans un nouveau comité de salut public tout le pouvoir exécutif, et qui briserait à l'instant même le peu de garanties qui nous restent encore dans la Constitution que vous avez votée? Alors, gare à ceux de vous, Messieurs, qui tenez encore à la défense! Et malheur! malheur à la France et à l'Europe entière! Ce qu'il y a d'évidemment certain, c'est que votre désastreuse prolongation de mandat continue à ruiner tous les intérêts présents de la France, et compromet horriblement son avenir par tout ce que vous législatez encore. Le socialisme seul y gagne du terrain, et se montre seul politique et plus conséquent que vous.

Me voici encore écarté de mon texte. J'écris sous l'influence du moment, et les événements marchent plus vite que ma plume. C'est l'amendement normand du citoyen Sénard qui m'a dévoyé de ma route ; je viens de le lire dans mon journal, et j'y ai vu très-clairement qu'il s'agissait d'empêcher l'effet de l'amendement Lanjuinais, déjà deux fois approuvé, sur la sage proposition Rateau. Le but n'est pas moins clair.

Je reviens à l'article 10, où je m'arrêterai, comme ayant son importance. J'ai dit que la démocratie absolue n'était ni possible ni populaire en France. On ne l'y traduit que par les mots démagogie, turbulence, troubles, menaces et désordres continuels. Elle n'est propre qu'à empêcher impitoyablement le retour à la confiance et aux affaires; et c'est bien évidemment le dernier coup de grâce donné à l'industrie nationale, dont tous les éléments ne se ressentent que trop. Il est faux que le bon peuple, comme on vous l'a peut-être persuadé, vous ait demandé l'abolition des titres, rangs, classes et castes. Il est faux que la démocratie soit dans le goût, ni l'esprit, encore moins l'intérêt du petit peuple. Tout ce qui est intelligent et honnête sent parfaitement que le nivellement absolu que l'on proclame plongerait la société entière dans toutes les misères de la barbarie la plus sauvage, et ne saurait ni s'établir ni subsister. Le bon, le vrai peuple veut, au contraire, des distinctions dont la gloire rejaillisse sur lui-même, et dont la vue lui fasse diversion à ses travaux. Il veut des riches qui consomment, du luxe, dont tout le superflu lui revient toujours sous différentes formes, et rétablit à son profit l'équilibre des forces sociales. Il aime toute cette hiérarchie que vous renversez d'un trait de plume, parce qu'il voit fort bien que sans elle il faut fermer tous les ateliers, toutes les boutiques des innombrables objets qui ne sont pas de première nécessité. Toutes les médiocrités qui n'ont à peine que de quoi vivre, ne commandent et n'achètent rien au delà.

Il n'appartient qu'à l'utopie socialiste de demander l'abolition des rangs, et même du prolétariat, soit par irréflexion, soit par esprit de destruction. Ce serait en même temps l'abolition du travail.

Je ne me lasserai point de le dire. Le prolétariat, et même dans une proportion très-forte, est la partie la plus nécessaire de toutes à l'existence d'un grand peuple. Je ne sais si je ne l'ai pas déjà cité, car je ne prends pas le temps de me relire : je connais en mon pays natal une grande commune, anciennement *marche libre;* la population y est excessive, la propriété très-divisée, il n'y demeure pas un seul ex-noble; il y a plus de cent familles propriétaires qui demandent l'aumône dans les communes voisines, et plus de quatre cents ouvriers de tous états qui ne trouvent pas d'ouvrage un ou deux jours par semaine, et qui meurent de faim quand ils n'en obtiennent pas au loin. Malgré nos lois dissolvantes, une plus sage police hiérarchique subsistera toujours jusque dans les classes inférieures. Là aussi, on y observe une foule de distinctions. Là aussi, il y a des titres de noblesse tout aussi bien acquis, et tout aussi respectables et bien entendus que ceux qui remontent plus haut; parce qu'on peut noblement servir son pays dans tous les rangs où Dieu nous a fait naître, et que c'est même en attaquant cette hiérarchie juste, naturelle et nécessaire que nous perdons notre noblesse originelle. Un bon laboureur, un bon ouvrier, un bon artisan ou commerçant ne s'alliera point, ne contractera point, ne fraternisera point, sans contrainte, avec tout individu de profession ou habitudes basses, suspectes ou équivoques.

Voilà pourquoi le bon peuple, loin de haïr la hiérarchie sociale, comme le lui prêchent les utopistes, l'aime, au contraire; parce qu'il y prend sa part. Le luxe et les grandeurs sont, bien certainement, une lourde charge pour ceux qui y sont condamnés. C'est une vie de galères aux yeux de quiconque regarde au fond du sac; et nul sage ne les envie. Mais c'est très-évidemment aussi une des plus grandes ressources, si ce n'est pas la principale, pour les petits, la plupart plus heureux que les grands, quand ils ont de la conduite. Les premiers ont sans cesse à compter avec les derniers, et seront éternellement les tributaires, la féconde vache à lait des petits. Aussi y a-t-il plus de bienveillance réciproque, plus de vraie fraternité, entre le haut et le bas de l'échelle sociale, toute mutilée qu'elle est aujourd'hui, qu'il n'y en a entre les derniers échelons et ceux du milieu.

Remarquez-le bien, ce qui reste de l'ancienne et nouvelle noblesse de naissance, d'épée, de magistrature, de finance et de haut commerce, est maintenant plus populaire, je veux dire plus amie et plus aimée du peuple que la classe intermédiaire, qui a déjà aboli deux fois la noblesse par un petit ressentiment de jalousie sociale. Je ne vois pas ce qu'elle y a gagné; car voici la bourgeoisie bien et dûment abolie à son tour, toute riche et nombreuse qu'elle est. Il est dit dans mon vénérable texte : « *Toute distinction de naissance, de classe ou de caste.* » J'espère que cela comprend bien l'une des deux premières classes de notre ci-devant État. Et, ce qu'il y a de pis, c'est que c'est la bourgeoisie qui est en ce temps-ci la plus honnie, la plus calomniée et la plus menacée par le socialisme, qui veut commencer par elle son houspillage général. Moi qui la connais bien, ses bonnes qualités et ses petits travers, je dis qu'elle est beaucoup meilleure que ne la font ses ennemis affamés de ses dépouilles. Pour quelques légers coups de patte que je lui donne justement, je suis loin d'entendre me séparer d'elle. Je l'affectionne comme ma source, et j'y compte d'excellents parents et de nombreux amis. Mais je ne puis pas lui passer ses susceptibilités trop ombrageuses. Cependant quand il y a quelques bons marchés et quelques bonnes alliances à faire ensemble, je vois avec plaisir que les uns s'embourgeoisent fort volontiers, et que les autres s'anoblissent de même ; qu'il s'en suit de très-bonnes relations pour la vie, et que tous s'en trouvent bien. Je vois que toutes les causes de séparation qui ont existé dans mon enfance, ont cédé à l'action du temps, et que le peu qui en reste dans de rares individualités, ne vaut pas la peine d'en parler, ni surtout de porter atteinte à la dignité de personne. Pourquoi diantre ces deux classes si honorables, si nécessaires à la splendeur de notre patrie, continueraient-elles à la déchirer par des rivalités funestes et des causes puériles, après que ces causes ont été totalement détruites ? Ci-devant nobles et ci-devant bourgeois, rapprochez-vous cordialement de manière à faire époque ; cela vous fera autant d'honneur que de profit à tous, croyez-le bien de la part d'un ami des uns et des autres. Mais il s'agit ici d'un accord sérieux, et non pas du baiser Lamourette. Entendez-vous désormais avec le bon peuple dans tous vos comices politiques sans distinction de caste, donnant vos voix au plus digne et capable ; et je vous promets que vous aurez bientôt surmonté vos périls communs. Entendez-vous ! il le faut ! il le faut absolument ! entendez-vous ? Et si vous y manquez, vous en serez châtiés par tout ce qui restera debout, quand vous aurez tous succombé honteusement et en détail sous les coups du socialisme, d'autant plus adroit que vous, qu'il est infiniment moins nombreux et moins bien pourvu que vous. On vous sifflera amèrement en vous criant de toutes parts que vous l'avez parfaitement mérité par votre mauvaise conduite. Si ma menace ne nous fait pas peur, écoutez au moins votre intérêt.

Si tous les titres et rangs abolis avaient été accompagnés de priviléges comme autrefois, je ne leur serais pas du tout favorable, du moins avec cet accompagnement qui ne peut plus renaître et ne serait plus toléré.

En 89, la bourgeoisie n'eut pas tous les torts. Il faut être juste, avant toute opinion ; et ce serait d'un bien petit esprit que de vouloir subordonner toutes choses à la sienne. Eclairée, nombreuse et déjà puissante par l'occupation de tous les emplois plébéiens qui dérogeaient alors à noblesse, la bourgeoisie ne pouvait souffrir plus longtemps le despotisme et l'orgueil de certains seigneurs qui voulaient singer les pachas de l'Orient, qui nuisaient fort à leur propre caste, et n'en étaient point aimés ; je m'en souviens très-bien. Les bons et simples gentilshommes les détestaient à l'unisson de la bourgeoisie. Mais celle-ci a eu tort quand, ne se contentant point de la réforme obtenue sans grande difficulté, elle a abattu aussi avec les titres les têtes qui les portaient : car ce ne fut point le peuple qui fit l'exécution de lui-même ; ce fut bien et beau la bourgeoisie, ou du moins une partie poussée par un prince du sang et quelques grands seigneurs ambitieux et dépravés, qui la fit ou fit faire pour se trouver seule au premier plan. Elle y arriva ainsi ; et elle s'y est maintenue depuis près de soixante ans jusqu'à ce jour, en s'y enrichissant, quelques-uns en amoncelant comme des publicains, et non en se ruinant et dissipant de toutes mains comme faisaient et font presque tous encore les ci-devant nobles. Voilà pourquoi le bon peuple est aujourd'hui plus près, et s'accommode mieux de la ci-devant noblesse que de la moyenne classe. Voilà aussi pourquoi celle-ci vient d'être renversée à son tour.

La bourgeoisie a eu un grand tort encore de ne s'être pas franchement ralliée à la Restauration, au lieu de la culbuter, comme elle avait fait de l'ancienne monarchie, en haine de la noblesse, dont elle avait acquis les biens. Elle aurait dû se rappeler qu'elle n'avait pu vivre en république sans s'entre-déchirer ; qu'elle avait été fort heureuse de trouver l'Empire, qui l'avait relevée de ses fautes et de ses propres divisions qui l'avaient frappée elle-même d'impuissance. La chute irrévocable de l'Empire la jeta dans le plus grand danger, elle et toute la France. La Restauration fut le salut commun, quoi qu'on en ait pu dire alors, en certains regrets fort naturels de l'Empire. Et quelle restriction apporta-t-elle aux droits acquis de la bourgeoisie ? Au contraire, ils furent tous confirmés par la Charte de 1814 ; on lui donna une somme de libertés dont elle n'avait jamais bien joui, parce qu'elle n'avait jamais su les bien fonder. On lui concéda des droits où elle était prépondérante dans les colléges électoraux par son grand nombre, et dont elle a abusé pour renverser au bout de quinze ans les généreux et confiants donateurs. A la vérité, toutes les classes y prenaient part ; mais elle avait la plus forte. Cela ne lui a point suffi ; elle a voulu tout, et c'est pourquoi elle a gâché la monarchie bâtarde de Juillet. Elle a été tout sous celle-ci, elle y est bien parvenue à son but ; mais elle a été si loin, si loin, que vous savez ce qui en est arrivé, et dans quel ruineux et dangereux précaire nous sommes tombés, tous payant, les uns pour la faute des autres : car, en ces sortes de conjonctures, la solidarité de toutes les parties d'une nation est toujours inévitable. Or, si dans un tel péril nous ne profitons pas de cette suprême leçon, et si nous persistons en des divisions surannées et en récriminations vaines, au lieu de nous réunir en un faisceau qui peut seul nous sauver, il faudra convenir que nous sommes des incorrigibles bien durs d'intelligence.

Il est certain qu'après la Charte de 1814 et la loi d'indemnité, il ne restait plus de sujets d'ombrage et de défiance à la bourgeoisie. Cette dernière loi, qui était la meilleure et la plus irrévocable sanction des confiscations et ventes révolutionnaires, avait pour principal objet, tout en soulageant de très-respectables misères imméritées, de rassurer la bourgeoisie, et de la gagner si elle eût été gagnable. Mais elle ne sut que crier contre ce qui était pourtant son propre intérêt, et continua à conspirer encore davantage. Si elle se fût ralliée alors, elle ne serait pas menacée comme elle l'est à présent; nous n'aurions pas essuyé tant de vicissitudes, et la France serait dans la plus haute prospérité possible, si elle savait s'y plaire et s'y tenir. La jalousie contre la classe nobiliaire est tout aussi mal raisonnée ; car il faut réfléchir qu'elle est toute issue des rangs du tiers état, et que la porte en est toujours ouverte à tout bourgeois, ou même à tout prolétaire qui se distingue d'une façon éminente. Ainsi que l'a dit Louis XVIII, le bâton de maréchal de France est en herbe dans la giberne de tout soldat généreux. Les exemples en fourmillent dans notre histoire. S'il y avait chez nous, comme dans l'Inde, des classes de parias forcloses de tous les honneurs, et parquées éternellement dans la condition de leurs parents, sans qu'il soit permis à aucun d'en sortir, ce qui peut au reste convenir à des peuples de peu d'intelligence et de besoins, vivant sous un doux climat, il faudrait se hâter d'effacer chez nous de pareilles démarcations. Mais puisque nous sommes tous aptes à noblesse, et qu'il est bien entendu que ce ne doit être que la récompense de notre mérite et de nos services, n'est-ce pas notre chose à tous, soit que nous l'ayons obtenue, soit que nous n'ayons rien fait ou voulu faire pour cela? ce qui est bien libre à un chacun, suivant ses goûts et facultés. Je dis donc que ceux qui soufflent la haine et la jalousie entre les classes et les rangs, et qui prêchent la croisade contre telle ou telle classe, devraient être réprimés à l'instant énergiquement. Remarquez aussi d'où partent ces coupables attaques de niveleurs ; toujours de médiocrités ambitieuses qui s'en prennent de leur impuissance aux illustrations mêmes qu'ils n'ont pu atteindre, et qui cherchent dans le désordre ce même appât qu'ils n'atteindraient point autrement. Le plus court chemin à leurs yeux pour y arriver, est de tout abattre ; après quoi ils se taisent et veulent qu'on se taise sur leur compte quand ils se sont pourvus. Les voies honnêtes ne conviennent point à de tels poursuivants; elles sont trop longues, trop pénibles, et demandent des vertus qu'ils n'ont pas. L'impunité de leurs attentats et le scandale de leurs trop fréquents succès en font pulluler l'engeance. En sorte que, pour la contenter, nous sommes, à ce qu'il paraît, condamnés comme Ixion à faire tourner éternellement notre roue révolutionnaire. C'est-à-dire qu'il faut que notre nation ne marche plus qu'en culbutant tout périodiquement, pour faire du large aux nouveaux appétits qui se succèdent en s'abattant sans fin. La nouvelle noblesse n'a pas plus trouvé grâce que l'ancienne devant nos niveleurs. Comme je n'aime que la vérité, je veux dire toute ma pensée aussi à l'égard de celle-ci. Or, il m'a semblé qu'en 1815 l'ancienne n'avait pas assez cordialement ouvert ses rangs, pourtant si éclaircis, à la nouvelle noblesse de l'Empire, justement confirmée par la Charte de 1814. Elle eût dû s'en réjouir au contraire comme d'un très-digne renfort, à quelques taches près, quoi qu'en aient pu dire quelques dénigreurs. Elle l'a senti plus tard. Il ne fallait pas oublier que sous l'ancienne monarchie le prix des grands services rendus à l'État était toujours la noblesse héréditaire, dont s'enorgueillissaient à bon droit leurs enfants; car ceux-ci à leur tour adoptaient la devise : *Noblesse oblige*; excellent ressort moral et social, le plus grand de tous peut-être! Le vainqueur de la Marsaille, le maréchal de Catinat, n'était qu'un soldat parvenu. Le grand Colbert avait été commis marchand. Ce n'est pas avec de l'argent ou des salaires passagers qu'une grande nation peut récompenser dignement les actions des héros qui l'ont sauvée ou fait fleurir, et exciter l'émulation de leurs imitateurs. Il faut que la gloire en rejaillisse sur leurs descendants; et ces races forment ensuite une pépinière féconde de citoyens valeureux, entraînés vivement au bien et au beau par la mémoire incessante de leurs pères. Dans notre civilisation avancée, c'était assurément le plus puissant mobile, aussi bien que l'ornement d'un grand État; et qui ne lui coûtait rien du tout, non plus qu'à ses contribuables. On servait jadis 25, 30 ou 40 ans avec une conduite exemplaire, pour obtenir la croix de Saint-Louis, qui ne comportait que 40 écus de pension; mais qui équivalait à noblesse. Napoléon a gagné vingt batailles, et a arpenté l'Europe en vainqueur avec l'étoile de la Légion-d'Honneur et quelques titres bien gagnés. C'est en vain que la médiocrité envieuse a voulu contester ces honneurs à des hommes couverts de blessures et de lauriers; ils les ont bien acquis, et ils les ont bien portés. Je suis convaincu que l'histoire les leur confirmera, bien que leurs étonnants travaux n'aient pas eu pour leur patrie les résultats qu'ils en devaient attendre. On a cherché à en rabaisser quelques-uns pour certaines habitudes qui se ressentaient de leur humble origine; c'est-à-dire qu'on les a déshabillés de leur noble parure, pour chercher en dessous quelque défaut naturel : eh! mon Dieu, si l'on en faisait autant à toutes les anciennes gloires, si nous les voyions d'aussi près, laquelle résisterait à un pareil épluchement? En remontant dans les temps reculés, il n'y a pas un seul nom célèbre, jusqu'aux rois mêmes, qui ne soit sorti de la plèbe, et par conséquent des allures qui lui sont familières. C'était bien la peine de nous en moquer !

Maintenant que nous avons fait table rase de toutes distinctions et dignités, c'est une conséquence nécessaire que nous reprenions généralement toutes ces allures basses et triviales que nous avons sifflées. Ce sera un beau progrès de civilisation en mode socialiste! Voltaire a dit qu'il n'y avait point de grand homme pour son valet de chambre. Cela est vrai jusqu'à un certain point, parce que l'infirmité humaine ne permet point de se tenir sans cesse guindé dans sa dignité et dans les exemples qu'elle impose. Il y a des grandeurs pourtant qui sont encore belles, vues dans leur déshabillé. On raconte qu'un jour le vicomte de Turenne prenait le frais à sa fenêtre, en chemise et en caleçon. Un aide de cuisine survient, approche à pas de loup, et de toutes ses forces il applique une tape sur le postère du guerrier, qu'il prend pour un marmiton de ses amis. Le héros frappé se retourne en colère ; le frappeur, effrayé de sa méprise en reconnaissant son maître, se précipite à ses pieds et lui crie : Ah ! monseigneur, je croyais que c'était Georges! A l'instant l'homme exaspéré est désarmé ; il se contente de dire : Eh bien, eh bien, quand c'eût été Georges, il ne fallait pas frapper si fort! Puis il se remet à la fenêtre en se frottant la fesse. Certes en cet instant le maître dut paraître bien grand aux yeux de son valet, et il l'était en effet aussi bien là que sur les champs de bataille. Je doute que nos niveleurs fussent aussi maîtres d'eux-mêmes en pareil cas.

De tous temps il y a eu des récriminations contre l'orgueil de quelques particuliers titrés ; mais les mêmes sujets de plainte se produisent encore davantage dans les autres rangs. Il n'est pas en notre pouvoir de supprimer la vanité inhérente à notre civilisation. Ce ne sont, au reste, que des exceptions sans portée que les bonnes natures compensent largement. Cette morgue aussi maladroite qu'insolente que l'on rencontrait quelquefois jadis dans des esprits gâtés par une éducation vicieuse, est devenue fort rare, et même presque impossible aujourd'hui qu'il ne peut y avoir de privilége. Au surplus, dans l'occurrence, chacun est bien le maître de faire lui-même prompte justice de ce travers. Cela ne m'est guère arrivé ; mais quand je trouve quelqu'un qui prétend me rapetisser devant lui, je me grandis comme un Patagon, ou bien je lui inflige aussitôt son châtiment en lui tournant brusquement le dos. C'est lui qui devient l'humilié, et non pas moi.

Piron, le cynique, dînait un jour chez un grand seigneur, où il se trouva seul au milieu de haut titrés. Quand il s'agit de passer dans la salle à manger, le plus près de la porte lui fit la cérémonie en l'invitant à passer le premier. Piron refusait, quand un tiers impertinent cria à l'homme bien élevé : Passez, passez, marquis, c'est un auteur! A l'instant Piron met son chapeau, la main à la garde de son épée, et passe devant, en disant : « Puisque les rangs se déclinent ici, je prends le mien. » Cette noble incartade d'un homme offensé mal à propos ne déplut point à l'assemblée, quoiqu'un peu vive pour l'homme qui avait été poli; mais qu'elle ne regardait pas, et qu'il eut la justice de ne pas prendre pour lui. Dans la haute bourgeoisie, la magistrature, l'administration, le haut commerce et la finance, ces taches existent tout autant que dans la noblesse héréditaire; mais, encore une fois, ce sont de ces délits qui ne font de tort qu'aux délinquants eux-mêmes, et aucun, absolument aucun au système général. Les rivalités voisines seules s'en aperçoivent. Ils ont même quelque chose de bon; car c'est peut-être ce qui nous apprend le mieux à nous respecter nous-mêmes et à nous faire respecter des autres. Autre vanité. J'ai vu un très-grand nombre de bons gentilshommes, et fort honorables, qui ont eu la faiblesse de se donner à eux-mêmes des titres de comte, vicomte et marquis, sautant par-dessus celui de baron qu'il dédaignaient comme devenu trop commun sous l'Empire. J'ai vu un plus grand nombre encore de bons bourgeois et industriels se flanquer des mêmes titres de leur propre autorité. Jamais nos bons M. Jourdain n'ont été plus communs, et nos Molières ont eu de quoi exercer leur verve. Louis XVIII voulut arrêter cette manie. Il craignit un moment que tout son peuple ne devînt gentilhomme, et de n'y en pouvoir plus reconnaître aucun ayant gagné ses éperons. Il eut l'idée de vouloir faire rechercher tous les droits acquis par une longue tradition non contestable et par les récentes possessions légales, et d'interdire et poursuivre toutes les usurpations de qualités. Mais il sentit bientôt que dans nos mœurs il n'y avait rien de mieux à faire que d'abandonner au théâtre et aux siffleurs de la société les infortunés coupables de ces pauvres travers. Quelle peine légale leur infliger? Ne sont-ils pas déjà assez punis par l'amer ridicule qu'ils se donnent eux-mêmes volontairement? Et, pour la dixième fois, cela fait-il du mal à quelqu'un? Il s'en faut de beaucoup; car tous ces nouveaux titrés, pour soutenir leur prétendue dignité, se jettent dans des dépenses folles qui absorbent souvent leur revenu et leur capital, au très-grand profit des classes qui travaillent et qui fournissent. Ce fut et ce sera toujours le principal canal de retour, courant de la richesse jusqu'aux confins de la pauvreté, changeant souvent l'une dans l'autre, *vice versâ*. Ces sortes de mutations profitent aussi à la caisse de l'État, et n'impliquent pas la violence et l'iniquité comme l'utopie socialiste rouge. Elles sont dans la nature; il faut les

laisser libres de se créer une sphère à leur guise, quand elles
ne sont pas nuisibles à celles des autres; à plus forte raison,
quand elles leur sont si visiblement profitables. Et n'est-ce pas
là un de ces plus féconds moyens dont se sert la Providence
pour que les petits avec les riches prennent leur part au banquet de la vie, en variant et changeant sans cesse et sans se-
cousses les places, quand elle ne le veut point permettre avec
le fracas qui détruit tout le festin? Pour mon compte, je déclare que je m'ennuierais fort ici-bas, si je n'y rencontrais
pas une foule d'originaux qui me font diversion à ma triste raison. Et que sais-je si la leur n'est pas plus sage que la mienne?
Au banquet de nos niveleurs, si nous en venons là, je suis sûr
que je serai mort de spleen et de nausée au bout de quatre
jours, quand bien même je n'y entendrais plus les hurlements
de l'enfer; parce que sans aucun doute je ne verrais bientôt
plus assis autour de moi que les plus hideuses misères en tous
genres; et que je n'aurais plus, ni moi ni personne, aucun
moyen en mon pouvoir d'en soulager une seule.

Je sais bien que les sieurs Proudhon et Considérant ont insinué
quelque part que nous aurions chacun 75 fr. par jour à manger
dans leur système. C'était bien tentant pour moi, qui n'en ai
point sitôt tant. Mais je me suis dit, malgré ma juste confiance en
leur caractère et leur savoir: Si nous avons tous chacun nos 75 fr.
par jour, autant que trois représentants, qui diable voudra faire
ma cuisine, mes souliers et ma culotte? toutes choses que je
ne sais point faire, et que je n'aimerais point à faire. Qui voudra
labourer mon champ et faire mon marché? Qui voudra et qui
aura même quelque chose à porter au marché? Je serai encore
ici dans le cas des Californiens, les poches pleines d'or, le ventre
vide et le c.. tout nu. J'avoue que ces réflexions, qui me sont
venues de Dieu et de grâce, ont refroidi mon premier enthousiasme et fort alarmé ma pudeur. Arrière donc à jamais dans
leur honte ces hargneux envieux qui veulent tout renverser
pour tout recueillir ensuite, sans avoir rien mérité que des verges!
Arrière ces faux savants, aussi ignorants dans la science économique que dans les vraies théories sociales, et qui ne sont
pas même des sophistes supportables! Arrière ces détestables
charlatans qui osent abuser d'une position usurpée pour se
moquer en face, avec ces grossières jongleries, d'une nation jadis
sensée, et qui, pour comble de scandale, soulèvent tout doucement les pauvres deniers de ce malheureux peuple, dont eux
seuls entretiennent la misère et la perversité d'esprit. Je ne
saurais trop le répéter, ce sera un jour une très-grande confusion pour notre époque que l'espèce de vogue que l'on a laissé
acquérir à ces gens-là, avec tout le mal qu'elle fera encore un
certain temps. On trouvera peut-être que j'y reviens toujours,
comme à mes premières amours : mais c'est que je les trouve
toujours aussi sur mes pas, dans l'abbatis constitutionnel que

j'examine; et certes leur esprit n'est pas pour rien dans l'art. 10.
Je continue.

La noblesse est un honneur qu'on ne devrait jamais demander pour soi, lors même qu'on l'a bien méritée par ses sentiments et ses services. C'est une charge difficile à bien porter, et remplie de devoirs, plutôt qu'un avantage. Pour tout homme qui en est vraiment digne, ce n'est au fond qu'une continuation obligée de sacrifices et de dévouement à son pays. Il y aurait sagesse à éviter les titres de noblesse: il y aurait peut-être aussi quelque fatuité, soit de hauteur, soit d'égoïsme, à les refuser quand le pouvoir vous les offre à bon escient; car c'est celui de ses moyens de gouvernement le plus flatteur et en même temps le plus délicat. Mais une fois qu'on en est investi, si l'on a la sottise de s'en prévaloir le moins du monde, et de ne pas en laisser entièrement l'appréciation aux autres, on se ravale soi-même, et l'on retombe beaucoup plus bas qu'on ne l'était auparavant. Mais c'est faire bien pire encore si, les ayant acceptés, on renie ou foule aux pieds les titres quand il y a quelque danger à les porter, comme quelques-uns ont fait durant nos barbares bouleversements. Pour mon compte, je ne veux tromper personne en m'exprimant comme je le fais sur l'utilité dont était la noblesse chez les descendants d'une grande monarchie de quinze siècles. J'ai déjà dit que je n'étais point le fils d'un homme titré; mais seulement d'une assez bonne souche plébéienne, qui datait de plus de trois cents ans dans le pays. Cela me suffisait bien. Mais comme quelqu'une de mes connaissances, qui ne partagerait pas mes sentiments, pourrait aller chercher dans mon petit ménage quelque article d'orfévrerie qui me ferait supposer le caractère de M. Josse, je vais confesser mon cas; afin que l'on voie bien qu'avec des opinions aussi indépendantes que les miennes, le peu ou pour mieux dire l'absence d'intérêt que j'ai à la chose n'est point capable d'exciter ma partialité. Je prie donc qu'on me permette de conter ici ma petite histoire; elle servira en même temps à confirmer plusieurs de mes opinions. Je ferai mon récit le plus court que je pourrai.

Je suis né en Bas-Poitou le 10 mars 1779. Dans le même mois 1793, l'insurrection vendéenne éclata, et le tocsin sonna dans la même nuit en plus de 500 communes à la fois, sans que l'on ait jamais pu savoir, depuis, d'où ni de qui était parti le signal. Il me fallut quitter les écoles où j'étais déjà en seconde; et je fus soldat à 14 ans, parce qu'il n'y eut bientôt plus de chance de salut qu'à l'armée, malgré des combats meurtriers et presque journaliers.

J'ai connu M. de Charette; et c'est dans son armée que j'ai fait cette grande guerre que Napoléon a nommée devant moi, en traversant la Vendée en 1808, une guerre de géants, et où j'ai à peu près tout perdu. Mon père était mort depuis longtemps. Ma mère fut prise par l'armée de Mayence avant sa défaite de

Torfou, envoyée et recommandée à Nantes au proconsul Carrier, qui l'expédia à Robespierre, lequel lui fit couper la tête à son arrivée à Paris ; sans qu'un proche parent, le représentant Morisson, pût la sauver, parce qu'il avait voté contre la mort du roi. La propre sœur de ce dernier périt avec ma mère. Je fis le dernier tiers de cette guerre dans l'armée républicaine, parce qu'ayant été fait prisonnier providentiellement par d'anciens amis de mon père, je ne pus être sauvé, malgré ma jeunesse, qu'en me perdant dans le 7e régiment de chasseurs à cheval, après avoir été coulé en divers autres corps. Ainsi, je n'ai que trop bien vu toutes les horreurs de cette guerre dans les deux camps fratricides ; et je puis dire que j'y ai souffert les maux les plus extrêmes, moralement et physiquement : ils sont encore présents à ma pensée comme s'ils dataient d'hier ; et j'en aurais des milliers de traits incroyables à citer, si c'était ici le lieu. Je fis aussi les courtes campagnes de 1799 et 1815, la dernière en qualité de commissaire des guerres, sous M. de Suzannet, auquel j'étais allié par ma femme, et qui fut blessé mortellement à la bataille de Roche-Servière.

Dans les intervalles de ces guerres, j'eus le temps d'achever mes études, et de les pousser assez loin. Je me suis marié en 1810. Ce mariage, dont je n'ai eu qu'un fils, aujourd'hui sans aucun parti pris, quoique assez instruit, m'allia avec une bonne partie de la noblesse du pays, à laquelle je tenais déjà un peu par quelques aïeux. J'ai eu un frère et trois beaux-frères officiers dans l'armée de Charette, trois autres beaux-frères émigrés, dont deux ont péri par la guerre.

Je fus maire quelques années, dans des temps fort difficiles, d'un chef-lieu qui devint un moment important, parce que ma maison devint un centre de réunion des puissances locales, et qu'il me fut possible de rendre bien des services à mon pauvre pays, si longtemps agité. Je fus appelé en 1818 au conseil de préfecture de la Vendée. Là encore je ne cessai point de faire la guerre à mes dépens. On eut la bonté de s'en apercevoir, de se souvenir aussi de mes anciens services, et de remarquer que le tout était resté sans récompense. On me jugea assez bien pour sentir que je n'étais pas, Dieu merci, de ces hommes que l'on peut payer en argent, quoique je fusse loin d'être riche. On ne savait que m'offrir, j'étais décoré depuis longtemps. On me signala, *à mon insu*, au roi Louis XVIII, en 1822, comme méritant des lettres de noblesse. Je laisse à ceux qui me connaissent à juger s'il y avait convenance. L'enquête fut faite, toujours *à mon insu*. J'ai su depuis que les rapports m'avaient été unanimement favorables. Je reçus bientôt l'avis officiel de l'ordonnance royale, et de l'expédition des lettres patentes, avec invitation de les retirer, en soldant les droits du sceau. J'éludai en ne les relevant point. Je me trouvais d'assez bonne famille pour m'en passer. Je craignais de porter quelque ombrage dans la classe où j'étais né, et que je n'ai point cessé d'honorer ; je ne voulais point avoir l'air de m'en séparer, bien que je ne professasse pas toutes les opinions qui y dominaient. D'un autre côté, j'allais déjà assez de pair avec la noblesse locale, qui m'avait depuis longtemps ouvert ses rangs avec une estime marquée ; je n'avais qu'à m'en louer. J'avais aussi dans la mémoire cette anecdote piquante et pleine de sens, que je ne puis m'empêcher de rapporter ici : L'un de nos plus grands rois et le plus cordialement ami de son peuple, Henri IV, admettait fréquemment à sa table un gros bourgeois qui avait rendu quelques services dans les finances. Celui-ci, s'imaginant acquérir plus d'importance personnelle, demanda des lettres de noblesse. Elles lui furent accordées aussitôt. Mais Henri ne l'invita plus. L'anobli s'en plaignit. Le roi lui répondit : « Vous n'y prenez pas garde, mon cher : je dînais bien volontiers avec vous quand vous étiez l'un des premiers bourgeois de mon royaume, ne pouvant les inviter tous ; maintenant que vous n'êtes que le dernier noble, excusez-moi, je ne le puis plus. »

Enfin, je me laissai forclore par les règlements, en laissant passer l'an et jour ; ce qui était le moyen le plus honnête de refuser. Trois ans après, en 1825, sous Charles X, une nouvelle ordonnance royale qui me relevait de la déchéance, me fut notifiée, et de nouvelles patentes me furent offertes avec les plus délicats encouragements par le marquis de Pastoret. Touché d'une aussi honorable insistance, pressé par mes alliés et mes amis, qui prétendaient y voir aussi l'intérêt de mon fils, craignant enfin de me donner les airs d'un cynique contempteur de la hiérarchie sociale, je cédai, j'acceptai et finançai. Je suis tout prêt à en subir les conséquences si nous sommes destinés à revoir les beaux jours de la terreur ; et quant à l'abolition, je n'y tiens pas du tout. C'est ainsi que je me trouvai avoir l'honneur d'être anobli par deux rois, qui, en dépit des aveugles haines de parti, n'ont fait que du bien à la France, et sont dignes de ses regrets. On sait que les droits du sceau étaient destinés à la caisse des pensions pour les vieux magistrats. Ainsi ces faveurs, loin d'être onéreuses à l'État, lui profitaient encore financièrement, en le faisant beaucoup plus politiquement, ce qui n'est pas un avantage commun de notre temps. Combien de nobles services l'État n'a-t-il pas payés ainsi, sans bourse délier ? Les titres honorifiques ont toujours coûté cher aux impétrants, cher en bien des manières. J'ai cité avec exactitude mon petit exemple personnel ; à qui a-t-il pu faire tort ? A personne que je sache. Il n'a coûté qu'à moi seul ; et c'est toujours ainsi que les choses se passent, lors même que l'on a vu parfois quelque impétrant peu digne. Dans ce cas encore, si l'enquête préalable a été mal faite, cela ne fait tort à aucun tiers, mais beaucoup à l'impétrant; il n'y a que la caste qui aurait quelque droit de se plaindre, comme les membres d'un même ordre quand une décoration est mal appliquée. Ce n'est donc pas une raison d'Etat ni de bonne politique qui a prévalu dans l'abolition de toutes les classes. Quelques grands hommes du moment ont bien voulu abolir aussi la Légion d'Honneur; cela eût été ma foi assez conséquent. Mais on a senti que trop de services contemporains la portaient, et que c'était priver à la fois l'Etat de tous ses meilleurs moyens d'action. Aussi en a-t-on régalé à foison ses instruments et ses amis, depuis les autres razzias. Il est bien douteux que la décoration de Juillet et celle du bonnet rouge remplacent désormais avec avantage les anciennes institutions abolies. Nous verrons plus tard si ce sera le goût des Français.

Quand bien même nous parviendrions à fonder chez nous une république stable et sage, après une glorieuse monarchie de 15 siècles, la plus illustre de l'Europe sans contredit; avec les mœurs invétérées qu'elle a implantées profondément dans toutes les classes, et que les sapeurs ne déracineront pas, quoi qu'ils fassent, je crois qu'il eût été bon de conserver les titres à la disposition de notre nouvelle forme constitutionnelle, comme un de ses plus puissants moyens de se faire aimer, bien servir et consolider. L'abolition des titres n'a donc pu éclore que de quelques cerveaux étroits, hargneux et jaloux, qui rêvent déjà de les rétablir sous un autre nom, sitôt qu'ils seront en état d'en pourvoir eux et leurs amis. Vous pouvez m'en croire. Autrement, ce serait la seule chose où nous ne copierions pas servilement le passé. On vous a persuadé que la mesure était populaire; c'est-à-dire, favorable et agréable au peuple. Je le nie et le renie hautement. J'ai démontré tout le contraire. Je ne vois guère que les populations hétéroclites des rues Mouffetard ou Saint-Jacques, où il est possible que cette opinion ait cours; et encore qu'y gagne-t-on? Mais vous m'accorderez bien que ce n'est pas là la France. Tous ces grands mots, *démocratie*, *égalité*, *fraternité*, loin d'être utiles et agréables au vrai peuple, n'ont fait jusqu'ici que le ruiner et l'effrayer. Loin de lui donner, en effet, la chose signifiée, du travail et du pain, il a perdu tout cela chaque fois que ces mots ont été mis en circulation depuis 55 ans. Ainsi que je l'ai déjà dit plusieurs fois, ce ne sont que des brandons d'incendie et des rubriques de démolisseurs antichrétiens.

Ce qui n'est pas moins horrible, remarquez-le bien, c'est cette détestable hypocrisie qu'y joignent quelques-uns, pour mieux abuser le peuple; ils usurpent les plus saintes maximes de la religion, pour les travestir à leur manière, et les faire servir précisément à l'opposé de ce qu'elles recommandent. Les plus blasphématoires antiphrases ne les arrêtent pas. Sous ce rapport ils sont plus

endiablés que leurs devanciers de 93, qui du moins ne se mas-
quaient guère, et coupaient partout les têtes de l'image du
Christ, en même temps que celles de son troupeau. Est-ce là
encore un progrès, ou bien une variété de l'espèce? Hélas,
Messieurs, c'est un grand mal que nous n'ayons plus pour le
crime ces haines vigoureuses qui faisaient sentir le prix de la
vertu! Aussi, pendant que l'un se propage et pavane à loisir,
l'autre se raréfie ou se cache les larmes dans les yeux. Le sys-
tême du libre échange que certains économistes réclament
dans des intentions plus ou moins suspectes pour le commerce,
ne semble fait que pour l'anarchie; et voyez comme elle en
abuse. Il n'y a de *free traders* que pour elle. Il n'y a point de
frontières, ni douanes, ni barrières de ville pour ses colpor-
teurs; et loin de payer pour leurs drogues empoisonnées, après
les avoir passées en franchise, ils pillent, ils dévastent, ils bu-
tinent partout où ils pénètrent sans trop de restrictions, et en
tout cas celles-ci viennent toujours trop tard. Cependant, quand
il y aurait parmi eux des fanatiques de bonne foi, on devrait au
moins excepter de la tolérance les opinions qui enseignent des
crimes qu'on ne doit point souffrir, et qu'on a droit d'étouffer
par les voies de la rigueur, quand il serait vrai que celui qui les
soutient ne peut point s'en défaire, comme on a droit de détruire
une bête venimeuse, toute innocente qu'elle est. Je parle
d'étouffer la secte, non les hommes, puisqu'on peut les empêcher de nuire et de dogmatiser. Ce qui n'est pas moins odieux
dans la secte, c'est de mettre à néant la morale comme une
science vaine et purement relative. Il lui est bien aisé, dans les
ardentes fournaises de ses clubs, de faire goûter ses affreux
tourteaux; ce n'est pas dans ces repaires qu'elle peut craindre
des lumières qui la contredisent. Et quand elle n'y aurait semé
que le doute, elle sait bien que du doute à la négation il n'y a
plus qu'un pas. La morale est pourtant aussi certaine que la
géométrie. Si la géométrie s'opposait autant à nos passions et
à nos intérêts présents que la morale, nous ne la contesterions
et ne la violerions guère moins, malgré toutes les démonstrations d'Euclide et d'Archimède, qu'on traiterait de rêveries, et
qu'on croirait pleines de paralogismes. C'est un très-grand
philosophe profane qui a fait cette frappante observation. Il
ajoute autre part : « La Providence corrigera les hommes par
la révolution même qui doit naître de leur égarement; car, quoi
qu'il puisse arriver, tout tournera toujours pour le mieux en
général au bout du compte; quoique cela ne doive et ne puisse
pas arriver sans le châtiment de ceux qui ont contribué, même
au bien, par leurs actions mauvaises. » (Leibnitz.) Je le crois,
mon seul doute est qu'il me reste assez de vie pour le voir.
Qu'en pensez-vous, citoyens socialistes? Et vous, hommes
qui avez passé au pouvoir, et qui avez fait ou laissé faire tant
de mal, n'en seriez-vous point complices? Alors, gare l'ana-

thème porté contre vous il y a un siècle et demi par le plus grand philosophe de l'Allemagne, infiniment plus sage que vous, quoique né luthérien.

Je passe les articles 11 et 12, sur lesquels je n'ai rien à dire; je renvoie au texte. « Article 13. La Constitution garantit aux » citoyens la liberté du travail et de l'industrie. » A la bonne heure! Bien entendu qu'il ne s'agisse pas d'industries nuisibles aux voisins, à la salubrité publique, etc.; auquel cas les lois existantes doivent rester en vigueur pour s'y opposer. On vous sait gré généralement, Messieurs, d'avoir réduit à ces termes l'absurde et perfide prétention du *droit au travail*, sur laquelle ont tant insisté les énergumènes de la destruction. Leur intention était par trop transparente. Je vous applaudis avec toute la France d'avoir résisté à leur pression sur ce point. TEXTE. « La » société favorise et encourage le développement du travail par » l'enseignement primaire gratuit. » Ici nous ne sommes encore plus d'accord. Je vais être obligé de me répéter, et la chose en vaut la peine; car elle est une des plus grandes erreurs de l'époque. J'ai déjà démontré : 1º que l'enseignement primaire était beaucoup trop répandu; 2º qu'il était en mauvaises mains; 3º qu'il serait infiniment plus salutaire et sans danger, placé dans les mains du clergé, et borné à la religion et à la morale; 4º que tel qu'il est depuis 25 ans, loin d'être un moyen d'encouragement aux rudes travaux des métiers et surtout ceux de la terre, il en était l'ennemi et la plus grande cause de débauche, avérée par d'innombrables exemples dangereux pour l'ordre social; 5º Que tout prolétaire, artisan ou laboureur bien occupé n'avait aucun temps à lui pour se livrer à des lectures bonnes ou mauvaises, et que de pareilles distractions n'étaient propres qu'à le rendre fainéant et malheureux, de laborieux et heureux qu'il était auparavant; à le faire trouver mécontent de son sort; à le faire déserter et mépriser le travail auquel il était habitué en naissant, pour aller courir les aventures et tomber dans le vice et la misère; 6º que dans l'état actuel de l'imprimerie à vil prix, avec cette multitude de théories, d'utopies et de connaissances mauvaises, dont les moins coupables étaient encore semées d'erreurs et de poisons, tout livre, pamphlet ou journal équivoque était un danger extrême pour tout laboureur, ouvrier ou artisan, ou prolétaire, naturellement sans défense contre un tel guet-apens sur son intelligence jusqu'alors innocente; 7º que rien n'était plus contraire aux rudes travaux que les demi-connaissances que vous pouvez offrir dans vos écoles primaires, fussent-elles plus épurées, parce qu'elles se résolvaient presque toujours en plus d'aptitude à recevoir les mauvaises influences qui ne manquaient point de les saisir en sortant, et qu'il n'y avait que de rares et bonnes natures qui y résistaient; 8º que l'incurie et l'aveuglement du Gouvernement et d'une portion du public avaient enfin fait, sans s'en douter,

de l'enseignement un moyen absolument nul pour produire aucun bien ; mais tout-puissant dans les mains de l'anarchie pour
bouleverser inévitablement la société ; 9° enfin, que chez tous
les grands peuples de l'antiquité, jaloux de leur puissance et
de leur mémoire dans la postérité, il y a toujours eu une énorme
masse de prolétaires illettrés pour exécuter les grands travaux
indispensables à la vie des nations, outre qu'ils avaient encore
pour y aider de nombreuses troupes d'esclaves que nous n'avons
plus.

Si les illustres anciens avaient universalisé l'enseignement ;
s'ils avaient follement voulu, comme nous, être des peuples
entièrement composés de demi-lettrés et de demi-savants ; et,
ce qui rend la chose encore plus dangereuse, s'ils étaient arrivés
au raffinement de nos connaissances, ils n'auraient à coup sûr
ni tant ni si glorieusement vécu. Ils ne nous auraient point
laissé ces beaux monuments dont nous admirons les restes, et
qui nous ont servi de modèles en tous genres : car ce sont ces
restes qui nous ont tirés de la barbarie; et nous ne cessons de les
copier encore, et si bien que quand nous nous en écartons trop,
nous ne faisons rien qui vaille.

Que tout bon observateur veuille bien examiner attentivement l'état actuel de notre société, et il y verra que la diffusion
de nos prétendues lumières n'a produit que la disparition du
génie, et une débauche d'esprit si générale, qu'on n'en reconnaît pas toute la gravité ; qu'on ne songe encore qu'à l'accroître ;
que nous courons aveuglément tous au chaos, et qu'il est presque impossible de se faire entendre à quiconque entreprendra
de signaler le mal et conseillera de s'arrêter. J'ai dit et redit ces
choses ; mais quand des vérités aussi capitales sont niées ou
méconnues, il ne faut point se lasser de les répéter sur tous les
tons, jusqu'à extinction de voix. C'est ce que j'ai fait dans tout
le cours de ma trop ingrate tâche, selon l'occasion et l'inspi-
ration du moment. J'entends déjà crier sur moi haro de toutes
parts. Je pressens toutes les réfutations, toutes les dénégations
et toutes les morsures par lesquelles on peut m'accabler ; cela
ne m'ébranle point. Je proteste d'avance que l'entêtement n'est
point dans ma nature. Mais ma conviction est si profonde, que
je crois, au risque de tous ressentiments, remplir un devoir
impérieux envers ma patrie, en lui signalant les vraies causes
de ses malheurs. J'avertis que toutes les voix contraires, de
quelque part qu'elles viennent, ne sont point capables de détruire en moi des convictions acquises par mes propres sens, et
confirmées chaque jour par des multitudes de faits exemplaires
on ne peut plus concluants.

Le mal qu'a produit l'instruction diffuse depuis vingt ans,
va marcher plus rapidement encore, en raison composée des
forces qu'il a acquises et des utopies subversives. Avant quinze
ans, dix ans peut-être, les incrédules que je puis trouver au-

jourd'hui seront aussi convaincus que moi. Les démolisseurs eux-mêmes seront débordés et démolis à leur tour. Il n'y aura plus ni gouvernement, ni société, ni système possible en France. C'est là le seul progrès vers lequel nous courons tous. Disparition de la religion, de la raison humaine, des vraies lumières et des arts, confusion babélique du langage, et, par-dessus tout, barbarie sanglante, sans terme ni contre-poids.

Vous ajoutez, Messieurs, à votre article 13, l'*éducation professionnelle*. Celle-ci n'est pas si dangereuse, et je n'y vais pas contre. Cependant, prenez-y garde; au point où nous en sommes, vos industries sont déjà trop étendues pour le marché intérieur; elles font déserter le travail de la terre, et le trop-plein de leurs frivoles produits est une des causes premières de nos embarras actuels: pour entretenir leur prospérité, il vaudrait mieux que la consommation eût à demander et attendre un peu la confection; et alors, si vos ouvriers n'étaient pas trop nombreux, comme ils le sont présentement, ils ne seraient jamais inoccupés, si ruineusement pour eux.

L'invention des machines et la conquête des forces de la vapeur ont très-sensiblement diminué le besoin d'un grand nombre de bras dans une foule de métiers. Les produits s'y obtiennent avec beaucoup plus de facilités et de perfection qu'autrefois, où ils suffisaient cependant, quoique fort restreints en comparaison d'aujourd'hui. C'est ce qui a jeté dans le chômage cette malheureuse classe d'ouvriers trop nombreux, dont la misère nous déchire l'âme, sans que les énormes allocations de l'Etat obéré, et n'ayant plus les ressources suffisantes, y aient pu apporter un soulagement bien sensible. D'ailleurs, ce sera toujours à recommencer, sans plus de fruit, jusqu'à l'épuisement entier du Trésor, qui n'a que trop d'autres nécessités encore plus impérieuses en souffrance. La confiance seule serait cent fois plus efficace, si, dans un satanique dessein, la secte socialiste incontenue ne l'empêchait pas de renaître; encore la classe ouvrière serait-elle trop nombreuse, et il importerait, pour son bien même, d'en faire refluer une bonne partie vers les travaux des champs. Il résulte du chômage que leurs forces physiques et leur esprit laborieux s'altèrent, n'ayant plus lieu de les développer par un exercice vigoureux. Ils se lancent à corps perdu dans des jouissances énervantes, et, pour les satisfaire, ils se jettent dans les plus funestes extrémités. Il n'en est pas des produits de l'industrie comme de ceux de la terre. Le trop-plein de ceux-ci cause bien une grande gêne momentanée pour l'agriculture, qui la ferait reculer si elle se prolongeait trop; mais il peut arriver à la fin un écoulement, soit au dedans, soit au dehors, par l'effet de l'intempérie des saisons et les disettes qu'elles amènent ici ou là : au lieu que le trop-plein des industries ruine à la fois les ouvriers et leurs patrons, les jette tous sur le pavé, suscite les plus grands embarras et des perturbations fort difficiles à remédier. Jugez-en par le caractère étrange qu'a pris le chômage, depuis que la secte impie a su s'en emparer. Elle y paraît cantonnée pour longtemps, si vous n'y mettez ordre.

Quand nous étions au premier rang des puissances navales et commerciales ; quand nous possédions la Reine des Antilles, Saint-Domingue, et d'autres colonies florissantes, nos industries suffisaient et au delà. Au milieu de cette prospérité, il était reconnu par tous les vrais économistes que le plus solide fondement de notre puissance était et serait toujours dans les productions de notre sol, bon, très-varié et sous un climat tempéré. Aujourd'hui que nous n'avons plus que de faibles colonies, ruinées par nos folies révolutionnaires réitérées ; que nous sommes descendus au second et même au troisième rang des marines européennes ; que nous occupons à peine le quatrième dans le commerce extérieur, qui va toujours en déclinant pour nous et qui n'a plus de débouché certain que sur le marché intérieur ; aujourd'hui enfin que nous n'avons plus de points d'appui de quelque importance dans les diverses régions du globe, que nous y sommes partout écrasés par la concurrence étrangère, plus sage et en meilleurs termes que nous pour produire et trafiquer ; aujourd'hui que nous n'avons aucun espoir de remonter au rang que nous avons perdu par nos fautes, à moins d'un grand cataclysme improbable ou éloigné qui renverse le colosse britannique ; vous ne songez qu'au développement de vos industries déjà ruineuses pour vous, et ruinées aussi par leurs excès ! Et avec tous vos beaux discours de tribune et de circulaires aux préfets, qui semblent respirer le plus tendre intérêt pour l'agriculture, vous n'en faites réellement que le plus minime accessoire de vos industries pour qui sont toutes vos faveurs effectives, sans que vos prodigalités les relèvent de leur chute et de leur stérilité ! Et vous êtes étonnés de la décadence croissante de l'industrie agricole, et de ses difficultés à payer vos impôts ! Et vous ne comprenez pas son extrême importance, plus que jamais la première et presque la seule qui nous reste ! Et vous ne semblez pas le moins du monde connaître sa gêne, son abandon, et toutes les sortes d'entraves ou d'extorsions sous lesquelles elle succombe ! D'où vient votre partialité ou votre erreur ? Je vais vous le dire ; car c'est aussi un point que je connais fort bien, et sur lequel je me propose de m'arrêter bientôt. J'avais d'abord le dessein de traiter ce sujet à part ; mais il est d'une telle urgence que je me hâte de l'esquisser ici.

Je passe sans commentaire le paragraphe où vous proclamez l'*égalité de rapports entre le patron et l'ouvrier.* C'est là de la réclame démocratique qui pourrait bien encore produire le contraire de ce que vous paraissez avoir en vue ; c'est-à-dire, arrêter beaucoup d'industries et faire fermer beaucoup de fabriques.

Mais en cela il n'y aura pas de mal; car ce que vous voulez ne serait qu'une aggravation, et ce que vous ne voulez pas serait un bien. Au point où l'on a amené les choses depuis vingt-cinq ans, et avec le soi-disant progrès actuel, vous aurez toujours trop d'ouvriers et pas assez de laboureurs.

Achevons notre texte : « Les institutions de prévoyance et de » crédit, les institutions agricoles, les associations volontaires, » et l'établissement par l'Etat, les départements et les communes » de travaux publics propres à employer les bras inoccupés. » Arrêtons-nous là. Tout cela est de la poudre jetée aux yeux des autres, et peut-être dans les siens. C'est du véritable onguent miton mitaine qui coûtera cher, ne guérira rien; après quoi il sera abandonné comme une lourde duperie. On y verra du moins, si on en fait l'essai, combien le *droit au travail* serait impossible dans la pratique; car ce passage-ci en est le diminutif, apparemment pour esquiver l'entier, et l'on n'y trouvera guère moins de mécomptes. Observons d'abord que dans tout le cours de votre Constitution, cet article est le seul où il soit question, tant bien que mal, de l'intérêt agricole, qui vous fait vivre et supporte en définitive toutes vos charges. Vous n'êtes préoccupés que de l'intérêt industriel, qui vous met dans un péril incessant, en raison directe de vos dons gratuits aux dépens de tout le reste, et que vous ne relèverez pas quand vous lui donneriez tous les autres intérêts en pâture, ainsi qu'il vous le demande. Car, ne vous y trompez pas, outre les causes que je viens de signaler, le sieur Louis Blanc et ses confrères en socialisme ont réellement organisé pour longtemps la paresse et le chômage, pour s'en faire une armée permanente contre tout régime d'ordre. Une armée de séides et de forbans, toujours prêts à marcher sur les proies que leurs chefs leur désignent; une armée que vous avez l'extrême faiblesse d'entretenir sur pied en travaux inutiles, aux dépens de dix millions de contribuables qui les regardent comme le plus grand fléau de la République, et la première impossibilité de la fonder et faire prospérer. Il est évident qu'ils n'en veulent point. Ils ne veulent point non plus de monarchie. Que veulent-ils donc? Eh mais! ils ne cessent de vous le dire, ils ne le nient point eux-mêmes, puisqu'ils vous le notifient sur tous les tons, dans leurs journaux et leurs clubs. Ils veulent une immense jacquerie contre tous ceux qui possèdent. Ils ne mettent plus de masque ni voile. C'est aussi clair que le jour à midi. Quelle raison d'honneur et de logique pouvez-vous songer à leur opposer désormais? Tantôt Protées éhontés, tantôt caméléons subtils, ils prennent toutes les formes et toutes les couleurs. Quand l'une ne va plus, à demain l'autre. Ces jours derniers, l'un d'eux s'était coulé dans une peau de mouton, et bêlait la paix; mais un confrère s'était fourré dans sa peau de loup, et hurlait la guerre au berger et aux toisons *des coquins de riches*. Et comment ne se

moqueraient-ils pas de vous et du public? Ils se moquent d'eux-
mêmes sans façon aucune. Ils proclament des principes de commande et de leur propre fabrique; puis, quand ils n'en font pas
tout ce qu'ils veulent, ils sont les premiers à les renier et à les
fouler aux pieds. Il n'y a pas un an qu'ils invoquaient avec fureur
les principes de la souveraineté nationale et du suffrage universel. Tout le monde y a accédé; et leurs premiers efforts ont
été de les fausser par la pression de la terreur avec les étranges
délégués des clubs et de Ledru-Rollin. Cela seul a pu leur procurer le demi-succès qu'ils ont obtenu parmi vous; éphémère
sans doute, mais dont la France n'est pas près de guérir les
blessures. Le grand scrutin de Décembre leur a montré ce qu'ils
devaient attendre pour le présent du suffrage universel véritable,
et de la vraie souveraineté nationale; et maintenant ils n'en
veulent plus, et cherchent à les fausser, à les escamoter ou à
les restreindre, n'étant pas encore en force pour les supprimer
entièrement. Voici qu'ils nous déclarent que la France, fût-elle
unanime, n'a pas le droit de se choisir une forme de gouvernement autre que la République! Et quelle République encore?
La leur, s'il vous plaît, et pas d'autre. Et si vous les laissez
faire, vous verrez qu'ils décréteront que la France n'a pas le
droit de choisir ses représentants ailleurs que dans le socialisme
et la Montagne; ils n'ont plus que ce petit pas à faire. Alors ils
annuleront, comme leurs devanciers, les élections qui ne leur
conviendront pas, ou ils les enverront à Démerary ou à la lanterne. Alors nous aurons quelques centaines de rois au lieu d'un
seul; et quels rois? Des Robespierres, des Marats, des Fouquier-
Tinvilles et des Carriers très-déclarés, et vantant leurs modèles!
Comme ils sentent que la plupart d'entre eux n'arriveront pas à
la future Assemblée, je vous adjure, Messieurs, qui êtes dignes
du retour, de vous tenir fermes et en garde; car je ne serais
point surpris que d'ici aux élections ils ne jouassent encore
quelque va-tout. Encore une fois il n'y a plus de discussion
possible, ni lutte à établir avec de pareils adversaires par les
seules armes de la raison et de l'équité; il faut enfin d'autres
mesures. Autrement nous péririons tous honteusement, un peu
avant eux; car ils périront à leur tour après une longue agonie
sanglante. En attendant, quelques centaines d'ambitieux sans
frein, à la tête de quelques milliers de malheureux égarés, sans
autre sentiment que la soif du bien d'autrui, tiendront très-
périlleusement en échec deux millions d'hommes armés, et
vous forceront d'absorber en toutes sortes de stérilités près de
deux milliards d'impôts annuels! Cherchez dans l'histoire des
grandes nations une pareille atrophie!

Pardon, cher lecteur, de cette nouvelle digression. Chaque
jour ma gazette m'apporte de nouvelles prouesses du socialisme
sur sa Montagne, et cela me déroute bien souvent. Je ne di-
gérerais point si vous ne me permettiez d'en épancher un peu

ma pensée dans la vôtre. J'entre maintenant dans le vif de la question agricole, que la Montagne abîme aussi. Un des plus grands désavantages de notre agriculture, c'est que depuis 20 ans elle est mal ou même pas du tout représentée par des personnes sages et compétentes dans toutes les hautes régions du pouvoir. On y voit bien quelques théoriciens de cabinet qui se posent comme ses défensenrs, et qui prétendent en bien connaître les intérêts; mais j'ose dire que ces savants-là, sans le croire ni le vouloir sans doute, n'en sont que de bien fâcheux amis, et que tous ceux qui ont suivi à la lettre leurs conseils et leurs pratiques ont couru rapidement à leur ruine. Les départements, ou, pour mieux dire, les colléges de censitaires, dominés avant tout par l'esprit de parti, qui voulait tout concentrer dans la seule caste bourgeoise, n'envoyaient depuis longtemps pour députés que des industriels ne songeant qu'à leurs intérêts, des avocats bavards sans convictions et aussi identifiés avec le faux qu'avec le vrai, des libéraux de parade et de métier, de faux philosophes bien ignorants des nécessités sociales, et jusqu'à d'insignes chefs de complots contre la religion et contre tout régime qui ne se soumettrait pas absolument au monopole du parti. De là sont résultés l'abandon de l'agriculture, qui est le premier bien de tous, les torts fréquents qu'on lui a faits; et l'aveugle erreur où l'on est encore aujourd'hui si complètement sur les vraies causes de sa décadence.

Ici, j'ai besoin de reprendre les choses d'un peu plus haut. Dans nos départements de l'Ouest, toutes nos landes ont été jadis cultivées. La preuve en est dans les sillons qui subsistent encore. La lande conserve ces traces pendant des siècles. Il me serait difficile d'expliquer pourquoi ces terres ont été abandonnées; à moins que la cause ne remonte à l'occupation anglaise, ou à nos anciens troubles civiles, ou à un trop long encombrement de produits. La période de 1790 a été le plus beau temps de l'agriculture française. (Je prie qu'on m'accorde quelque attention à ce qui va suivre.) A cette époque, notre commerce était encore florissant au dehors et au dedans. Nous n'avions jamais d'encombrement de denrées, ni de lois prohibitives à leur libre sortie. Le luxe et les fausses lumières n'avaient pas pénétré dans les campagnes. Les impôts de toute espèce, les droits de timbre et d'enregistrement, ceux des officiers ministériels et de leurs actes, etc., etc., ne s'élevaient pas au tiers de ce qu'ils sont aujourd'hui. Il en était ainsi des baux à ferme et de la valeur vénale des terres. Le fer ouvré, dont on fait une grande consommation en charrettes, charrues et nombreux outils de labourage, ne coûtait au plus que 5 sous et demi la livre. Une charretée de bon fumier animal coûtait 3 fr. Une charretée de cendres de marais ou autres ne revenait pas à 10 fr. Un bon domestique de ferme ne gagnait que 50 à 60 fr. de gages, travaillait bien, s'attachait à vous, et était content de son sort. Une femme gagnait pour sa journée 5 ou 6 sous à bêcher du blé, ou autres ouvrages semblables. Un journalier terrassier gagnait de 15 à 18 sous, rarement 20 sous, et dans les longs jours. Un charpentier et un maçon gagnaient 20 à 25 sous. Tous les matériaux de construction à la charge du maître, et toutes les emplettes nécessaires au fermier ou métayer, faites à la ville ou bourgade voisine, étaient à moitié ou au tiers des prix actuels. Les laboureurs et les artisans n'étaient pas exigeants, comme ils le sont aujourd'hui, dans le logement, l'ameublement, le vêtement, la nourriture, etc.; mais ils travaillaient plus longtemps, avec plus d'application et de plaisir, ils rendaient bien plus d'ouvrage, ils étaient plus robustes et plus heureux avant que de détestables sophistes leur eussent enseigné le contraire. Tous faisaient bien leurs affaires; on n'en voyait point, comme aujourd'hui, laisser leur ferme en non-valeurs, et finir par la déserter en mettant la clef sous la porte. Eh bien, alors le froment valait de 16 à 18 fr. l'hectolitre, représentant 35 à 40 fr. d'à présent. Il descendait rarement au-dessous de 15 fr. Le cultivateur faisait en outre de gros grains, comme millet, seigle et sarrasin, qu'il consommait avec du lard, du lait et force légumes, pour pouvoir vendre une partie de son froment. Car, il faut cela pour qu'il prospère et puisse, sans altérer le fond de son enchancement, suffire à payer ses charges, ses aides et ses emplettes nécessaires. Je connais tout cela par le menu, m'étant identifié pendant vingt ans avec les intérêts de ces bonnes gens que j'aime en vérité de tout mon cœur; et c'est, à mon sentiment, un crime horrible que de chercher à empoisonner leur bonheur par d'odieuses utopies dont ils ne sauraient d'abord concevoir toute la méchanceté. Ils n'en voient que l'absurde. Les bestiaux pour la boucherie étaient à un haut prix, parce que le suif était à 14, 15 et 16 sous la livre. On brûlait alors peu de bougie; l'éclairage à l'huile était peu répandu, et le gaz n'était pas connu. Enfin, l'on n'était jamais embarrassé pour vendre son blé et son bétail. Dans ces conditions, le prix de revient de l'hectolitre de froment allait à peine à 5 ou 6 fr. pour le cultivateur, et tout le surplus dans le prix de vente servait à élever la famille dans une nature bien autrement vigoureuse que tous vos canuts de Lyon, Paris, Rouen ou autres centres industriels, énervés de jouissances et d'occupations également insalubres, et perfidement imbus d'idées folles qui font leur propre malheur.

L'élève du bétail offrant le même avantage que les céréales, trouvait aussi naturellement en lui-même un égal encouragement. Et tenez pour certain que l'écoulement prompt et avantageux des produits est le seul, absolument le seul stimulant qui puisse faire fleurir d'une manière attrayante, solide et durable les rudes travaux de la terre. Tous les autres encouragements généralement que l'on a voulu y appliquer, au défaut de celui-là, ne sont que des niaiseries de théoriciens, un vrai fétu. Sans le stimulant dont je parle, on appliquerait en vain tous les trésors de l'Etat à relever l'agriculture ; elle n'en périrait pas moins par le trop-plein, le défaut de bénéfice, et l'impossibilité de produire davantage des denrées qui s'altèrent et dont la conservation demande beaucoup de soins et de déchet et un très-grand emplacement : même pour ceux qui ont quelque avance en capitaux, il importe de vendre annuellement.

Descendons à la triste époque actuelle, et comparons. Nous voici parqués, comme dans un lazaret de pestiférés, dans nos étroites limites continentales. Plus de commerce extérieur qui compense nos sacrifices ; plus de Saint-Domingue, plus de colonies qui nous rendent le prix de nos soins ; plus d'écoulement notable à l'extérieur. Il faut que nous consommions à l'intérieur tous nos produits ; et quand cela va être une nécessité de les restreindre, sous l'empire de conditions trop onéreuses pour la production, notre Gouvernement fait tous ses efforts pour en accroître encore la quantité et en avilir le prix, afin de nous ruiner plus vite apparemment, et nous mettre bientôt dans l'impossibilité de produire plus que le nécessaire à l'alimentation de ceux qui resteront attachés à la terre. Alors la thèse sera bien changée. Et gare aux populations des villes, pour lesquelles on fait tout si exclusivement. Alors on sentira amèrement que leur véritable intérêt n'était pas de leur donner les subsistances à bas prix ; mais à des prix proportionnels aux conditions actuelles de l'agriculture, sans quoi la famine ne saurait manquer de les atteindre dans un temps donné. Alors toutes les industries apprendront que, mieux que jamais, la principale base de leur prospérité est désormais dans celle même de l'agriculture, qui consomme la plus grande partie de leurs produits, puisque les débouchés extérieurs sont presque nuls en comparaison. Maintenant nos greniers et nos étables regorgent de trop-plein. Nous ne savons plus à qui en vendre, si ce n'est à de rares intervalles et à vil prix. Encore nous fait-on banqueroute souvente fois, et cela nous ruine pour plusieurs années. Pour comble, ce qui ne s'était jamais vu autrefois, on fait venir à peu près en franchise, d'Amérique, de Russie, de Turquie et d'ailleurs, d'incroyables quantités de grains et farines, jusqu'au cœur de nos contrées les plus agricoles. Cela nous enlève annuellement des sommes fabuleuses, qu'il faut payer en espèces. Et ces blés reviennent autant et plus cher que les nôtres aux consommateurs, parce que certains traficants rusés s'en sont fait une sorte de monopole fort lucratif pour eux, et qu'ils ont l'art de faire la disette et le trop-plein à volonté : art qui n'est pas nouveau, et dont on est toujours dupe. Ce stupide suicide remonte à 1815, à M. le duc de Richelieu, qui mérita bien cette épigramme, qu'il était *l'homme de France qui connaissait le mieux la Crimée.* Il en avait été gouverneur pour les Russes. Il en fit venir de grandes quantités de blé pour la favoriser ; et il lui sacrifia ainsi pour longtemps les intérêts de sa première et dernière patrie. Car une fois un pareil canal ouvert à un commerce qui n'en avait pas d'autre, tel que celui de la Russie méridionale, il devient bien difficile de le barrer ensuite aux moindres apparences de besoin ou de profit. Depuis lors, Marseille et le Midi, qui s'approvisionnaient par nos départements de l'Ouest, le sont à présent par la mer Noire. Je l'ai déjà dit, il semble que la France ne peut plus vivre que d'abus contre elle-même. Sans cela elle serait au comble de la prospérité, pour peu qu'elle fût bien régie avec quelque stabilité. Ce n'est pas tout: nous admettons, sous des droits insignifiants, l'entrée du bétail étranger du côté de l'Allemagne, du Piémont et de la Suisse. La majorité égoïste de nos assemblées souveraines, composée d'industriels irréfléchis et d'avocats sournois, aidée encore par d'imbéciles clameurs contre les plus utiles producteurs, a voulu tout cela sous prétexte de philanthropie et de l'alimentation du peuple à bas prix ; mais, au fond, les uns pour produire leurs fers, leurs calicots et leur quincaillerie à meilleur compte pour eux, les autres pour se faire des recrues par la popularité et s'éterniser à la Chambre ; et tous en se moquant du sort de l'agriculture. Comme s'il était possible qu'elle donnât toujours au-dessous de ses prix de revient ! Ils l'ont donc regardée et traitée comme une mine inépuisable et facile d'exploitation. Erreur ou calcul, ils n'en ont pas moins doublé et triplé les impôts et toutes les autres charges accessoires qui les surpassent encore. Ils ont en même temps inoculé le luxe dans les campagnes, avec le goût de leurs colifichets. Une simple bergère, qui allait autrefois garder ses moutons chaudement enveloppée dans un bon capuchon de laine qui lui coûtait 3 francs et lui durait 3 ou 4 ans, veut à présent une mauvaise drogue de parapluie à couleur brillante qui lui coûte 7 ou 8 francs, et ne lui dure pas six mois, et tout à l'avenant. Je citerais mille traits pareils. On dit que tous ces oripeaux sont plus jolis à la vue et coûtent moins cher qu'autrefois: oui, pour quelques-uns peut-être ; mais en général ils valent moins et ils ne durent rien. Il faut souvent les renouveler. On les multiplie à bas prix sous toutes les formes ; et c'est ainsi qu'on en propage la tentation jusque dans les plus bas étages. Mais à côté de chaque besoin nouveau naît un vice et quatre désirs au delà. Si bien qu'à force de bons marchés de cette sorte, grands et petits, riches et pauvres se ruinent ou s'obèrent en choses peu nécessaires, et en se trouvant toujours moins satisfaits, un besoin en amenant un autre et de nouveaux désirs. C'est encore là ce qu'on appelle le *progrès*. Par suite, il a bien fallu doubler et tripler les prix de ferme, les anciens n'y pouvant plus suffire. Tout le reste a suivi la même progression. Aujourd'hui le fer ouvré coûte de 11 à 12 sous la livre ; une charretée de fumier

de 10 à 15 francs, et de cendres de 50 à 60 francs, et encor
n'en trouve-t-on pas à discrétion. Nous employons, à défau
d'autre engrais, le noir animal qui ruine nos terres. On ne s'e
servait point en 1790. Il nous a fait défricher la plupart de no
landes. On commença à s'en servir vers 1810; on l'obtenait pr
alors à 2 fr. 50 c. l'hectolitre. Maintenant il se vend 12 francs
frelaté de plus des trois quarts; et souvent il ne produit pas asse
de blé pour le payer, sans parler des façons. Un domestique d
ferme coûte de 200 à 240 francs : il n'aide guère à l'étable,
décampe au cabaret et même au café, fêtes et dimanches; il n
veut travailler qu'entre les deux soleils et quand il fait beau, et l
moins qu'il peut, surtout s'il sait lire, et s'il a lu quelques page
communistes; tandis que ses maîtres sont obligés de vaquer e
tout temps, même une partie de la nuit. Une femme gagne
franc à bêcher du blé, un terrassier 1 fr. 50 c., un faucheur (
un batteur de 3 à 4 francs, un maçon et un charpentier de 3 à
francs, et encore en raccourcissant ses journées d'autrefois, etc
Joignez donc à tant de conditions rigoureuses le luxe dar
toutes les classes dont j'ai parlé, les modes changeantes, le
nouvelles exigences sociales, les bâtiments plus soignés
l'ameublement, l'habillement et la table plus somptueux (
raffinés; la cuisine et l'écurie plus coûteuses, l'entretien et l
création des voies de communication; les impôts indirects, le
procès, les droits des officiers ministériels, le papier timbr
plus cher et obligatoire à tout propos, les réparations locativ
et les constructions beaucoup plus chères que jadis; les mala
dies, les épizooties, les incendies, la grêle et autres fléau
devenus beaucoup plus fréquents; l'aumône et les charités né
cessaires, très-onéreuses et beaucoup plus pratiquées dans l
campagnes : tout cela ronge maîtres et valets, propriétaires
fermiers ou métayers, à un point qu'on ne saurait calculer (
prime abord. Il n'y a que la complète avarice qui puisse échap
per à quelques-unes de ces charges sans cesse renaissantes. I
c'est dans de pareilles conditions qu'on force l'agriculture
livrer, sous peine de les perdre et de ne pouvoir plus marche
toutes ses denrées à des prix au-dessous même de 1790! à d
prix qui ne paient seulement plus ses frais! Or, je vous d
qu'il n'y a pas de propriétaire, ni fermier, ni laboureur q
puisse y tenir deux ans au plus. A moins que ce ne soie
quelques anciens riches dont le nombre va rapidement en d
minuant, qui, par dévoucment, entament ainsi leur capita
encore la plupart sont-ils arrêtés par le non-paiement de leu
fermages. Sur quoi s'acharne donc l'hypocrite grimace de c
absurdes utopistes qui attaquent la propriété ? Est-ce cras
ignorance ou bien perfidie que d'avoir abrégé les journées (
travail, fait hausser les salaires, et en même temps avili l
produits de l'agriculture? Je veux bien croire qu'il y a l'une (
l'autre cause; mais la dernière plus que la première. Ce systè

est, en effet, le plus propre que je connaisse à recruter démesurément la paresse turbulente et à affamer de tous points les ouvriers laborieux et honnêtes.

Sans doute il est juste de favoriser les bons, les vrais ouvriers. Mais pour cela le premier, pour ne pas dire le seul moyen, est avant tout d'empêcher qu'il ne soient trop nombreux, comme ils le sont devenus si énormément aujourd'hui par vos entreprises de chemins de fer et vos excessifs budgets de travaux publics, la plupart peu nécessaires, ou du moins susceptibles d'être remis aux soins d'une autre génération. Il semble que vous ne vouliez rien laisser à faire à vos neveux, comme si le trop-plein régnait dans notre Trésor. Sans se soucier de notre critique situation financière et de ses causes, nous avons une multitude d'ingénieurs, d'entrepreneurs, d'orateurs de tribune et de théoriciens de la presse qui ne cessent de nous pousser dans ces voies ruineuses. C'est dans ces rangs aussi bien que dans ceux de l'anarchie que l'on agite encore les questions d'organisation du travail, du droit au travail, du droit à l'assistance, etc., que l'on a imaginées en ces derniers temps, les uns pour bouleverser la société au seul profit de leur ambition, les autres pour remédier à leurs fautes gouvernementales. On en est venu au point de formuler ces étranges questions en problèmes sociaux, auxquels les socialistes et les autres casse-cou proposent chacun sa solution. Nous voyons même de très-bons esprits se jeter avec zèle dans ces graves erreurs. En sorte que la vraie charité, la fausse philanthropie, le désir de popularité, se joignent aux suggestions du socialisme et à la peur qu'il inspire, pour s'évertuer à qui mieux mieux dans cet inouï gaspillage sans portée. J'ose dire que ces prétendus problèmes et toutes les solutions que l'on y cherche ne produiront que du vent, des tempêtes et des mécomptes, parce que tout cela est on ne saurait plus contraire à la nature des choses. Laissez le travail libre entre ceux qui le prêtent et ceux qui en ont besoin. Dans l'intérêt des vrais ouvriers, forcez le trop grand nombre de parasites qui leur nuisent, et que vos travaux publics ont alléchés par de trop hauts salaires, à retourner à ceux des champs, et vous verrez bientôt renaître l'ordre et l'équilibre ; et voilà la seule solution que vous chercherez en vain ailleurs dans de ruineux expédients qui renaîtront sans cesse les uns des autres. Tout ce que vous avez imaginé jusqu'ici n'a fait qu'augmenter le mal. Vous avez trop élevé les salaires de l'industrie, tandis que ceux de l'agriculture sont restés dans un extrême avilissement. Par là et par vos écoles-fabriques de demi-lettrés vous faites déserter les travaux des champs, trop pénibles pour des paresseux et de mauvais sujets, qu'un pareil système fait pulluler. Pour comble, vous voulez organiser sur une vaste échelle une aumône publique et privée qui devient déjà en vérité plus lucrative que les salaires des laboureurs.

Savez-vous ce qui en résultera ? Des masses de lazzaroni chez nous tout comme à Naples. Déjà on en voit un noyau organisé dans toutes nos villes. Des troupes de gens fort valides vont quérir à la distribution leur ration en vivre ou en argent ; puis ces aimables bipèdes vont ensuite s'amuser toute la journée sur les places publiques, demandant encore aux passants. Tous ceux qui ont fait seulement un mois ce métier n'en veulent plus d'autre. Il paraît que de tous c'est en effet le plus doux. A merveille ; mais c'est en même temps un vaste élément de recrues au service des partis mauvais, et au moins pour le vol et tous les crimes.

Il faut être juste encore ici. Cette extravagance n'est pas le seul fait des œuvres de Février ; elle était déjà commencée sous le dernier régime. Le Gouvernement, mal informé, sonna lui-même l'alarme en 1846 ; et toutes ses premières mesures produisirent d'abord une disette plus factice que réelle. Il ne fallait point faire tant de bruit, parce que cela donna l'éveil à certains capitalistes enclins au monopole, qui se hâtèrent de faire de grands accaparements et devinrent bientôt les maîtres de prix excessifs. La malheureuse agriculture n'en profita guère, la plupart ayant vendu aux accapareurs à des prix raisonnables, sans se douter le moins du monde de ce qui allait s'ensuivre un ou deux mois après. Le Gouvernement, ayant constaté ou soupçonnant une insuffisance réelle, aurait dû mander de l'extérieur une certaine quantité proportionnelle aux besoins. Cela n'eût effrayé personne, et jamais les subsistances ne se seraient élevées à des prix si hauts, pour retomber si bas peu après : deux maux à la fois très-fâcheux. Le Gouvernement nous fit inonder de denrées étrangères, qui nous enlevèrent plus de 100 millions en espèces sonnantes ; il y employa même ses vaisseaux, et il n'en fallait pas le quart. Ensuite, le Gouvernement, dans son aveugle panique, ruina les villes et toutes les grandes communes, en les excitant aux emprunts pour établir partout des ateliers de charité. Ce fut là le principe de nos ateliers dits nationaux, qui ont été depuis si funestes au Trésor, aux industries et à l'ordre public. C'est là ce qui a si fort accru la paresse, fait élever les salaires libres, et rendu pour longtemps les misères du chômage endémiques parmi nous. Mieux eût valu moins forcer ces dépenses, et les convertir en secours à domicile aux plus nécessiteux, que cela n'eût pas empêchés de chercher ailleurs quelques travaux utiles. On ne faisait rien qui vaille dans ces ateliers, la plupart inintelligents, dont tous sentaient d'ailleurs l'inutilité. Les fainéants s'y portèrent en foule, pour toucher leur prix de journée, le boire au cabaret, et faire du bruit en prenant la bannière de l'anarchie. Ils n'ont plus voulu travailler depuis qu'en demandant des salaires que personne ne pouvait leur accorder. Leur *far-niente* était un pli pris, et les prédications socialistes ne pouvaient que les y confirmer. Les bons ouvriers, au contraire, auraient rougi d'aller se gâter la main et le cœur dans ces cohues impures. Ils cherchaient des travaux utiles, et ils en trouvaient encore un peu. Depuis l'avilissement des denrées, qui a tant contribué à les jeter dans le chômage, que de fois les miens ne m'ont-ils pas dit : « Ah ! Monsieur, cet encombrement nous fait autant de mal » qu'aux propriétaires et cultivateurs. Nous serons plus mal- » heureux que pendant la cherté des vivres, où nous ne man- » quions du moins pas d'ouvrage. Nous souffrions bien un peu , » nous mettions moins à la caisse d'épargne; mais enfin, nous » vivions sans trop réduire notre ordinaire. Que nous importe de » payer le pain un sou, même deux sous de moins, si nous ne » trouvons pas à en gagner une livre que bien rarement? Nous » mangeons toutes nos avances, après quoi nous serons ré- » duits aux plus tristes expédients. » Voilà l'intelligence et le langage du bon peuple, de ce peuple d'amis et de véritables frères que nous ne saurions trop aimer et secourir dans toute la latitude de nos facultés. Il sent parfaitement que pour qu'il vive dans l'aisance, il faut de toute nécessité que les autres classes y soient aussi. Pour moi, j'ai eu le bonheur d'en faire vivre pendant de longues années plus de 50 familles, et je dé- clare que j'en ai été bien récompensé par leurs bénédictions encore plus que par leurs bons travaux. C'est pourquoi, Mes- sieurs, puisque vous ne pouvez faire justice des niveleurs de la Montagne et du communisme, je vous prie de les envoyer dans nos campagnes avec leur bonnet rouge , leur guillotine et leurs prédications ; ils y seront reçus à grands coups de fourche et de fusil, de manière à les guérir pour longtemps de leur envie de mordre partout. Il est vrai de dire aussi que malgré quelques mauvais sujets que l'enseignement y a fait éclore , il règne encore au fond de nos provinces beaucoup plus de bon sens et d'équité qu'à Paris; et c'est la raison de l'un pour vou- loir empoisonner l'autre, qu'on n'espère pas vaincre autrement.

Il est certain que l'équilibre rompu entre le prix de revient et le prix de vente des productions agricoles, entre le minime salaire des agriculteurs comparé à la grande augmentation des salaires industriels, rend toute reprise impossible désormais, tant qu'il ne sera pas rétabli ; et, s'il se prolonge, il frappera notre beau sol de stérilité. Au point où en sont les choses, qui est-ce qui peut se dire propriétaire en France? On n'y est plus qu'un pauvre fermier ou régisseur de son bien; du moins le plus grand nombre. Si quelqu'un tenait un registre exact de toutes les charges et accidents ordinaires et extraordinaires qu'il supporte pendant une période de dix ans, par exemple, il serait extrêmement surpris du peu qui lui revient de net en moyenne. Il ne lui resterait peut-être pas le tiers de ce qu'il croit retirer. Ceux qui continuent leurs dépenses par des em- prunts, s'en aperçoivent moins; mais, au bout du compte, il faut toujours qu'ils soldent, en aliénant une partie de leur capital foncier. Il est bien malaisé à un propriétaire qui n'est pas riche, et qui ne vend point ou vend mal ses denrées, de suffire à toutes les charges que j'ai indiquées, et encore à quelques unes des nécessités factices que nos soi-disant progrès ont amenées. Il est bien heureux quand il lui reste de quoi vivre, faire honneur à ses affaires, et se rémunérer de ses peines et de ses soins incessants. On ne se fait pas d'idée, dans les villes, combien il faut qu'il s'impose d'embarras et de privations pour cela. Les citadins et les utopistes, qui ne connaissent la vie des champs que par les idylles de Théocrite ou de Virgile, ne sauraient comprendre à quel point elle est dure, et peu enviable. Si le propriétaire vendait ses terres, et s'il plaçait son capital dans la rente ou les industries, il quadruplerait son ancien revenu foncier, et cela net de charges, sans aucune peine, ou bien peu en comparaison: aussi beaucoup en ont pris le parti. Il est vrai que la terre est immuable, et n'est pas sujette à se perdre comme les fonds de commerce. Notez cependant que ces derniers, engorgés ou en faillite, peuvent souvent se relever par des atermoiements, des concessions, des concordats obtenus, un événement heureux; mais le terrien, lui, une fois obéré, n'obtient rien de tout cela. Il paie 5, 6 et jusqu'à 8 p. % d'intérêt avec les frais; et il ne touche pas 2, souvent pas 1 p. % de son capital. Sa dette s'accroît ainsi rapidement comme la boule de neige; et, une fois débordé, il faut qu'il vende son fonds à tout prix. Il est perdu sans ressource; car personne ne lui fait grâce: sa chose offre trop bonne prise à tous. Un industriel ou commerçant, au contraire, à la seule menace de banqueroute, fait peur à ses créanciers; et avant, comme après, il en obtient tout ce qu'il veut, parce qu'il peut aisément, au moyen de ses compères, faire disparaître le gage de ses créanciers. On en voit qui font perdre jusqu'à 90 et 95 p. %. On aime encore mieux 5 ou 10 p. % que rien du tout; ce qui serait certain si on ne les acceptait pas. Autrement, ils lèveraient le pied pour aller recommencer ailleurs; car ils n'opèrent qu'avec ou sur les capitaux d'autrui. Il en est qui se lancent dans toutes sortes d'affaires sans consulter les chances : ceux-ci ne visent qu'à la faillite ou à la banqueroute comme leur meilleure spéculation; et, après en avoir fait deux ou trois, ils finissent par se faire une fortune assez ronde, en se moquant de tous leurs anciens créanciers. A tout cela notre législation n'apporte guère d'obstacle, et les peines s'adoucissent chaque jour au point d'être bien faciles à éluder. La démocratie veut cela, dit-on. Cependant cela ne ruine pas seulement les tiers, mais fait grand tort aussi aux branches sérieuses et loyales du commerce et de l'industrie, que cela désole si souvent.

Voilà, Messieurs, la fraction de la nation qui paraît absorber depuis 20 ans toutes les faveurs et toutes les sollicitudes gouvernementales. Ce n'est pas assurément là qu'est la meilleure ressource et le plus solide appui de l'Etat. Le malheureux propriétaire obéré est absolument abandonné à lui-même. Outre qu'en général il ne cherche point à faire perdre il ne le peut pas. Voilà pourquoi ses créanciers ne lui accordent pas de remise. Il a du bien, donc il est riche. On ne voit que la surface. Quand on lui fait vendre selon les formes de la justice, les droits du fisc et les créanciers lui prennent communément tout. Après quoi, il devient prolétaire beaucoup plus à plaindre qu'avant de posséder, et s'il n'eût jamais possédé. Voilà la classe que l'on menace jusque dans son existence, que l'on pressure et que l'on ne ménage en rien depuis trop longtemps, parce qu'on ne craint point les émeutes et les révoltes de son côté. On ne songe qu'à l'industrie, qui est beaucoup moins pacifique et plus exigeante; et celle-ci ne prend pas garde que tous ses débouchés extérieurs étant à peu près perdus ou très-insuffisants, il faut de toute nécessité, pour qu'elle se relève, que la propriété foncière soit en pleine voie de prospérité: car, quoi qu'on fasse désormais, dans l'équilibre actuel des forces de l'Europe, la classe innombrable des possesseurs et cultivateurs de notre sol sera toujours la plus grande tributaire, et le plus sûr et le plus vaste marché de nos industries, quand elle ne sera pas en souffrance. Mais pour cela il faut qu'elle soit protégée, et cette protection ne coûterait rien ou peu à l'Etat. Il s'agit tout simplement de revenir aux errements de nos meilleurs temps; c'est-à-dire, de défendre strictement, hors les cas de nécessité temporaire, l'introduction des denrées étrangères similaires à celles qui font toute notre richesse, les céréales et le bétail. Il s'agit de faire monter ces produits au niveau nécessaire à leur production, ou bien de faire baisser les impôts, le luxe, les fournitures et les salaires; ce qui serait beaucoup plus difficile et plus scabreux. Il s'agit de procurer un écoulement avantageux, et de prévenir désormais le trop-plein.

Comment, Messieurs, on empêche ou on entrave la sortie de nos denrées; on appelle, sous des droits insignifiants, celles de l'étranger, qui nous écrasent; et l'on prodigue les millions en primes etc., pour l'écoulement des produits de nos chétives industries; on prohibe en leur faveur l'entrée de beaucoup d'articles qui leur feraient concurrence, que nos cultures sont obligées d'acheter plus cher, et notamment le fer que nous en payons moitié plus! Et tout cela parce que l'ont ainsi conseillé et voulu les ennemis de la propriété terrienne, et quelques *free traders* inflexibles qui disent: « Périssent la propriété et l'industrie nationale plutôt que mes principes! » Vous voyez déjà les résultats. Est-ce là de la sage science économique et de la bonne justice distributive?

Malgré l'élévation et la multiplication des impôts sous tant de formes, l'agricuture eût supporté encore sans trop fléchir ses très-nombreuses charges. Mais l'enseignement public trop propagé sur des doctrines qui lui enlèvent plus de bras que la conscription, et n'introduisent chez elle que la paresse, les mauvaises passions et l'envie de s'élever; mais le renchérissement de tous les objets de première nécessité qu'elle achète; mais l'extension des besoins factices que le luxe et l'instruction ont fait pénétrer dans ses rangs; mais par-dessus tout l'énorme élévation des salaires industriels, l'avilissement de ses denrées, leur encombrement, la difficulté et l'irrégularité de leur écoulement, où le commerce bénéficie plus qu'elle; oui, Messieurs, voilà les vraies causes de sa décadence. Ce sont là de fatales vérités méconnues qui nous plongeront dans des maux plus grands encore. Oui, l'instruction publique, la surélévation de la main-d'œuvre et de tous les salaires, et en même temps l'avilissement des produits, ces trois fléaux à la fois sont la ruine forcée de la propriété terrienne, et par conséquent de l'agriculture, à quoi il faut ajouter la cherté et la rareté des engrais. Il est impossible qu'elle y résiste longtemps; et je crois que le mal ne peut que s'aggraver de plus en plus. Il n'y a guère d'espoir de retour aux sages pratiques avec les idées dominantes. C'est en vain que les théoriciens contesteront ces causes véritables, les faits parleront à la fin plus haut qu'eux. J'ose dire que ceux qui les chercheront ailleurs, ainsi que les remèdes, perdront leur temps et leurs frais. Il n'y aura en France que quelques centaines de riches qui pourront tenir encore un certain temps; mais ils seront bientôt arrêtés par le non-paiement de leurs fermages, et l'impossibilité de faire cultiver leurs terres qu'à des prix excessifs. Voici le blé tombé à 14, 13 et même à 12 fr. C'est incontestablement fort au-dessous du prix de revient. Sous l'empire de toutes les conditions actuelles, il en coûte souvent jusqu'à 20 fr. pour faire venir un hectolitre de blé. Il faudrait donc le vendre au moins 25 fr., et jusqu'à 30 pour faire des bénéfices. Mais, je le reconnais, la chose aurait des inconvénients dans notre situation anormale. Il y en aurait aussi à réduire subitement les salaires. Voilà ce que c'est que d'avoir fait doubler et tripler toutes les mains-d'œuvre par les entreprises de luxe et les travaux de chemins de fer, sans avoir fait élever le prix des denrées dans une juste proportion; et au contraire d'avoir abaissé celles-ci. Il en résultera forcément chômage d'une part, impuissance de l'autre; gêne, misère et mécontentement partout.

Si quelqu'un louait un champ, achetait la semence et l'engrais, et payait toutes les façons de la culture aux taux actuels, sans rien faire de ses bras, chaque hectolitre de blé, en supposant une bonne année ordinaire, lui reviendrait, rendu dans son grenier, à 40 ou 50 francs; et s'il était propriétaire du champ, à 30 ou 40 francs. Jugez du plus s'il a une mauvaise année. Ces exemples ne sont pas rares. J'en ai fait moi-même l'épreuve, pour n'y plus jamais retourner. Je vais vous dire maintenant comment il est possible de produire du blé encore un certain temps, dans les dures conditions actuelles, et de le donner à des prix aussi avilis. Car si je pénètre à fond dans cette question toute vitale, c'est que je l'ai étudiée, moi, très-pratiquement pendant vingt ans, et que je ne suis pas absolument un mauvais observateur. Pour faire valoir une ferme ou métairie de bocage de 1500 francs de revenu, c'est-à-dire, rapportant cette somme au maître et autant, par conséquent, à l'exploitant pour sa main-d'œuvre, il faut une famille ou une communauté de 51 personnes, dont 5 hommes, autant de femmes, et le reste d'enfants ; car tous servent. Je sais qu'il faut un peu moins de bras dans les pays de plaine ou de marais. Dans les plaines on emploie moins de fumiers d'écuries, remplis de graines de foin, et l'on ne bêche point les blés ; mais ils sont souvent aussi gagnés par les herbes parasites, et sont de qualité inférieure. Dans les marais on ne fait que peu ou point de blé, tout y est affecté à l'élève et à l'engrais du bétail ; mais il ont des canaux à entretenir, des contributions sociales assez fortes à payer pour la réparation des chaussées et des digues de défense contre les eaux. Dans les pays de bocage où les prés et les pâtures sont entremêlés avec les terres arables, séparés par des haies nécessaires, qui n'empêchent pas d'être obligé de garder le bétail pendant les récoltes sur pied, tant en vert qu'en sec, sous peine de fréquents dégâts, il faut absolument bêcher et sarcler les blés trois ou quatre fois, sans quoi on n'aurait presque rien. Cette seule opération n'est déjà pas une petite affaire, et dure la fin de l'hiver et tout le printemps. Les femmes et les enfants y aident, de même qu'au labourage, aux transports des engrais, à la moisson, etc. Les plus faibles gardent le bétail, le mènent et le ramènent à l'abreuvoir et à l'étable. Les hommes font les travaux de force ; et tout cela sans cesse, sans jamais un jour entier de vacance, à cause du bétail qu'il faut veiller et soigner. Ils sont debout avant l'aurore, et fort avant dans la nuit. Et combien ces 15 personnes gagnent-elles l'une dans l'autre pour un si pénible et en même temps si indispensable métier ? Elles gagnent chacune 100 francs par an, environ 30 centimes par jour !!! Elles comptent donc leur temps à peu près pour rien. Et quand la mort et l'instruction publique viennent éclaircir leurs rangs, il faut qu'ils donnent 240 francs de gages à un valet fainéant qui remplace bien rarement le vide. Vous n'avez qu'à répartir les 1500 francs de produit entre les 15 personnes de tout sexe et âge, le compte est bien clair. Il est vrai que la communauté est logée pour rien ; qu'elle a vergers, fruits et légumes en abondance communément ; qu'elle a beurre, laitage, volaille, cochons, dont elle porte le superflu au marché. Sans cela elle ne se tirerait pas d'affaire, bien qu'il y en ait qui en font abus ; en sorte que dans une métairie à moitié fruits, c'est tout au plus si le maître retire le tiers du total, quelquefois moins. Par ce moyen, la communauté vit dans l'abondance et fort sainement, pourvu qu'elle soit laborieuse et économe. Elle n'a aucun temps à perdre aux écoles et en lectures; elle n'y acquiert qu'un bagage funeste à sa vocation et à ses mœurs. Voici les causes qui détruisent son bien-être: 1° ceux de ses membres qui ont été se pervertir aux écoles, n'en rapportent qu'un savoir inutile, font les docteurs, travaillent moins, et, ne se contentant plus des 30 centimes par jour qui d'ailleurs restent en grande partie à la masse, entre les mains du chef, finissent par déserter le toit paternel, les uns pour se gager comme simples valets ailleurs, pour gagner 240 francs dont ils disposent entièrement, en travaillant beaucoup moins; les plus hardis vont chercher fortune dans l'agitation des villes, où si peu réussissent: 2° il faut boursiller pour racheter ceux qui approchent du recrutement. Heureusement ils trouvent des compagnies qui les garantissent de toutes chances pour 6 ou 800 fr., et c'est assurément une bonne affaire pour eux. Ils conservent ainsi leurs plus valides membres avec eux pour la vie dans leur profession. Au bout de trois ans, leur enfant s'est racheté par son travail; et, si le laissant partir, ils étaient obligés de le remplacer par un valet fainéant, sans zèle ni intérêt à la communauté, au prix de 240 francs par an, pendant 7 ans, et peut-être pour toujours, il est évident qu'ils s'en trouveraient mal. En quoi M. de Lamoricière, pour le dire en passant, n'a pas été bien inspiré pour vouloir avec M. Cavaignac l'abolition du remplacement militaire. Il n'y aurait pas de mesure plus impopulaire, et plus nuisible à l'agriculture. Aussi le peuple a-t-il crié contre, beaucoup plus que les hautes classes. Cela serait même d'une bien mauvaise économie politique; car ceux qui se vendent et s'enrôlent et qui remplissent bien les conditions, aiment apparemment cette vocation et ne sont guère propres à d'autres, et ils débarrassent ainsi les familles de travailleurs fort avantageusement. Il semble qu'en ceci encore on aurait voulu plaire au faux et étroit esprit démocratique. Et qu'on ne vienne pas nous dire que le remplacement altère le caractère de notre armée: il a toujours existé; et nous avons toujours, comme sous l'Empire, les meilleures troupes du monde. En Russie, les seigneurs désignent et envoient les sujets parasites, et nous savons, à nos dépens, quelle est aussi la valeur de ces troupes, qu'on ne peut démolir qu'à coups de canon, et qui résistent aux plus vigoureuses charges de cavalerie. La discipline assouplit aussi bien les remplaçants que les autres, et c'est leur rendre un grand service à eux-mêmes qui ne sauraient que faire ailleurs. Beaucoup se vendent aussi pour donner des ressources à leurs familles. 3° Quand la communauté est devenue un peu nombreuse et prospère, elle ne s'entend pas toujours. Chacun s'en va de son côté pour devenir chef d'exploitation.

La loi éternelle du tien et du mien pour l'homme civilisé l'emporte sur le bien commun. Et cette dissolution de la communauté lui cause toujours de grands dommages, ainsi qu'au propriétaire, pendant deux ans, soit en pertes sèches, soit en non-valeurs. Ici l'on voit encore combien sont impossibles à l'application les théories sociales, et la profonde ignorance ou le mépris de leurs souteneurs à l'égard des voies générales du cœur humain.

Maintenant, Messieurs, d'après l'exposé ci-dessus, vous pouvez vous faire au moins quelques idées des souffrances de l'agriculture, de leurs causes et de la nécessité d'y remédier sérieusement. Du premier des arts, on en a fait le dernier; et il est traité comme tel dans toutes nos lois révolutionnaires. On a réduit l'impôt du sel des deux tiers, les droits de poste l'ont été aussi. On a aboli, puis rétabli plusieurs autres impôts. On a compromis, mis en question, frappé par cela même de stérilité tous les impôts indirects, dont nous avions le meilleur système possible, suivant l'exigence de nos immenses besoins. Quelques-uns, je le reconnais, étaient trop élevés, tel que l'impôt du sel; mais il fallait tout maintenir, dans l'obération de nos finances, jusqu'à de meilleurs jours. Pendant la suspension des droits sur les boissons, les consommateurs n'ont guère payé moins cher; il en est de même du sel : ce sont les cabaretiers, les marchands de première et de seconde main qui encaissent presque toute la différence, et les frais de transport restent toujours les mêmes. Le sel est une denrée qui, ainsi que le tabac, ne doit jamais être affranchie de droits, non plus que ceux sur les cabarets, etc. Tous ces droits produisent les rentrées les plus sûres au Trésor. On a jeté ainsi plus de cent millions de revenu par les fenêtres; perte sèche pour le Trésor, en même temps qu'on gaspillait nos finances d'autre façon. On a bien fait beaucoup de ces choses sous prétexte de soulager l'agriculture. Il est bien vrai que c'est elle qui, en définitive, paie presque tous les impôts indirects, de même que ceux établis sur le sol. Mais ces derniers la chargent horriblement, tandis qu'elle se ressent à peine des premiers, qui sont tous facultatifs et à peu près volontaires; car on est libre de supprimer ou modérer la consommation, tous les objets sur lesquels les droits portent n'étant pas absolument de première nécessité. Cela est si vrai que si l'on supprimait tous les droits indirects, et qu'on voulût ensuite en réimposer la masse sur la propriété terrienne, celle-ci déjà surchargée succomberait, et ne pourrait bientôt plus rien payer. Aussi l'agriculture tremble-t-elle chaque fois qu'elle entend dire que l'on veut supprimer les droits indirects. Malgré tout ce qu'on lui en a pu alléguer pour la séduire, son instinct sûr lui dit qu'il s'agit de lui faire supporter tout le fardeau directement, et de l'écraser. En effet, en paraissant lui abandonner hypothétiquement un sou d'une main, elle peut compter qu'on lui en demandera deux de l'autre main, et fort obligatoirement. Ainsi la réduction des deux tiers sur les droits du sel a été bien loin d'être populaire. Notez qu'on était habitué à cet impôt depuis longtemps, et que c'était une des rentrées les plus sûres pour le Trésor. Il faut que nous soyons les plus mauvais financiers du globe pour ne pas tous sentir ces vérités élémentaires; à moins que nous ne procédions plus que dans l'intention préconçue de tout désorganiser. J'en ai peur en vérité, au train dont vont les choses. Alors nous concourons à l'idée des socialistes, qui y vont assez vite d'eux-mêmes, ce me semble; et ce ne serait donc plus la peine de leur apporter des obstacles. Il est certain que dans son déplorable état actuel, la France ne peut guère supporter un budget de plus d'un milliard. Si on l'élève à 1200 millions, on l'écorchera; que ce soit au moins temporairement. Mais que nous sommes loin de là! Dans l'extrême péril où nous ne cessons pas d'être, nous ne pouvons songer à réduire l'effectif de l'armée. Conservons-la donc, ainsi que son bon esprit. Mais n'y aurait-il point moyen de ramener au budget de M. Portal le budget de la marine, bonne sans doute, mais qui nous sert si peu? car elle ne fait plus guère que parader pour exécuter les volontés de l'Angleterre, qui devrait en vérité nous la solder. N'est-il point possible de s'interdire sévèrement ce fatras de dépenses imprévues ou inutiles, ou ajournables, dans les travaux publics, les fêtes, etc., etc.? Pour abréger, je n'en parlerai pas davantage ici. Mais je prédis que si les choses ne s'améliorent pas pour elle, l'agriculture en viendra bientôt à ne pouvoir acquitter entièrement ses impôts tels qu'ils sont aujourd'hui; parce que ses salaires et ses produits sont trop avilis, en raison de tous ceux qu'elle paie. À force d'être ainsi attaquée, mutilée et ballottée, il faudra bien que notre pauvre machine sociale se détraque à la fin, dans ce qu'on appelle le progrès.

Examinons à présent ce que l'on a fait avec grand bruit pour relever l'agriculture, et les beaux plans officiels que l'on vient d'enfanter. Hélas! Messieurs, encore en ces derniers il est évident que l'on a suivi les théoriciens : savants hommes, s'il en fût, dans leur cabinet; mais entièrement dépourvus de sens, de bon calcul et de prévoyance quand ils descendent à la pratique. Leurs conseils ont ruiné tous ceux qui ont eu l'envie et les moyens de suivre leurs leçons. Dombasle lui-même, après mille autres, s'est, dit-on, mis à sec en parlant d'or, et en prêchant d'exemple. Il en est de la science économique comme de la spéculative : il faut bien se garder de suivre aveuglément les casse-cou et les théories séduisantes en apparence. On a établi à Paris une société royale, puis nationale d'agriculture, où il y a d'habiles gens sans doute pour labourer sur le papier, dans des opuscules, des discours, etc. On a organisé dans tous les cantons des comices agricoles. J'en ai fait partie un moment; mais, en voyant leurs pauvres moyens et leurs pauvres idées sur les causes et les remèdes de notre décadence agricole, je n'ai rien eu de plus pressé que de m'en retirer: bien convaincu qu'ils n'avaient aucun moyen de faire faire un seul pas à la prospérité agricole, et qu'aucun remède au mal n'était à leur disposition; tout cela dépendant absolument du vice de notre législation et de la fausse politique de notre Gouvernement, ainsi que je l'ai dit plus haut. Dans ces réunions de même que dans les conseils généraux, pourtant composés dans la plus grande partie de leur personnel de propriétaires et de fermiers, je n'ai pas vu encore que l'on ait bien compris les causes accablantes que je signale; ou du moins je n'ai entendu faire là-dessus aucune représentation au pouvoir. Tout ce que l'on a proposé ou sollicité, m'a paru être d'infiniment petits expédients en comparaison de la masse des intérêts et des pertes, qui se comptent par milliards. Qu'est-ce, par exemple, que les primes que l'on distribue avec le plus de solennité que l'on peut dans les localités? Quelques centaines de mille francs. Quel encouragement cela peut-il donner à l'industrie du sol, qui doit produire 10 ou 12 milliards? Moins encore que quand on obtient 50 ou 100 fr. de remise sur ses contributions, quand on a perdu par la grêle, les épizooties ou autres fléaux 4 ou 5 mille fr. sur ses récoltes ou sur son bétail. En tout ceci il n'y a rien qui puisse tenter ni dédommager aucun bon spéculateur. On affecterait aux primes de l'agriculture cent millions par an, ce qui est impossible à l'Etat, que ce ne serait point encore là la voie du progrès : parce que, d'une part, c'est la propriété qui, payant les impôts, se donnerait d'une main ce qu'elle a payé de l'autre; et, en second lieu, c'est que ces primes ne seraient pas aussi accessibles à la petite propriété, qui est la plus nombreuse, qu'à la grande; enfin, parce que 100 millions ne seraient pas un centième du revenu que devrait produire la France, et qu'au surplus, pour viser à ces primes, il faut bien du coût et des sacrifices. Aussi ne vise-t-on point à celles qui se distribuent, excepté pourtant pour la boucherie de Paris. Ceux qui s'y présentent communément sont des personnes qui ont été heureuses dans leurs produits de l'année; après quoi ils n'y donnent aucune suite, parce que la chose n'en vaut réellement pas la peine. Pour mon compte, j'ai toujours dédaigné d'y concourir, bien que j'aie obtenu beaucoup de très-beaux produits et réussi dans de très-grands travaux. Les primes ne font pas de mal sans doute; mais je dis qu'elles me font l'effet d'un enfant qui jetterait une goutte d'eau dans l'Océan, en pensant le faire croître. Ainsi que je l'ai dit, les profits et les pertes du revenu foncier de la France se comptent par milliards, selon la rigueur des saisons, et surtout selon la bonne ou la mauvaise politique du Gouvernement et des lois et règlements qui en découlent. C'est là aussi

que gît tout le nerf du progrès ou du recul de l'agriculture.
Pour progresser, et même seulement pour se soutenir elle et ses
charges, il faut absolument qu'elle ne soit pas embarrassée de
vendre ses produits au-dessus du prix de revient ; et si elle est
forcée de les vendre au-dessous pendant seulement deux ans,
elle tombe dans une détresse extrême. Que peuvent à cela les
sociétés, les congrès et les comices agricoles avec leurs primes ?
Rien, absolument rien, tant c'est insignifiant. Néanmoins je suis
loin de blâmer ces réunions ; je reconnais qu'elles ont produit
du moins un très-bon résultat, celui d'un acheminement à la
conciliation. Composées de tous les rangs de la société, j'y ai
vu des rapprochements entre des classes qui ne se voyaient
guère, et qui sont faites pour s'estimer et s'entr'aider. Cela n'est
pas à dédaigner dans ce temps de communisme.

Quant aux nouvelles créations du ministre Touret, grand théoricien aussi, à ce qu'il paraît, c'est autre chose. Je n'hésite point
à dire que c'est encore là de l'argent jeté à la mer, et, qui pis
est, pour n'opérer que des abus et du mal, je le garantirais bien.
L'institut de Versailles, les fermes régionales, les écoles agricoles normales, les fermes départementales *décrétées avec profit,* tout ce système recherché me paraîtrait bien bouffon, s'il
n'était pas en même temps d'une tendance fort suspecte. Cela
m'a tout l'air d'essais de phalanstères et de propagande socialiste. Ce que j'y vois de plus clair, c'est que l'on va placer dans
ces boutiques un grand nombre de ses adeptes et de ses créatures avec une certaine mission ; c'est que les états-majors et
leur personnel dévoreront la plus grande partie des allocations,
en ne faisant guère autre chose que leur propagande ; c'est que
les sacrifices de la part de l'Etat ne feront que s'accroître chaque
année, avec des pertes sèches pour lui ; si tant est que l'on s'entête à alimenter ainsi des établissements non viables par eux-
mêmes, et visiblement conçus dans l'esprit de secte ou de
système déjà éprouvé et condamné, tenez pour certain que tous
les produits qui sortiront desdites boutiques rendront trois ou
quatre fois moins qu'ils n'auront coûté. Les prix de vente et de
revient ne seront pas du tout l'affaire de ces exploitants-là. Leur
visée sera ailleurs, et n'est déjà point cachée ; encore nous en
feront-ils payer les frais ! La ferme de Grand-Jouan, près de
Châteaubriant, en est un avant-goût. Tous les voisins sages se
moquent de ses cultures. On y obtient à peine trois ou quatre
grains de blé pour un. Toutes ses landes sont restées en friche.
Mais les exploitants et les élèves s'amusent dans les cafés et les
cabarets de la ville voisine, où ils prêchent, dit-on, leur socialisme. Voilà ce que j'ai entendu encore ces jours-ci, et je l'ai lu
aussi dans quelques feuilles du pays. Les dénégations que la
boutique y a opposées, n'ont fait que me confirmer encore
davantage dans ce qu'on m'en avait dit. En supposant les établissements de M. Touret plus purs d'intention et d'effet, je dis

qu'ils seraient encore une vue fausse et plus nuisible qu'utile. Malheur à ceux qui seront dans les environs, et qui seront tentés de suivre leurs méthodes; leur ruine est inévitable. On pourrait citer en France des milliers de belles fortunes qui se sont fondues depuis trente ans, à vouloir faire de l'agriculture perfectionnée d'après les nouvelles théories; et cela a contribué au recul que nous éprouvons aujourd'hui. Dans mon seul voisinage, je connais huit ou dix riches novateurs qui ont fini par abandonner, en les aliénant, de fort beaux domaines où ils se sont ruinés à les cultiver comme de célèbres théoriciens le demandent; et les acheteurs, plus sages, se sont hâtés de les rendre à la culture ancienne, beaucoup plus intelligente dans ses résultats, en dépit des habiles qui la traitent de routine. Je ne nie pas qu'il y ait encore un peu de routine en certains lieux reculés; mais elle eût disparu bientôt naturellement si le métier d'agriculteur n'était pas devenu si mauvais. Je ne nie pas non plus que dans les nouvelles méthodes, il en est çà et là, en petit nombre, quelques-unes que l'on a pu admettre discrètement, sur une échelle limitée, après leur avoir appliqué un calcul exact. Mais, si on s'y livre en grand, en abandonnant les anciennes pratiques locales, on est bien sûr de trouver un grand désappointement au bout du compte. Ce n'est pas d'aujourd'hui que le mieux est souvent ennemi du bien. Horace et Virgile, qui s'y entendaient, ont dit en très-beaux termes que j'ai oubliés, que toute culture parfaite ruinait ses auteurs. La grande manie du jour est de vouloir tout réglementer, sous prétexte de progrès; si on le pousse jusqu'à l'agriculture, on verra que la manie lui sera encore plus funeste qu'elle ne l'a été aux autres industries. Toutes celles qui sont honnêtes ne peuvent prospérer que sous une sage protection et une entière liberté dans leurs rapports. C'est une grande erreur de vouloir courir sans cesse après une vaine perfection dans les travaux de la terre, si souvent anéantis ou contrariés par les saisons. Tout l'art consiste à produire le plus, et au moins de temps et de frais possible; et surtout à pouvoir vendre avec bénéfice, sur sa mise dehors et ses peines. C'est une autre erreur aussi de s'imaginer que nos paysans sont des retardataires ineptes et inexpérimentés, parce qu'ils emploient des instruments peu coûteux, qu'ils font en grande partie eux-mêmes; parce qu'ils font encore des jachères, soit pour détruire l'envahissement des herbes, soit qu'ils manquent d'engrais; parce qu'ils conservent des pâtures nécessaires à leur bétail; parce qu'ils gardent encore quelques landes, ayant besoin de litières, et n'ayant pas assez d'engrais pour les défricher, et qu'il y en a qui ne sont bonnes que pour ces litières, ou à leur fournir du chauffage. Sous tous ces différents rapports, nos bons laboureurs et fermiers en savent plus, ils tireraient à coup sûr un meilleur produit net de tout domaine rural, que tous les théoriciens de Paris et des établissements nationaux. Ce sont ces derniers qui auraient besoin d'aller à l'école des premiers. La routine qu'on leur a reprochée, n'est pas toujours aussi malentendue qu'on se l'imagine. Ils ont souvent, pour y persister, de très-bonnes raisons, que les théoriciens superficiels n'aperçoivent pas en passant ; mais ils savent fort bien s'en départir quand ils le peuvent, et quand ils y voient une amélioration sensible. Je leur en ai fait admettre, par exemple, dans l'augmentation des fourrages verts, lors même qu'ils avaient assez de prairies naturelles ; parce que cela augmente aussi le bétail, et par conséquent les engrais. Encore faut-il le faire avec une certaine mesure, car ce vert coûte et ne réussit pas toujours ; et quand il manque après qu'on s'est surchargé de bétail, et qu'on ne trouve pas à vendre ce que l'on se trouve avoir trop élevé, on est fort embarrassé, comme il arrive en ce moment. Mais, pour que ces changements et améliorations soient durables, il faut que le laboureur y trouve un bénéfice certain, régulier et non éloigné, ou trop douteux. Après cela, vous n'avez plus à faire d'efforts de persuasion : c'est la meilleure, pour ne pas dire la seule. Ils vont d'euxmêmes, et la nouveauté reconnue productive leur devient routine à son tour. Mais, encore une fois, il ne suffit pas de produire ; il faut vendre avec profit. En agriculture, où il n'y a guère de capitaux autres que le fonds d'enchancement, il faut que les produits, qui de leur nature sont fort encombrants, s'écoulent dans l'année. Si la vente et la rentrée se prolongeaient à deux ou trois ans, il n'y aurait plus moyen de continuer. Le plus grand soin d'un bon gouvernement, dans un pays comme le nôtre, devrait donc être de prévenir constamment cet encombrement si ruineux. Mais, loin de là, on prodigue les millions aux primes d'exportation des produits industriels, tandis que l'on restreint la sortie de l'exubérance de nos productions capitales, et l'on admet l'entrée des productions similaires étrangères, sous des droits si minimes, qu'il en entre toujours. Cela nous écrase d'autant plus, que les Américains et les Russes, avec leurs terres vierges, peuvent toujours produire à plus de moitié meilleur marché que nous. L'admission de leurs céréales à si bon compte a encore l'inconvénient d'établir la balance du commerce très-fort en leur faveur, puisque nous les payons toutes en écus. Je sais bien que l'on s'imagine, en faisant tomber les substances alimentaires au plus bas prix possible, favoriser l'essor des industries et la classe des travailleurs professionnels. Mais c'est une erreur et une fatale politique ; parce que les classes propriétaires et agricoles étant le plus vaste marché de consommation des produits de toutes les autres, quand les premières souffrent elles s'abstiennent, et les secondes tombent aussi en souffrance nécessairement. Nulle affaire ne va plus que faiblement.

En second lieu, il n'est ni prudent ni juste de sacrifier aux classes professionnelles, déjà plus développées qu'il ne le faudrait pour leur propre bien-être, les classes agricoles, sept ou huit fois plus nombreuses, et tout à fait nécessaires pour nourrir le tout. Ainsi l'on peut être bien assuré désormais que toutes les fois que l'agriculture sera tombée en détresse, toutes les autres industries ne manqueront pas d'y tomber aussi, et en plein chômage, quels sacrifices que l'on fasse faire à l'État pour le prévenir. Je l'ai déjà dit et je le répète, sans me flatter d'être écouté, dans le gâchis où nous sommes.

Maintenant on nous parle, ou, pour mieux dire, on nous menace de l'organisation du crédit foncier, des banques agricoles, etc. Autres gaspillages. Gare à la propriété! Ce sera le pendant de l'organisation du travail, du droit au travail, des comptoirs socialistes. Si l'on ne désorganisait pas de tant de façons les forces productives du sol et de ses cultures, si on ne les tenait pas en pertes et en craintes continuelles; elles se suffiraient à elles-mêmes, elles se passeraient bien de vos primes et de vos prêts dangereux. Savez-vous ce qu'on va faire avec ces comptoirs, ces associations et ces banques agricoles projetés, en supposant qu'ils réussissent, ce dont je doute? On excitera tous les novateurs imprudents à se ruiner en suivant les écoles et fermes-modèles; après quoi ils ne produiront plus rien. Tout propriétaire ou fermier qui se ruine de cette sorte, n'a plus ni intérêt ni goût à cultiver sa terre; et ce qu'il y fait, ne lui rend pas le quart de ses frais. On tentera les plus sages par des emprunts faciles; et, dans l'étrange renversement où nous sommes, ils peuvent être assurés d'avance qu'ils n'obtiendront pas en améliorations et produits de quoi se payer de leurs frais et se libérer de leurs dettes. Celles-ci ne feront qu'augmenter. Tellement que quand on aura fait obérer ainsi les six ou sept dixièmes des propriétaires terriens, quand ils seront devenus la plupart tributaires plus ou moins insolvables de vos banques et comptoirs, il ne sera pas si difficile de les violenter eux et le reste. L'État, en certaines mains, pourra songer à s'emparer de tout le territoire avec ses banques et associations qu'il rendra obligatoires, comme il le pourra faire de la Banque de la France, qui est présentement la pompe aspirante de tous les capitaux. Il sera facile de mettre la main dessus. L'entreprise déjà tentée sur les chemins de fer en est un avant-goût; et celles de cette nature pourront se consommer d'un trait de plume : il n'y aura qu'à charger Sobrier ou Georges Sand de la rédaction du décret; ils vous y feront bonne rafle, sans s'inquiéter de tout ce qui pourra se passer du côté des innombrables raflés. Alors l'idée communiste ou socialiste sera ou semblera du moins plus praticable, d'impossible qu'elle est, malgré la confusion où nous sommes. Je sais bien que si jamais une témérité sans pareille en vient à essayer sérieusement l'application de cette utopie, dix millions de fusils, de fourches et de faulx à l'envers s'élèveront contre avec le double de femmes et d'enfants criant derrière eux : Défendez-nous ! Mais c'est cette horrible mêlée qu'il faut empêcher à tout prix, dans l'intérêt des furieux eux-mêmes, qui rendraient tels qu'eux à la fin leurs assaillis, jusqu'ici débonnaires, parce qu'ils sentent leur force numérique, et n'ont pas d'ailleurs de centre d'action, à quoi ils aviseraient bientôt. Ainsi, quel que fût le résultat de la lutte, le territoire entier serait couvert de sang et de ruines. Et nous tomberions dans une barbarie dont nous ne nous relèverions plus. Est-ce pour nous conduire plus vite et plus sûrement à ces terribles fins qu'on imagine chaque jour de nouveaux organismes sociaux destructifs de ceux sous lesquels nous avons prospéré ? On serait tenté de le croire en regardant de près aux voix qui les suggèrent. Alors le fin mot du progrès continu, au nom duquel on fait tout aujourd'hui, n'est autre chose qu'un torrent qui nous entraîne tous vers un nouveau déluge universel. Dans l'espèce, rien ne sera plus dangereux pour la petite comme pour la grande propriété que la facilité des emprunts. Il y a beaucoup de personnes obérées par leur faute, c'est-à-dire par l'inconduite, le luxe et l'envie de faire au delà de leurs forces ; laissez-les en subir les conséquences, et n'en augmentez pas le nombre. Il y en aura toujours assez sans vos excitations. Laissez le fisc et les gens plus rangés profiter des mutations qui en résultent. Mais je sens bien que si l'on veut arriver au micmac, je parle à des sourds.

On a proposé, en attendant mieux, de s'emparer de toutes les landes en friche, et de les donner à cultiver aux malheureux prolétaires que nos beaux progrès ont plongés dans la misère. Voilà encore une idée folle, et un expédient qui dénote une grande ignorance de la nature des choses. Outre qu'il y a beaucoup de landes qui ne sont propres qu'à semer ou planter en bois, ce qui ne donne pas de produits de longtemps, dans les fonds cultivables il faut au moins 10 ou 12 mille francs de constructions, de bétail, d'instruments aratoires, de semence, de paille, fourrages et engrais, etc., pour fonder dans des landes une ferme de 7 à 800 francs de revenu. Je ne parle pas ensuite des frais de défrichement, de la difficulté de se procurer les fumiers nécessaires et de faire des prés passables en de pareils terrains. C'est assurément une mauvaise spéculation. J'ai plusieurs de mes amis qui l'ont faite, et s'en sont mal trouvés. Les landes sont bonnes pour agréger à de vieilles terres lassées de produire. On les défriche quand on peut se procurer assez d'engrais pour laisser reposer quelque temps les vieilles terres, que l'on met en pâture au profit du bétail. Mais comme ces landes se fatiguent bientôt, à moins d'une abondance d'engrais que l'on n'a pas, on les laisse, après quelques années de culture, produire des litières dont on est toujours à court dans les pays où on élève beaucoup de bétail. Ainsi il ne faut pas les juger à la première vue avec des idées de théoricien, et fonder sur ces étendues des projets qui se résoudraient en chimères et en graves mécomptes. On nous a cité comme modèle les cultures anglaises. Je les ai vues, elles sont en effet très-perfectionnées; mais je ne conseille à personne de les imiter en France, du moins pour en faire profit. Nous sommes trop loin d'être dans les mêmes conditions que nos voisins. D'abord, leur agriculture a toujours été extrêmement protégée. Il n'y a jamais d'engorgement dans leurs productions agricoles ; ils sont toujours assurés de les vendre un bon prix, puisqu'elles suffisent rarement à leur consommation.

En second lieu, ils abondent en capitaux. Ils font beaucoup de culture de luxe, dont la balance des profits et pertes leur importe peu. Ils ont des parcs immenses, entièrement consacrés à leurs plaisirs. C'est une de leurs plus grandes jouissances, et ils peuvent en prendre à leur aise. Ils ont pour tributaires toutes les richesses du globe. En un mot, ils sont arrivés à une prospérité commerciale si gigantesque, que leur sol n'en est plus que l'accessoire. Nous sommes, nous, dans un état tout contraire. Chaque fois que nous voulons lutter avec eux en industrie, en commerce et en luxe, nous sommes écrasés en moins de rien. Il n'y a qu'en productions agricoles qu'il nous serait aisé de les surpasser avec profit, attendu la supériorité et la variété de notre sol et de notre climat. Mais c'est précisément cette source unique de notre puissance que nous avons l'excessive folie de laisser tarir et menacer de toutes les façons! C'est précisément notre principal que nous sacrifions à nos accessoires les plus onéreux et les moins sûrs; ce qui réagit même ensuite d'une façon très-nuisible pour ces derniers, loin de les favoriser. Il n'y a au monde que des révolutionnaires français capables d'une telle politique. Hélas! nous en verrons bien d'autres! Et qui peut dire où nous nous arrêterons, si, dans l'impossibilité de fonder une république sage et honnête, avec des éléments incompatibles et des éléments corrompus, nous ne rentrons pas bientôt sous la stable autorité du pouvoir héréditaire et de Dieu par-dessus tout, en nous y ralliant tous avec respect? Si après tant de rudes épreuves depuis soixante ans, et surtout dans les terribles leçons que nous essuyons encore en ce moment, nous sommes incapables de sentir les causes et les remèdes de nos maux, il n'y a plus qu'à désespérer de nous; et nous aurons mérité notre sort devant Dieu et devant l'histoire. Quand une nation s'obstine incorrigiblement dans l'instabilité et le bouleversement perpétuel de tous les principes les plus sacrés et de toutes les choses qui l'ont fait fleurir, c'est qu'elle est enfin tombée dans un vertige incurable, et qu'elle veut absolument, sans s'en douter, périr avec fracas de ses propres mains. Il est bien aisé à d'insensés sophistes, aveugles instruments de destruction plus qu'ils ne pensent, il leur est bien aisé de renier sur terre Dieu, la morale et les lois de leur patrie, et de pervertir tout un peuple; mais quand les temps sont mûrs, la puissance suprême ne manque jamais d'en faire justice éclatante. A quoi nous servent donc les annales du genre humain? Elles sont pourtant toutes remplies de ces épouvantables châtiments. Aucun grand peuple n'y a échappé; tous ont péri par et pour leur corruption, aussitôt qu'ils ont eu comblé la mesure. Et cependant, dans la situation intolérable où nous sommes, enfoncés, sans issue apparente, dans le redoutable océan de l'inconnu, à quelle époque vit-on jamais tant d'épileptiques en démence nier et renier sans frein l'autorité de la suprême intelligence sur les affaires de ce monde, et jusqu'à son existence même? C'est, à mon sentiment, le plus sinistre des symptômes de notre fin prochaine. Il n'en est pas des révolutions qui s'accomplissent dans la triste humanité comme de celles de la nature. Celles-ci sont accompagnées d'un ordre et d'une régularité incomparables; mais celles qu'exécutent les hommes dans leurs sociétés dépravées, n'ont d'autre accompagnement que l'anarchie, et la destruction et le néant pour terme extrême. Ô ma chère patrie! ô France de Clovis, de Charlemagne, de Philippe-Auguste, de saint Louis, d'Henri IV, de Louis XIV et de Napoléon! qu'est-tu devenue, à tous égards moraux et politiques?

Achevons l'article 13. « Elle (la Constitution) fournit l'as» sistance aux enfants abandonnés, aux infirmes et aux vieil» lards sans ressource et que leurs familles ne peuvent secou» rir. » C'est fort bien ; mais cela ressemble un peu à une petite réclame de philanthropie démocratique assez inutile à buriner ici, car la chose existe en fait et en droit de temps immémorial. Elle est bien mieux écrite dans nos nombreux hospices et autres établissements de bienfaisance. Et bien que nos finances, épuisées par nos incessantes révolutions, nous forcent souvent à laisser languir, faute de fonds, beaucoup de ces indispensables refuges, la charité chrétienne des particuliers aisés tend chaque jour à en accroître louablement le nombre. Mais voici qui n'est pas encourageant. Un nouvel apôtre du socialisme vient de surgir sous le beau nom romain de Sulpitius. Il veut raser toutes les églises et les communautés. C'est très-conséquent; car, du moment qu'on a aboli Dieu, il n'y a plus besoin d'édifices pour l'honorer et le remercier de ses ci-devant dons; et tant pis pour les arts que l'on veut abolir aussi comme de vains colifichets des classes aisées. L'homme étant devenu le seul souverain de l'univers, n'a plus à adorer que lui-même, je veux dire les dieux du socialisme, qui l'ont si complètement émancipé. C'est bien juste et bien naturel. Il y a trop longtemps que le tyran de la création nous gouverne, c'est bien le moins que l'homme ait son tour, avec les beaux progrès de science et d'indépendance qu'il a faits. L'apôtre Sulpitius veut aussi raser tous les hôpitaux et maisons analogues. Il est reconnu que la charité et la bienfaisance sont essentiellement contraires à la dignité humaine. C'est fâcheux pour les pauvres, les infirmes, les vieillards et les enfants abandonnés; mais le socialisme compte abolir aussi tout cela. Le même apôtre, dans un style très-fleuri, traite tous ceux qui possèdent quelque chose de putréfaction, de pourriture, de charogne infecte, etc. : il trouve mauvais qu'à leur décès on les mette dans un cercueil de bois ou de plomb. Cela veut dire fort clairement : « Peuple socialiste, fais-moi bien vite des cadavres de tous ces gens-là qui ont le moyen d'avoir une bière, et jette-les-moi avec une haine fraternelle et sociale à la voirie de Monfaucon. » Il n'y a pas à s'y tromper. Que peut-on demander de mieux et davantage pour savoir où nous en sommes et où nous allons ? Certes, quiconque n'entend pas ce langage est bien sourd et bien obtus. Cela s'imprime librement, au milieu du XIXe siècle, à Paris, capitale de la civilisation et du progrès, et se répand ensuite dans toutes les provinces ! Il sera bien avantageux que les écoles primaires et secondaires en soient imbues. Aussi on n'y manquera pas, croyez-le bien. Qu'il est malheureux pour la société qu'il y ait encore beaucoup de personnes qui ne savent point lire, et n'aient pas encore la capacité d'être initiées à de si belles utopies ! Le socialisme est donc devenu une vraie course au clocher. Pour arriver plus vite à une complète destruction, c'est à qui imaginera les moyens les plus rapides, les plus violents et les plus outrés. Ils courent en ligne droite sans tenir compte d'aucun obstacle. La Montagne elle-même est si grandement distancée, que si beaucoup de ses membres n'en sont pas en ce moment effarouchés, il faut qu'ils soient aussi bien aveugles; car évidemment ils ne seront bientôt plus maîtres de leur propre terrain. Ils ne sont déjà plus qu'au second plan. Mais dans ce roulement de chute en chute, le socialisme est tout près d'avoir son tour. Je vois déjà poindre une autre utopie encore plus violente et plus expéditive que lui, et qui aspire visiblement à le déquiller. Dans l'orbite où nous voici lancés, c'est toujours l'élément le plus furieux qui l'emporte; à la vérité, l'ouragan ne saurait durer. Le vent même s'use par sa propre violence; après quoi le calme renaît forcément. Dieu veuille que ce soit avant qu'on ait fait de la France un désert !

Je vais bientôt m'arrêter. Je me sens fatigué de mon triste sujet, sauf à y revenir plus tard s'il y a lieu. Au reste, dans toute la suite de la Constitution il y a beaucoup d'articles irréprochables, et conformes au régime républicain. Une monarchie tempérée ne pourrait elle-même s'en écarter, et n'aurait rien autre chose à faire que de les consacrer. Malheureusement il y en a aussi qui font craindre de dangereux conflits. Le pouvoir y est mal pondéré, et le chef de l'exécutif n'en a point assez pour faire le bien et empêcher le mal. D'ailleurs, son existence est trop courte pour qu'il puisse agir dans un esprit de longue suite, et grouper autour de lui la confiance et les forces du pays. En outre, ce sera toujours un immense péril que la fièvre et les hasards d'un renouvellement trop fréquent, obligé tous les quatre ans. Les partis fussent-ils calmés par une bonne manœuvre dans les intervalles, à la fin de chaque période ils seront inévitablement surexcités par leurs meneurs. Nous n'aurons ainsi que des trèves aussi peu sûres qu'éphémères. Dans une telle condition, notre politique intérieure et extérieure ne pourra que vaciller du blanc au noir, souvent de la façon la plus contraire à nos intérêts, suivant la force ou la faiblesse d'un pouvoir qui n'aura directement qu'un intérêt trop passager, et qui par cela même peut être dominé tantôt par un parti, tantôt par un autre très-différent. En attendant l'expérience, il faut obéir à la Constitution, tout informe qu'elle est. Il n'appartient plus qu'à la nation tout entière de la réformer ou modifier quand elle s'en trouvera mal, bien qu'elle n'ait pas d'abord été consultée sur sa teneur. Puisse-t-elle acquérir bientôt la véritable intelligence de ce qui peut la sauver et lui rendre enfin le calme et le bonheur! Puissent toutes les classes et tous les partis le sentir également, et se concilier d'une façon durable qui leur importe à tous beaucoup plus qu'un grand nombre d'aveugles ne le pensent! L'essentiel, pour le présent, est que l'œuvre tel quel soit en bonnes mains. Les plus mauvaises lois, tempérées ainsi, peuvent encore produire quelques bons fruits; et les meilleures, en mauvaises mains, ont souvent produit des fruits détestables.

Le suffrage universel nous a sauvés, j'en conviens; il nous a donné la mesure de nos forces et des sentiments réels de la France. Cependant, il ne faut pas trop se fier sur cette base: elle est bien mobile; et, mal organisée comme elle l'est, elle pourrait bien un jour être ébranlée, tournée ou jetée de quelque mauvais côté, surtout si nous cessons d'être malheureux. Car aucun peuple de la terre n'est plus tôt lassé du bien-être, et aucun ne crie davantage que le Français pour peu qu'il souffre. 1830 et 1848 en sont la preuve palpitante. Ce n'est que dans ce dernier cas qu'il songe au bien qu'il a perdu et méprisé, et qu'il sent l'absence des bonnes voies qu'il a étourdiment répudiées. Le suffrage universel est, par lui-même, un travail bien fastidieux, et bien compromettant pour tous les fonctionnaires, et, de plus, un résultat à peu près impossible à obtenir en son ensemble et son entier. Il y aura toujours au moins un tiers ou une moitié d'absents, et quelquefois beaucoup plus, en cas de pression terroriste. Dans ce dernier cas, que ce parti attend et fomente de tous ses moyens, il pourra l'emporter sur tous les autres, en votant avec sa discipline ordinaire comme un seul homme. Alors tout sera perdu; et je ne vois pas quels seront les moyens d'y remédier: car la forme légale se trouvera, du moins

en apparence, transportée du côté de l'anarchie. Le même désastre peut encore se reproduire en cas d'un trop grand fractionnement des suffrages exprimés; ou bien un autre parti
peut ainsi arriver au pouvoir, sans représenter les intérêts
et la volonté de la plus grande partie de la nation. Quelle force
et quelle solidité aura-t-il, si la majorité le renie? Il est aisé
de le prévoir, quand depuis vingt ans les plus infimes minorités
ont été assez puissantes pour renverser le pouvoir et faire la loi.
A l'élection présidentielle, près de trois millions d'ayant droit de
suffrage ont fait volontairement défaut. Cela est d'autant plus
fâcheux, que toute cette masse est composée d'excellents éléments. Pas un d'eux ne voulait des candidats de la république
rouge; mais ils ne s'intéressaient pas non plus aux principaux
concurrents. Ils voulaient l'ancienne forme et des candidats exclus, et ils ont préféré s'abstenir, plutôt que de concourir à ce
qu'ils regardaient comme essentiellement anormal et transitoire.
C'est dans cet absentéisme, qui ne fera qu'augmenter dans la
suite par la lassitude des appels trop fréquents, et diverses
autres causes, c'est là qu'est la plus dangereuse défectuosité du
système. Je crains beaucoup qu'elle ne lui soit fatale; et je n'y
vois guère d'expédients préventifs. Car, comment contraindre
par une pénalité, comme quelques-uns ont voulu, les récalcitrants,
les indifférents, et toutes la masse de ceux qui se croient désintéressés dans les élections ? Ce serait fort maladroit; car la contrainte donnerait beaucoup d'humeur et ferait voter contre vous.
Il est bien vrai que les travailleurs et les prolétaires sont intéressés
comme les autres à avoir un bon gouvernement; puisque quand
les classes supérieures souffrent, le contre-coup ne manque
jamais de rejaillir sur eux, et de les jeter dans le chômage et la
misère. Mais comment faire sentir l'utilité de l'exercice de son
droit à un pauvre journalier, domestique ou ouvrier, quand il
faut pour cela qu'il fasse une ou plusieurs lieues de chemin et
qu'il perde une ou plusieurs journées de travail périodiquement?
Dans les villes même, où il n'y a que quelques pas à faire, un
très-grand nombre évite de se faire inscrire ou manque à l'appel.
C'est ainsi que dans toutes les élections générales il vous manquera toujours 4 ou 5 millions et plus d'ayant droit. Chacun se
dit à part soi : « A quoi bon me déplacer? je ne serais qu'une
goutte d'eau dans l'Océan, et d'ailleurs je n'y entends rien : on
fera bien sans moi.» Cependant s'ils se rendaient tous au vote, ils
feraient souvent pencher la balance. Ils le sentent bien un peu ;
mais ils pensent que cela ne leur importe guère. Ils voient que
ceux qui se rendent ne savent à qui donner leurs voix et quels
sont les meilleurs candidats, et ce qu'il faudrait et ce qu'il ne
faudrait pas. Sont-ils en état de bien apprécier les affaires et les
hommes publics? Rarement ils connaissent les candidats portés;
ils sont donc forcés, pour faire le bien, de s'en rapporter à quelqu'un qui ait leur confiance : car s'ils voulaient nommer un de

leurs amis privés ou de leurs connaissances, ils perdraient leurs voix; autant aurait valu rester chez eux.

Dans l'état actuel, le suffrage universel est donc un droit illusoire ou du moins sans valeur pour un bon tiers de la France: parce qu'on peut être bien assuré, quoi qu'on fasse, que cette partie persistera à s'en tenir à l'écart par les causes que j'ai dites, et d'autres prévues ou imprévues. Je suis persuadé qu'il gagnerait à être simplifié. Maintenant nous sommes lancés dans le champ des plus graves expériences; essayons-en donc à tous risques et hasards. En attendant, il me semble que ce droit, placé au sommet de tout notre nouvel édifice, est trop et trop peu restreint. Il l'est trop en ce qui regarde les campagnes, où réside la plus grande masse des électeurs. Car, puisqu'il est bien connu que c'est cette partie de la nation où la haine de l'anarchie s'est le mieux et le plus généralement conservée, pourquoi lui avoir rendu l'exercice de son droit plus difficile qu'aux habitants des villes et bourgades, où sont à peu près tous les amants du désordre? Pourquoi n'avoir pas voulu disposer que les premiers voteraient au chef-lieu de leur commune, au lieu de les obliger à faire plusieurs lieues pour aller au canton ou à la section qui leur est assignée? Ce mode eût été évidemment le plus court et le plus rationnel, et il produirait peut-être un million de bons suffrages exprimés de plus. Eh! c'est justement pourquoi le parti rouge y a mis la main pour l'empêcher! On a dit qu'il pourrait y avoir des communes où il n'y aurait pas assez d'hommes lettrés pour former le bureau: c'est possible; mais c'est aussi bien facile à remédier.

Dans ce cas, donnez au président du canton la faculté d'y envoyer des délégués, ou bien ordonnez que la commune sans bureau ira voter à la section la plus voisine organisée. Ce ne seront là que de rares exceptions peu importantes dans l'ensemble. Le droit est trop étendu dans les villes et bourgades, et leur donne un trop grand avantage sur les campagnes. Vous avez bien là beaucoup de bons citoyens qui s'abstiennent; mais vous en avez aussi beaucoup de mauvais que l'anarchie seule fait voter à son profit. Tous s'abstiendraient également sans cela, ne se croyant point assez d'intérêt direct. Ce régime, en descendant aux dernières limites, sous prétexte d'une vaine égalité nominale, sera donc toujours un mécanisme bien trompeur pour tous les partis. Il sera tour à tour dangereux et stérile.

J'enjambe jusqu'aux articles 25, 26 et 112, sur lesquels je crois utile de dire un mot en courant, avant de terminer ces premiers essais. Dans les deux premiers, le droit d'élire et d'être élu est prodigué sans aucune condition, aux uns de cens et aux autres de domicile; c'est-à-dire sans aucune garantie sociale. Cela est bien scabreux! Cela est même de la dernière audace; car c'est tenter le diable et l'anarchie. Sous le régime déchu, il y avait, sans contredit, un très-grand élargissement à ajouter à la base électorale; mais la pousser tout d'un coup jusqu'aux limites extrêmes de l'égalité, avec une presse sans frein et des partis affamés de désordres, je n'oserais, en vérité, en articuler ici les futurs contingents possibles et probables. J'ai bien peur que notre Constitution ne soit grosse d'une ou plusieurs pires, et qu'elle ne soit comme la feuille des arbres, qui ne voient pas deux printemps, et que le premier vent d'orage emporte. Nous sommes allés sur ce point beaucoup plus loin que la République de 93, qui n'admettait au vote que les citoyens actifs. Il fallait, si je m'en souviens bien, payer un impôt équivalent à trois journées de travail. On excluait les domestiques, les gens à gage ou à la journée, comme n'offrant aucune garantie, n'ayant encore acquis aucun intérêt dans la société, et ne pouvant par conséquent y avoir voix comme ceux qui ont fait plus ou moins pour elle. Rien ne semble plus logique, en effet, et plus conforme à la nature même de toute communauté sociale, qu'elle soit républicaine ou monarchique. Que dirait-on d'un particulier qui, n'ayant encore pris aucun intérêt, aucune action dans une compagnie de chemin de fer ou d'assurances, ou de commerce, ou d'industrie, ou d'associations ouvrières, etc., et qui prétendrait avoir le droit de délibérer et voter dans leurs assemblées sur les mesures d'où dépendent leur gestion et leur conservation? Certes la prétention serait folle à outrance; et si la violence ou l'erreur la faisait admettre, l'association ou la communauté ne tarderait pas à être dissoute et en ruine.

Dans la sage et très-rationnelle exclusion que l'on voit, dans tous les Etats bien réglés, donnée aux individus sans intérêt matériel à la chose publique, sans risques à y courir, sans avantages et sans garantie à y offrir, n'y présentant même que des embarras ou des dangers, peut-on y voir une injustice ou un privilége contraire à la nature humaine, en faveur de toutes les classes qui possèdent quelque chose, peu ou beaucoup? La raison et l'équité disent non, mais la démagogie outrée dit oui; mais aussi elle est la seule qui ait des motifs et un intérêt à le soutenir. Ce n'est plus un mystère pour personne. Il faut pour ses plus grands moyens d'action que toutes les classes qui possèdent d'une façon ou d'autre, c'est-à-dire, les 8 ou 9 dixièmes de la France, soient subordonnées au prolétariat, ou pour le moins sans cesse tenues en échec par la partie infime : tant que cette partie sera assez dupe et assez aveugle pour vouloir bien servir d'instrument aux utopistes qui ne se servent d'elle que pour sortir de leur médiocrité. Après quoi, s'ils arrivent à leurs fins, vous les verrez sûrement changer de tactique et de langage. C'est-à-dire que pour cela, il faut que la société tout entière aille un certain temps les pieds en l'air et la tête en bas. Mais ils nous disent tout d'abord : « Tout homme en naissant acquiert le droit à la vie, et le droit au travail. » Pour le droit à la vie, oui. C'est à sa famille à l'élever; et si elle ne

peut pas ou s'il n'en a point, c'est bien le devoir de la société
de s'en charger humainement. Aussi a-t-elle fondé beaucoup
d'établissements pour cela, jusqu'à ce que l'individu soit arrivé
à l'âge de pouvoir gagner sa vie; et la charité chrétienne y
aide aussi puissamment. Malgré les déclamations furibondes
contre la civilisation, on ne voit que bien rarement chez nous
des personnes mourir de faim, à moins de disettes ou famine
dont la société n'est pas coupable, et souffre tout entière. Cependant cela arrive quelquefois, soit par la faute de l'individu
lui-même, soit dans une extrême misère ignorée du public.
C'est un de ces maux auxquels toutes les espèces du règne
animal sont exposées parfois, sans qu'aucune, y compris la
nôtre, puisse être absolument exemptée, quoi qu'on fasse. C'est
méchamment que l'on en accuse la société française après tout
ce qu'elle a fait pour le prévenir. Pour le prétendu droit au
travail, qui n'en voit la malice et l'absurdité? Y a-t-il au monde
une société capable de garantir un pareil droit? Toutes ses ressources y pourraient-elles suffire, quand viennent les fréquents chômages et les pertes soit par défaut de commande et d'écoulement des produits, soit par le trop-plein? Est-ce que toutes les
autres classes et industries pourraient consentir à être perpé-
tuellement sacrifiées à celle des travaux de fabrique? Qu'y gagne-
raient ces derniers au bout du compte, quand personne ne pourrait plus consommer leurs produits, qui finiraient bientôt par
encombrer les magasins de l'Etat ruiné? Et ne serait-ce pas
créer un privilége exorbitant et unique en faveur des ouvriers
professionnels, au détriment de tout le reste? Ne serait-ce pas,
pour sa propre perte, accroître bientôt énormément cette classe
déjà trop nombreuse, et faire déserter toutes les autres, et principalement les travaux de la terre, les plus indispensables de tous
et déjà trop abandonnés? Ne serait-ce pas enfin organiser sur
toute la surface du pays une immense paresse, et la stérilité et
le désordre qui en seraient la conséquence inévitable? On se
plaint des fréquents et longs chômages des industries de fabrique; mais d'abord à qui la faute, si ce n'est aux fauteurs de
l'anarchie qui poussent si haut ces cris pour tromper sur leur
compte et aigrir contre la société, dont ils sont le fléau, la misère qu'eux seuls entretiennent dans la plus diabolique intention? Ensuite toutes les autres industries du commerce, des
beaux-arts, etc., etc., n'ont-elles pas aussi elles leurs chômages, et leur temps de souffrance? Et l'agriculture n'a-t-elle pas
ses accidents, ses disettes, ses non-valeurs, ses non-ventes,
son trop-plein? Pourquoi toutes ces industries, les plus capitales,
n'auraient-elles pas aussi leurs garanties solidaires de la part
de l'Etat? Mais avec toutes ces garanties et ces solidarités, qui
les paierait les unes aux autres? Quand bien même l'Etat ferait
arriver dans ses coffres tout l'or de la Californie, il n'y suffirait
pas. Et aucune industrie ne produirait plus rien qui vaille, elle

n'y aurait même bientôt plus d'intérêt; puisqu'en supposant qu'elle pût encore faire des bénéfices, ce qui n'est point probable, ils seraient à chaque instant exposés à être envahis par les autres. Quand un individu choisit un métier professionnel, c'est à lui de bien calculer à l'avance toutes les chances, et après d'en subir les résultats. S'il n'en est pas content, il est libre de passer à une autre s'il y croit mieux faire; ou bien de retourner aux travaux de la terre. Là il n'y a pas de chômage; mais on y gagne beaucoup moins, et il faut plus travailler.

C'est donc une faute que l'on ne peut imputer qu'à soi quand on quitte la culture de la terre pour aller pâtir dans les corps de métiers, déjà trop encombrés, dans l'ambition d'y trouver mieux; et quand on y trouve du mécompte, la société ne saurait être responsable de tous les faux calculs individuels. Il en est ainsi dans toutes les autres catégories industrielles et spéculatives. Les socialistes demandent donc une solidarité aussi impossible qu'injuste, soit qu'on l'applique à la seule classe ouvrière en lui sacrifiant toutes les autres, soit qu'on l'étende à toutes. Ils vont encore plus loin quand ils concluent du droit à la vie, et de leur insoutenable droit au travail, un troisième droit, celui de suffrage dans une communauté où on ne s'est donné que la peine de naître, sans avoir encore rien fait pour elle, ni soi ni ses auteurs, sans y avoir acquis d'intérêt ni lui offrir aucune garantie sur ses bons sentiments. A ce compte, il suffirait d'être né dans une maison ou dans un domaine quelconque fondé aux frais de mains étrangères, pour avoir droit d'y prendre sa part; et l'on ne trouverait plus de fondateurs. Nous retournerions bientôt à l'état sauvage. Le travail serait aboli en même temps que sa raison d'être, son seul véhicule, je veux dire la loi du tien et du mien gravée profondément dans le cœur humain. S'il y avait chez nous une caste de prolétaires, un prolétariat parqué de père en fils dans ses limites, sans en pouvoir sortir, comme les parias de l'Inde, je serais le premier à reconnaître que cet état serait contraire au droit naturel, à nos mœurs, à nos lois, à la philosophie, et, qui plus est, à notre religion, et qu'il faudrait le faire cesser. Les socialistes raisonnent dans toutes leurs déductions comme si les choses étaient ainsi. Il convient à ces honnêtes Messieurs d'agiter les questions les plus antisociales, de poser les problèmes les plus faux dans leur esprit et les termes, et d'en tirer les solutions les plus impossibles et j'ose dire les plus barbares. Mais nous sommes, dans la réalité, aux antipodes de leurs suppositions. A proprement parler, il n'y a point de prolétariat en France. C'est une condition si variable, si flottante, il y règne un si grand mouvement continuel de va-et-vient, qu'on ne saurait en faire une classe permanente. Les portes de la propriété sont ouvertes à deux battants à tous indistinctement. Chaque année nous voyons des milliers de prolétaires y entrer pour devenir propriétaires, et des milliers de propriétaires en sortir pour devenir prolétaires. Cela dépend du travail intelligent ou de la paresse d'un chacun, et de sa bonne ou mauvaise conduite dans la gestion de ses affaires. C'est là le grand ressort de toute société bien réglée, même la plus démocratique. Notez que la propriété est extrèmement divisée chez nous, et qu'elle tend à se fractionner sans cesse de plus en plus, au point que nous ne verrons bientôt plus de grands domaines. Or, vouloir qu'un individu qui est déjà plus à charge qu'utile à la société, qui n'a encore rien fait pour elle et pour lui-même; vouloir qu'un crétin, un attardé, un fainéant, un débauché qui a dissipé son fait ou celui que lui ont transmis ses auteurs, et qui veut vivre aux dépens des autres, vouloir que tel ou tel de ces individus ait dans les comices électoraux absolument le même droit et le même poids qu'un bon père de famille, un bon laboureur, un bon artisan, un digne magistrat, etc., qui contribuent chaque jour au bien commun, c'est assurément une idée anarchique et une pratique des plus subversives. C'est de plus créer en faveur des membres inutiles ou sans garantie, et, qui pis est, en faveur de tous les fléaux de la communauté, un privilége exorbitant au péril de toutes les classes qui l'alimentent et la soutiennent en lui dévouant leur vie. C'est en un mot donner aux butineurs la palme sur les travailleurs, aux frelons sur les abeilles. Dans un pareil système il n'y a ni stabilité ni sécurité possible pour personne. Je garantirais bien à MM. Louis Blanc, Proudhon et leurs pareils que s'ils venaient à bout d'appliquer leur utopie, ils y perdraient eux-mêmes bientôt la tête, et n'y trôneraient pas trois mois. Du sein des dangereux éléments qu'ils font si témérairement bouillonner, il surgirait bientôt mille jaloux rivaux encore plus violents qu'eux, qui les précipiteraient, sans parler des vengeurs de la société détruite.

Au surplus, nous avons déjà fait observer que toute cette partie flottante qui n'est pas encore entrée dans la propriété, avait elle-même la conscience que le droit de suffrage ne lui allait pas, qu'elle n'en faisait aucun cas, et s'abstenait ne s'y croyant pas assez d'intérêt; et qu'il ne s'y rendait guère que les individus sans aveu ou passionnés par certains partis qui les faisaient voter aveuglément, au grand dommage de la chose publique. Raison de plus pour ne pas s'entêter dans un principe si outré et si funeste. Je sais bien que certains coryphées crieraient à la réaction, s'imaginant qu'on leur enlèverait ainsi l'un de leurs principaux moyens de dissolution : mais qu'ils se désabusent; ils n'y perdraient pas tant qu'ils le pensent, et peut-être même y gagneraient-ils; car de la part de l'ordre, comme de la leur, il y a une compensation plus ou moins forte. S'ils ont en ce moment le triste avantage de faire voter dans leur sens une partie des gens sans foyer et sans aveu, cet élément est bien variable, et il y a aussi une foule de gens à gages qui votent avec leurs patrons et leurs maîtres. Il serait difficile d'apprécier de quel côté serait le gain ou la perte. Mais il s'agit ici de rendre le suffrage universel vrai, logique, sage et base durable. Il n'en faut pas faire un instrument d'anarchie, une arme de parti. Il faut le concentrer dans toutes les classes des véritables ayant droit, dont le nombre est déjà si immense; et en exclure les éléments sans intérêt, sans garantie, et par cela même dangereux ou onéreux, tant qu'ils persisteront dans cet état. Un impôt minime payé à l'Etat, un cens de 8 ou 10 fr., ou une honorable position de chef de famille suffirait. Mais il faudrait aussi simplifier, en mettant l'usage le plus à portée possible des ayant droit. Pour cela, rien ne peut équivaloir au vote à la commune, et au suffrage à deux degrés. Dans le suffrage direct et unique, les dix-neuf vingtièmes ne savent pas ce qu'ils font, ne connaissant point leurs élus. Ils s'en rapportent, comme je l'ai dit, à ceux qui les leur désignent. Dans le vote à deux degrés, on obtiendrait la vérité tout entière. L'électeur peut donner son mandat, pour élire, à un homme de sa connaissance, de sa confiance et de son voisinage, comme un membre de son conseil municipal ou général, ou un propriétaire ou artisan de son choix; et ces électeurs délégués, réunis au cheflieu, peuvent beaucoup mieux connaître que leurs mandants, les représentants qu'il s'agit d'élire ou d'exclure en dernier lieu. Je me trompe beaucoup, si ce n'est pas là le plus vrai et le plus loyal et intelligent système du suffrage universel. Je vous soumets humblement, Messieurs, ces réflexions, sans attaquer ce qui est. Je suis de ceux qui y obéiront, en attendant qu'on en sente l'abus et le danger.

Je saute jusqu'à l'article 112, qui me paraît implicitement menaçant pour le Code civil, que toutes les nations policées nous enviaient. Pour Dieu, Messieurs, ne démolissez pas le plus beau chef-d'œuvre de Napoléon. On n'y a déjà que trop touché. Il a été composé, ou plutôt recueilli par la plus rare réunion de talents et de juristes fort supérieurs à notre époque. C'est la quintessence de tout ce que nos anciennes coutumes et surtout le droit romain ont fondé de plus juste et de plus sage. Ce magnifique corps de droit, dont Leibnitz a dit : « Les Romains ont excellé
» dans la science du droit, comme dans celle des armes. Leurs
» auteurs juristes sont admirables. Ils parlent tous d'une manière si juste et si nette, qu'ils raisonnent en effet d'une
» façon qui approche fort de la démonstrative, et souvent est
» démonstrative tout à fait. Cette manière précise de s'expliquer a fait que tous les jurisconsultes des Pandectes, quoique
» assez éloignés en date les uns des autres, semblent être
» tous un seul et même auteur. On aurait bien de la peine à
» les discerner, si les noms des écrivains n'étaient pas en tête
» des extraits; comme on aurait de la peine à distinguer Euclide,
» Archimède, Apollonius, en lisant leurs démonstrations sur
» les matières qu'ils ont touchées. » Aussi les plus grands

esprits ont-ils proclamé bien haut que le droit romain, principale source du droit français, était la raison écrite. Nous avions aussi une magistrature digne et capable. On l'a déjà mutilée. Ah! Messieurs, si vous laissez mettre à la place de ces nobles institutions fondamentales les théories et les hommes du socialisme, c'en est fait de la société française.

Je termine en adjurant tous les partis honnêtes de se rallier, non-seulement dans les comices politiques; mais encore dans le cours ordinaire de la vie civile. Que les uns abandonnent sans regret des grandeurs qui ne sont plus de saison et qui sont plus dangereuses qu'utiles à bien porter, pour peu qu'ils y songent; que les autres abjurent de vieilles jalousies sociales, désormais sans objet réel. Là est le seul salut de leur patrie commune. Puisque toutes les sommités du pouvoir suprême sont si périlleusement devenues électives, qu'ils s'entendent du moins à en repousser les âmes cupides et dangereuses; qu'ils y envoient des hommes probes, énergiques et capables d'apprécier les affreuses utopies à l'ordre du jour. Que si les partis anciens et nouveaux qui sont intéressés à l'ordre, persistent insensément dans leurs divisions, ils périront tous successivement en détail, tout puissants qu'ils soient encore numériquement. Un parti d'une violence et d'une audace inouïes jusqu'ici se recrutera de leurs discords et de la vaste misère qu'il enfante de toutes parts; et déjà il ne parle de rien moins que d'un massacre presque général, et de faire sauter la moitié du monde, s'il le faut, pour le triomphe du socialisme. L'urgence d'y couper court est extrême, à mon avis. Bientôt il sera trop tard d'y songer, et il n'y aura plus qu'à abandonner notre barque à vau-l'eau. Je me trompe, elle voguera dans le sang, ainsi qu'on nous l'annonce.

FIN.

Nantes, Impr. L. Guéraud.

ERRATA.

—

Page 10, ligne 36. Qui *sous* l'envie, LISEZ *sans* l'envie.
— 37, — 27. En idées ultra-mortelles *n'ont,* LISEZ *n'a.*
— 59, — 9. Que *n'y a-t-il* resté, LISEZ que *n'y est-il* resté.
— 83, — 21. Qu'est-ce que nous-y avons *gagné ?* LISEZ *perdu.*
— 128, — 24. *Du père au fils,* LISEZ *de père en fils.*
— 146, — 22. Dans les *mêmes* détails, LISEZ les *menus.*
— 165, — 18. Et *partout* hors, etc., LISEZ et *partant.*

www.ingramcontent.com/pod-product-compliance
Ingram Content Group UK Ltd.
Pitfield, Milton Keynes, MK11 3LW, UK
UKHW021021140726
13695UKWH00001B/402